主　　编　杨福泉
副主编　杜　娟　李见明
编　委　郭　净　康春华　木霁虹
　　　　秦树才　周智生　王东昕
　　　　段玉明　刘　弘　石朝江
　　　　邵志忠　张　文
执行编辑　曾黎梅

中国西南文化研究
西南边疆治理专辑

云南省社会科学院历史研究所 编
杨福泉 主编

云南人民出版社

图书在版编目（CIP）数据

中国西南文化研究.西南边疆治理专辑/云南省社会科学院历史研究所编；杨福泉主编.--昆明：云南人民出版社，2023.11
ISBN 978-7-222-21615-0

Ⅰ.①中… Ⅱ.①云…②杨… Ⅲ.①文化史—研究—西南地区②边疆地区—行政管理—西南地区—文集 Ⅳ.①K297②D63-53

中国国家版本馆CIP数据核字(2023)第185364号

责任编辑 郭木玉
　　　　　 溥　思
助理编辑 巫孟连
封面设计 张力山
排版制作 石　斌
责任印制 代隆参

中国西南文化研究　西南边疆治理专辑
云南省社会科学院历史研究所　编
杨福泉　主编

出　版	云南人民出版社
发　行	云南人民出版社
社　址	昆明市环城西路609号
邮　编	650034
网　址	www.ynpph.com.cn
E-mail	ynrms@sina.com
开　本	889mm×1194mm　1/32
印　张	6.875
字　数	205千
版　次	2023年11月第1版第1次印刷
印　刷	昆明美林彩印包装有限公司
书　号	ISBN 978-7-222-21615-0
定　价	39.00元

云南人民出版社微信公众号

序

杨福泉

由云南省社会科学院历史研究所具体编辑，西南数省历史文化学界同仁加盟和支持的《中国西南文化研究》，迄今已经出版了28辑。正可谓涓涓细流，汇聚成河，小树生长，日久成林。这套论集如今已经汇集了一批研究西南历史和文化的研究成果。这套论集最初聚焦西南历史文化，发表了很多有分量的基础研究之作；后来，论集也注重西南历史文化变迁的研究，从历史学、文献学、人类学、社会学等多学科的角度来凝视西南、研究西南，在原来的基础上拓展了研究领域和视野。

一个区域学术的发展和形成自己的优势和特色，要有长年累月的积累。对中国西南历史文化的研究，从方国瑜、江应樑等前辈学人，到童恩正、李绍明等新中国成长起来的一代学界才俊，筚路蓝缕，辛勤耕耘，做出了卓尔不凡的成就，献出了他们毕生的心力，他们的学术生命如蜡炬之光，照亮了后学者之路。一代代学人的努力，使西南历史文化研究之路群贤毕集。他们淡泊明志，甘于寂寞，互相切磋砥砺，收获春华秋实。当代中青年学人弘扬前辈学人的治学精神，借鉴他们的研究方法，但又不忘独辟蹊径，补遗拾阙。已出版的这些论集中，不乏珠玑之见、创新之论。

我一直认为，中国文化浩博宏富，洋洋大观，要建构中华之学的宏伟大厦，必须要从一砖一瓦开始。所以，各个区域之学、单一民族之学，是中华之学不可或缺的构成部分。治学自然要有高屋建瓴的宏观鸟瞰和研究，但宏观研究要建立在诸多深钻细研、发微阐幽的微观研究之上，只有把区域之学、微观之学做好了，才能有扎实牢固的基础来构建宏观之学，就如盖房子一样，基础要打好打牢，否则就会有空疏浮泛和头重脚轻根底浅之弊。我们这套论集，立足西南边疆，聚焦西南文化，就是以这样的学术理念来治西南之学，为中国的学术大厦增砖添瓦，为中华民族的文化园林培植花草。我相信，如此坚持不懈地努力下去，天长日久，必见正果。如果将中华文化的研究比喻为一条大江，那这套论集能成为汇聚涓涓细流的一条小河，流入这条大江，那也就非常有意义了。

当今中国，正在发生社会文化的重大变迁，西南边疆，概莫能外。我们既要沉潜学海，钩沉考证，梳理国故，又应直面现实，深入草根，关注民生，有所心得，发而为文，为中华文化的繁荣发展，以学子拳拳之心，尽书生绵薄之力。这也是《中国西南文化研究》的主旨。

是为序，与同仁共勉。

目录

晚清中法滇越划界与滇南边防建设……………… 梁初阳 001

云南士绅与西南边疆危机的应对………………… 曾黎梅 020

近代云南边疆开发从"设计"转向"建设"的努力
——云南边疆建设委员会的筹议及流产………… 谷彦梅 038

民国时期边疆治理中的"土流博弈"
——以腾龙边区为视点………………… 朱 强 陈彦军 049

清代粮价单中价贵、价中、价平的界定
——以云南为中心的讨论………………………… 彭 建 063

乾隆朝云南巡抚图尔炳阿舞弊案考述
——兼论《大清律例》的惩贪作用………… 孙 骁 王 丹 080

"南抚夷越"与"北定中原":蜀汉南中经略再探
…………………………………………… 苑 鑫 谭淑敏 101

论纳西族传统的地震认知与应对
——基于东巴古籍的研究……………………… 和六花 120

1925年云南大饥荒赈务研究 ………………… 濮玉慧 134

"学术研究是文化的先导"
　　——五华学院的学术追求与学术活动述论 ……… 沙文涛 153

云南陆军讲武堂的精髓
　　——晚清云南陆军讲武堂章程概说 ………… 周立英 164

萧瑞麟《乌蒙纪年》及其学术史意义………… 陈彦军 180

云南省图书馆藏陈荣昌拓本文献述略………… 王先安 198

晚清中法滇越划界与滇南边防建设

梁初阳

中法战争结束后，越南彻底沦为法国殖民地，中法两国代表于1885年6月在天津签订《中法会订越南条约》，其中规定：此约签字后6个月内，中法两国派员到中越边界"会同勘定界限"。在滇越划界谈判前，清政府的勘界官员除认真搜集有关滇越边境地区的档案文献外，还进行实地调查，获得了大量地情资料，对边地情况的掌握使中方代表在谈判中赢得主动地位。在滇越划界过程中，中方代表按图划界和力争边防战略要地，在努力维护国家领土主权的同时，还为近代滇南边防建设打下了坚实的基础。对滇越边境划界与滇南边防建设之关系的研究，目前学界鲜有关注。深入探讨此段历史，不仅可以推动中国近代边境划界和边防建设研究持续深入，亦可为近代中国边疆治理研究提供有益借鉴。

勘界前的准备工作

关于滇越划界研究，我们有必要先回顾一下中越关系史。越南有文字可查的历史不早于秦代。从秦始皇统一中国后在岭南设立郡县到公元10世纪，越南一直是中国的郡县。这一长达千年的时期被称为"郡县时代"，越南又称之为"北属时期"，此时期中越间不存在边界问题。唐后期至五代十国，面对中央专制集权衰弱、地方藩镇割据的混乱局面，越南地方势力割据称雄、自立为王的意识不断增强。北宋时期，丁部领于968年建立大瞿越，成为自主王权国家。此后，越南经历多次政权更替，但都与中国的中央王朝确立和维持着宗藩关系。在宗藩关系下，双方开始处理边界问题。1083年，北宋王朝与越南（时称交趾）在今桂越边境地区联合勘查，并于次年划分疆界，这是中越第一次划界，并以此为基础形成一条陆路传统习惯线。当时云南处于大理国地方政权控制范围，并未涉及此次勘界行动。但滇越边境地区也有传统分界线，大致为今云南文山和越南的河江省、莱州省一带，[①]这条滇越习惯线一直延续至近代中法划分滇越边界前。

这里需要说明的是，在传统宗藩体系内，作为宗主国的中国与周边的藩属国之间的关系并不与今天主权国家之间的关系完全等同，同样，中国与越南之间的疆界也不似今天这样有清晰的划分。清代中越界线模糊的情况在当时的文献记录中是有所反映的，比如乾隆年间，两广总督策楞在给朝廷的奏折中就说："安南列在藩服，不敢设险自固。"[②]光绪年间，越南国王所上文书中谈及中越边界情况亦声称："从前中外一家，人民往来居行相惯，习以为常，何曾防禁！"[③]云贵总督岑毓英也认为："夫越南久列藩封，尺地一民，无不仰邀覆帱，又何庸更分疆界？"[④]故有学者论述说："中越两国山水相连，犬牙交错，许多民族又都跨境而居，历史上又有着特殊的'宗藩关系'，所以两国的国界虽有传统的习惯线，但长期以来并未有过明确的划分。"[⑤]这些正是这一历史事实的反映。

在这样的历史背景之下，当法国殖民主义者在越南扩张势力范

[①]参阅尤中：《中国西南边疆变迁史》，云南教育出版社1987年版，第98、100页。

[②]陈振汉等编：《清实录经济史资料（顺治—嘉庆朝）　农业编——第三分册（下）》，北京大学出版社1989年版，第348页。

[③]郭廷以、王聿均主编：《中法越南交涉档》（一），台湾"中研院"近代史研究所1962年版，第136页。

[④]（清）岑毓英撰，黄振南、白耀天标点：《岑毓英集》，广西民族出版社2005年版，第261页。

[⑤]龙永行：《纵论历史风云》，云南民族出版社2006年版，第61页。

围时，清政府以"越南久列藩封，素称恭顺，虽在邦域之外，同是社稷之臣，且与滇粤毗连，深资屏障，倘为他族夺据，必致唇亡齿寒"①，把中国传统的藩属国越南视为维护国家战略安全的一道屏障，同时清政府也应该为越南政权的安危负责，双方唇齿相依，共同抵御西方列强势力在东南亚的扩张。中法战争后，越南沦为法国殖民地，中国西南边防形势发生根本变化——"越为中国外藩要地……现在越几不能自存，何能为我守险？"②清政府遂决心在滇越划界中力保国家领土主权安全，建立起稳固的西南边防。清廷指示前往中越边境地区勘界的大臣说："越南北坼与两广、云南三省毗连，其间山林川泽，华离交错，未易分明。此次既与法国勘定中越边界，中外之限，即自此而分。凡我旧疆，固应剖析详明，即约内所云，或现在之界稍有改正，亦不得略涉迁就。"③并进一步要求勘界官员在划界谈判过程中，本着"分界一事，有关大局……多争一分，即多得一分之利益"④的原则，据理力争，保我领土，护我安全。

滇越传统分界线主要以沿边关隘、河流和山峰等为标志，相关文献对于边界线的具体方位及走向的记载比较模糊，往往用简单的"四至八到"来表述，如道光《云南通志》中关于开化府（今云南文山）与越南接壤情况仅简单记为：开化府"东至交趾界四百六十里……南至交趾界二百四十里，'旧志：南至赌咒河与交趾界'……东南至交趾二百三十里……西南至交趾界四百一十里"⑤。清政府勘界大臣依据"南至赌咒河与交趾界"的记述，大致确定了开化府南滇越分界的基本方位，但对边界线的具体走向仍缺乏了解。

掌握边境地区详细情况，是划界谈判中立于不败之地的前提条

---

① 《岑毓英档》，中国社科院近代史所编、虞和平主编《近代史所藏清代名人稿本抄本》（第1辑）（39），大象出版社2011年版，第11页。
② （清）岑毓英撰，黄振南、白耀天标点：《岑毓英集》，广西民族出版社2005年版，第353页。
③ 《德宗实录》，光绪十一年七月丙辰条。
④ 《德宗实录》，光绪十一年十月丙子条。
⑤ 阮元、伊里布等修，王崧、李诚等纂：道光《云南通志稿》卷9，道光十五年（1835）刊本，第21页。

件，为此云贵总督岑毓英一方面派人搜集有关中越关系及边境地区情况的档案文献，了解中越边界的历史变迁、滇南边境地区的建制沿革及族群分布等情况；另一方面又派出几队人马到滇越边境地区实地考察。龙膊河（位于今云南金平县）西南的十洲三猛（位于今中国云南金平县、绿春县与越南莱州省之间），早在中法战争爆发之前就有知县徐凤池和附生罗金瑞二人在此先期履勘；岑毓英兄弟"于沿边地方尚称熟习"的道员岑毓宝，率领具有专业地理知识的人员，从开化府的龙膊河口起，沿元江以东，循河口汛、马白关外、普梅河等处直至广西交界等处，进行实地勘查，编写图册。等清廷钦派的勘界大臣周德润到达云南开化府时，岑毓英等人已做了大量前期准备工作，周德润对此赞赏不已，上奏清廷说："记名道员岑毓宝踏看沿边一带，均绘图贴说，粗具规模，足备临时考证。……岑毓英熟谙边徼，为口讲指画，备极分明。"①并说："岑毓英前呈滇越图说，于山川向背、道路险夷及犬牙交错之处，固已剖析分明。"②对岑毓英等人前期的准备工作给予了高度肯定。

周德润抵达滇越边境后，会同福建台湾道唐景崧等人继续在马白关沿边一带勘查，一边打听法国勘界代表的行踪，询问他们由何路至滇越边界及已行至何处，为即将开始的划界谈判做准备；一边带领绘图人员向南深入至都竜、南丹一带进行实地勘测并绘制地图。这支队伍通过考察，发现慢美有河名南灯河，再60里为黄树皮，有河名黑河，二水往西合流并转而南行，此外别无河道。对照府志所记的方位里数，南灯河就是志书中记载的大赌咒河，为原来中越的分界线，为都竜等边防险要属于中国领土提供了有力的证据。大量的文献档案记录及滇越边境地区实地调查获取的地情资料，为中方代表在滇越划界谈判中赢得主动地位奠定了坚实的基础。

---

① 郭廷以、王聿均主编：《中法越南交涉档》（五），台湾"中研院"近代史研究所1962年版，第3321—3322页。
② 中国史学会主编：《中法战争》（七），上海人民出版社、上海书店出版社2000年版，第36页。

按图划分疆界

法国勘界代表团至1886年6月才抵达滇越边境，比原定时间晚了半年，而清政府勘界官员为滇越划界谈判已进行了大半年的准备工作。中方代表在边境地区实地调查后，已大致确定了滇越传统边界线的具体走向，岑毓英和周德润认为，中法划分滇越边界最好的办法就是依据调查所得的图文资料确定。法国殖民政府的勘界代表进入越南边境地区后，也一度打算进行实地勘查并搜集地方资料，企图在谈判中霸占更多的殖民地。法方档案记录下了侵略者的意图："我们也利用我们在工作上拖延的时间，去更仔细地研究勘察的工作地点。"①但由于当地民众持续而激烈的抵抗，法方代表陷于困境当中，"在老街周围，整个地方都被鼓动起来和外国人对抗。武装的匪徒自由流窜，好像他们是得到云南当局的准许和支持的一样。在此情形下，法方委员们的使命充满了困难和危险。从8月19日起，发生的一起小事件使得勘察和划界工作不可能在现场进行，被困在老街的委员会只好借助地图来划界了"②。法国人所说的发生于1886年8月19日的"小事件"，是指发生于越南者兰的截杀法国勘界代表事件，法国人详细描述了他们在事件中的遭遇："8月19日晨9时，在离仙蜂不远处，我们的帆船所处位置在三条相继涌来的急流上游，急流间距相隔不到100米，根据惯有的经验，为首的那艘帆船奉命停泊在第一条急流的上游，并派出船上的苦力去支援其他航行结构不甚理想的船舶上的船员。它很快锚泊在离船队其余船舶400米的地方，靠在一个小海峡后面，当排枪向它开火时，这一海峡成了它的掩蔽地。转瞬间，此船着火了。达吕少校带

---

① 萧德浩、黄铮主编：《中越边界历史资料选编》，社会科学文献出版社1993年版，第937页。
② 萧德浩、黄铮主编：《中越边界历史资料选编》，社会科学文献出版社1993年版，第499页。

数名士兵纵身跳入水中,正当他发现自己无法营救前方时,却受到沿河射来的排枪火力的袭击,火力线拉得相当长,足可包抄船队的末尾。……19日晚6时,我们的小分遣队返回老街。"对此,法国方面怀疑是清政府官员们在暗中阻止其殖民势力扩张的行动,"中国官员在此事上即便不算是不打自招的同谋者,至少也负有重大的责任"①。当法国方面提出会勘龙膊河边界时,岑毓英或许听到了一点风声,他在给周德润的信中说道:"风闻阮光碧之众欲在南岸一带埋伏,邀截该酋,不能无恐。或能并龙膊亦不会勘,就图指画结束收场,大为妙事。"②岑毓英通过信件向周德润传达了两个信息:一是越南爱国志士将对法国勘界代表不利,二是如能按图定界最好。至于越南民众为什么要这样做,岑毓英解释说:"风闻越南官民深忌中法和局,恐将界务勘明,中法分兵驻守,则该国更无立足之区,因趁此号召越中各处义民,揭竿分起,欲将中法和局败坏。"③遭到伏击后,法国方面虽对岑毓英等人充满怀疑,但苦于没有直接证据。至于岑毓英为什么希望法国人能够按图定界,也是他自己道破谜底:"若待其驱散越民之后,领兵抵境,则兵力所及之地,岂肯尺寸让人?"④正是由于对法国殖民主义者的侵略本质有透彻了解,岑毓英才能在军事斗争中以兵不厌诈的手法与强大的法国殖民势力斗智斗勇。

最终法国代表决定让步——"法方界务委员会手头有的只有几份界图,因此,我们只能是:或者根据这些文件工作,或是立即撤退,但一事无成。因为援军须待相当长时间以后才能到达。上述两种方案中,第一方案从各方面看似乎较为有利,于是我们在周提出动议时,

---

① 萧德浩、黄铮主编:《中越边界历史资料选编》,社会科学文献出版社1993年版,第916—917页。
② 《岑毓英档》,中国社科院近代史所编、虞和平主编《近代史所藏清代名人稿本抄本》(第1辑)(39),大象出版社2011年版,第229页。
③ 《岑毓英档》,中国社科院近代史所编、虞和平主编《近代史所藏清代名人稿本抄本》(第1辑)(39),大象出版社2011年版,第231—232页。
④ (清)岑毓英撰,黄振南、白耀天标点:《岑毓英集》,广西民族出版社2005年版,第353页。

趁势请帝国政府界务委员会采取界图对比法研究勘界问题。"[1]按图定界对于事前有充分准备的中方代表来说，自然具有一定优势。关于中法界务谈判的情况，据法国方面的极少数记载，法国代表们在谈判中拿不出什么像样的材料，而清"帝国界务委员却声称：它拥有全面正确的一套文献。他们说，在他们逗留开化期间，已派人踏勘了整个边界并测绘了边界图。唐钦差还亲自赴河安专门踏勘了明江水域。他说，他向我们出示的边界线系经过详细勘察的现场测绘结果，也是向当地居民问询后得出的综合结论。在他看来，这一论据是天衣无缝的，我们当时似乎只能诺诺称是，因为我们提不出任何证据，我们没有亲眼所见，而别人却是亲眼目睹"[2]。而在中方划界委员眼中的法国勘界代表表现却是这样的——"今法使贸然来滇。适北圻梗阻，未能踏看一步，日执市肆之图与滇图比较，鲜有不背而驰者，虽反复辨证，舌敝唇焦，几同凿枘之不入。嗣检开化、广南、临安等府志书示之，彼似稍悟，渐就我图，不敢自出其图，因而权其缓急，相机操纵，卒化龃龉，而相与有成。"[3]在按图定界过程中，为提供准确可靠的信息，岑毓英还将龙膊河一带"外八庄及猛坪等处头人业经传到，查猛坪即石头汛，其地又在八庄以外，四至接与越南接界，其自北而东则与龙膊毗连，现已饬其逐细开明，并饬八庄照开，分别抄单呈送台览。并派弁将该头人等送至河口，即希按图单询问各界，当易分明，并可饬令具结备案"[4]。由于当地头人最了解边境地区情况，因此派员将他们送至河口划界谈判现场，供中法勘界代表询问以确定边界。

中法勘界代表商定将滇越边界分为5段。第一段自龙膊河入红河

---

[1] 萧德浩、黄铮主编：《中越边界历史资料选编》，社会科学文献出版社1993年，第919页。

[2] 萧德浩、黄铮主编：《中越边界历史资料选编》，社会科学文献出版社1993年版，第920页。

[3] 郭廷以、王聿均主编：《中法越南交涉档》，台湾"中研院"近代史研究所1962年版，第3657页。

[4]《岑毓英档》，中国社科院近代史所编、虞和平主编《近代史所藏清代名人稿本抄本》（第1辑）（39），大象出版社2011年版，第239—240页。

处起至云南新店与越南狗头寨交界处止，主要为今云南河口县与越南交界段。此段以红河、南溪河、坝吉河为标志，以河中为界，按图指划，线索较为清楚，六日即定。第二段自新店起至老隘坎止，主要为今云南马关县、麻栗坡县与越南交界段，此段因为涉及雍正时期滇越界务遗留问题，中法双方争议较大，决定留待下一步协商解决。第三段自云南三文冲、北圻高马白相对处起，至云南澜泥沟、北圻竜古寨之间止，主要为今云南麻栗坡县与越南交界段。第四段自云南澜泥沟起至瑶人寨止，主要为今云南富宁县与越南交界段，此段在三蓬一带有争议，后经过谈判，将田蓬街等部分区域划归滇界，此史实后面还将深入探讨。第五段自龙膊河向西南沿黑江至木戛，主要为今云南金平县、绿春县与越南交界段。此段边界因争议甚大，中法双方决定暂时搁置勘分工作。[①]

　　滇越传统边界大多以山峰、河流为标志，然而具体的走向"既无一定之说，又无可考之书，应饬会勘各员询问土著头人，求一谛当。即或说有参差，似宜就其有利于疆土者断定"[②]。在按图定界过程中，中国政府代表利用己方对滇南边境山川地形熟悉的优势，在一些边界线走向的划定上努力争取军事防御上的优势，这样就使滇军在滇南边境地区的军事防御中可以利用地形上的优势与强大的法军构成一种平衡。中方勘界代表经过艰苦努力，终于使滇越边界龙膊河以东段得以按原传统的分界线大致划定。对于中国政府在按图定界中取得的优势，法国侵略者也有所觉察。1889年，法国印支总督在给法国中越边界划界委员会主任的指示中这样说："1886年时的双方委员会和1887年6月26日北京协定所指定的边界线，从防卫观点看，弊端是很多的。中国委员们因为利用他们对我们从未深入的地区的了解，所以能够轻易地让我们的代表接受一些走向，但假如我们的代表们当时拥

---

　　① （民国）龙云、卢汉等修，周钟岳、赵式铭等纂，李春龙、刘景毛等点校：《新纂云南通志》七，云南人民出版社2007年版，第552—553页。
　　② 《岑毓英档》，中国社科院近代史所编、虞和平主编《近代史所藏清代名人稿本抄本》（第1辑）（39），大象出版社2011年版，第231页。

有有价值的地形测绘资料,就永远不会同意了,结果是连接我们各地界哨所的,所有直接的路几乎总有段在中国境内。我们位于第一界线上的多个地方就这样被天朝的委员们巧妙地分隔孤立了。受到进攻时,连接地方就不能够相互支援了。"①这段话表明了中方代表和边地军民为争取滇南边防的战略优势,在按图定界过程中力争有利地形,是有成效的工作。

力争边防战略要地

关于争取滇越边界国防战略要地的重要性,岑毓英在给署广西巡抚李秉衡的一封信函里说得较为清楚:"查中越边境犬牙交错,往日越在守下,尚可任其通融,现在法既据越,边防正当吃紧,所有越地之在华郊者,滇境尤多,若仍划归越境,则兵在外而敌在内,防务几同虚设。"②可知,要维护滇南边防安全,就必须争取各边防战略要地。前已提及,中法在滇越划界过程中第二段和第五段界线存在争议,只有争取到界线上开化府南的都竜、南丹及临安府南的十洲三猛等地,以及第四段广南府(今云南文山)南的三蓬地区这些边防要地,才能保障滇边安全。

首先是有争议的滇越第二段分界线。此地历史沿革及在边防上的重要性岑毓英调查得十分清楚:"都竜、新街险峻异常,实为徼外之要隘,本在大赌咒河内,为云南旧境,失于明季。国朝雍正年间,督臣高其倬奏请查勘,奉旨撤回内地。后因越藩陈诉,奉谕以马白汛外四十里地赐之,而都竜遂仍归越南,云南即以小赌咒河为界。臣伏思越为中国外藩要地,归藩原系守在四夷之义,不必拘定撤回。现在越几不能自存,何能为我守险?应否俟勘界时,将都竜、南丹各地酌议

---

① 萧德浩、黄铮主编:《中越边界历史资料选编》,社会科学文献出版社1993年版,第507—508页。
② 《岑毓英档》,中国社科院近代史所编、虞和平主编《近代史所藏清代名人稿本抄本》(第1辑)(39),大象出版社2011年版,第35—36页。

撤回，仍以大赌咒河为界，以固疆圉而资扼守之处。"①开化府马白关至大赌咒河之间的领土在明末清初为越方侵占，雍正年间云贵总督高其倬曾奏请收回失地，雍正皇帝以越南累世恭顺，谕令以马白关城边小赌咒河为界，使马白关枪弹可及，难以防守。中法战争期间，清军以马白关为入越要路，地面平敞，四路通达，无险可守，而都竜、新街地势险要，岑毓英遂命防营总兵何雄辉分兵驻守这一区域，并以"慢美为都竜所辖，自应以慢美为界，当如来示转饬蔡、何两镇军，派员前往慢美及船头、南宴各地，竖立界牌也"②。法国档案中也记录了岑毓英在开化府边境地区的经营——"在明江一侧，他派正规军驻扎河阳，以便在安南境内的谭水（Tan-Thuy）河处安置界石，上面刻有'云南境界始于此'字样"③，用实际行动宣示中国在此区域的主权。

但在中法滇越划界谈判过程中，法国方面却不承认中国在此区域的领土主权，提出了不同的划界方案，双方争执不下。当地民众为维护国家领土主权，主动起来抗争，"光绪十四年（1888年），总理各国事务衙门按照《续议界务专条》下发红线界图。但归仁里8甲地方，只划入6甲，尚有奋武甲和聚仁甲在国界外，奋武甲和聚仁甲人民不愿入外域，扶老携幼到官府衙门请愿，要求回归祖国。光绪十九年（1893年），聚仁甲阮朝忠、黄胜利、黄九等头领率千余人攻入黄树皮，惨遭中法军队镇压，被迫退出。次年清政府催请法国派兵接管箐门，当地抗法义军连夜渡过黑河，准备拦截法军，结果遭清军三面伏击，死伤数百人，被迫退入河阳一带继续与法国殖民军作斗争。奋武甲在当地苗族头人项从周领导下，多次击退法国侵略军，法军不敢

---

①（清）岑毓英撰，黄振南、白耀天标点：《岑毓英集》，广西民族出版社2005年版，第349页。

②《岑毓英档》，中国社科院近代史所编、虞和平主编《近代史所藏清代名人稿本抄本》（第1辑）（39），大象出版社2011年版，第222页。

③萧德浩、黄铮主编：《中越边界历史资料选编》，社会科学文献出版社1993年版，第498页。

接管猛硐地区，只好向清政府另要其他地方"①。法国侵略者解释他们图谋此地失败的原因说："漫美和猛峒两地由中国统治已很久了，居民们甘心做中国人。如果我们让中国占有这两处，我们就不需要耽心在这个新边境制造动乱了。"②中法双方最终划定的边界线"既非清朝初年的大赌咒河界，也不是雍正六年以后的小赌咒河界。而是大赌咒河与小赌咒河之间的一条妥协界线"③。虽然没有恢复历史上云南开化府南全部领土，但中方收回了都竜、南丹、猛硐等战略要地，为滇南边防建设奠定了坚实的基础，这是清政府划界官员和边地军民共同斗争的结果。

其次是广南府的三蓬问题。清嘉庆年间，广南府宝宁县侬氏土司嫁女于交趾州保乐土官，私下将三蓬村寨作为陪嫁。④"从领土主权的原则来说，国家的中央政府才能决定领土主权，而地方官吏不能决定国家领土。广南土司只是地方官吏，无权处理国家领土，私相授受，而把国家领土送与外国，这是原则问题。至于广南土司送地索还长期争议，悬案未决，保乐州土司据有三蓬地已造成之事实，并不能承认是有合法依据的。"⑤中法战争结束后，岑毓英认为广南三蓬的田棚一带"僻处一隅，大小船均不能行，未必在所必争也，然广南防务不容稍懈，刻拟在招挑万人内分拨兵四百名，夫四十名，交参将马应麟、守备王泽宽前往普梅、田棚等处扼要驻守，以备不虞"⑥。事实证明，岑毓英对三蓬的战略价值认识不足，法国侵占越南后，声称三蓬属越方领土而出兵占领。法国界务

---

①云南省麻栗坡县地方志编纂委员会编纂：《麻栗坡县志》，云南民族出版社2000年版，第753页。

②萧德浩、黄铮主编：《中越边界历史资料选编》，社会科学文献出版社1993年版，第909页。

③尤中：《中国西南边疆变迁史》，云南教育出版社1987年版，第207页。

④云南省广南县志办公室编：《广南县志》，中华书局2001年版，第802页。

⑤方国瑜：《中国西南历史地理考释》，中华书局1987年版，第1308页。

⑥《岑毓英档》，中国社科院近代史所编、虞和平主编《近代史所藏清代名人稿本抄本》（第1辑）（39），大象出版社2011年版，第300页。

代表对三蓬在军事防御上的价值有着清楚的认识——"有争议的领土乃是位于一条高耸的石山山脉和玉溪河之间的一块东南—西北走向、长50至60公里、宽约20公里的区域。可以说这是一个宽大的高台,高出玉溪河约400米,靠河一侧的许多处乃是无法攀越的悬崖峭壁。……这是边界前的一个相当好的阵地。"[1]虽然对三蓬的战略价值认识不足,但岑毓英及时派遣军队驻扎,还是为中方勘分此段边界线赢得了先机。岑毓英与中方勘界官员考察后发现,由于三蓬均据河之北岸,若为法国人占领,则普梅河全失其险,滇边将无险要可以设防,因此在划界谈判时,岑毓英与周德润向法方提出交涉,要求法方退兵,把三蓬收回。但谈判时由于中方出示地图所标普梅河流向偏东,法国所持地图中普梅河的流向偏南,形势不同,界线因之迥别,致使双方的谈判陷入僵局。为争取谈判的成功,岑毓英决定彻底弄清广南府与越南之间的边界,特别是三蓬的情况,他命令广南知府陈之梅认真调查,并强调:"务将某处至某处若干里数,及形势险夷、户口多寡,详细开载,只要真的,不在画好,事关奏报,毋得潦草塞责,切切!"陈之梅召集当地官员,将档案图册与实际调查的情况反复比对,"中有不合之处,立即更正另绘,如是数次,始得现呈之图本"。陈之梅等人还查明了三蓬的历史沿革,认定此地原属广南府管辖,后因当地土司为女陪嫁而沦入越地,官员们经过慎重权衡后建议:"审形度势,指定同文大河(笔者按:即普梅河)分界,立说既非强勉,界限又极分明,虽一时之举,实万世之休。"[2]这为中国政府进行边界谈判提供了可靠的依据。岑毓英之后又密饬地方官员士绅,告知田棚地区不愿接受法国殖民统治的百姓迅速改装易服,并沿河树立界牌,严密布防,为收回三蓬部分要地奠定了基础。在谈判过程中,中方代表为解决三

---

[1] 萧德浩、黄铮主编:《中越边界历史资料选编》,社会科学文献出版社1993年版,第959—960页。
[2] 尤中:《中国西南边疆变迁史》,云南教育出版社1987年版,第168—169页。

蓬问题，主动让步，提出关于三蓬划界的折中方案，但法方代表却不肯让步，中方代表也不再退让，双方僵持40余日，最后法方代表"狄隆等出座密商，复入座定议部分归还，狄塞尔遂亲笔将北坼之苗塘子、龙潭、龙膊、田蓬街、沙人寨五处划入中界，计拓地纵横约三十里"[①]。面对强大的法国殖民政府，中国方面的斗争和努力总算获得回报，在田蓬一带争取到了有利的军事防御据点。

最后是滇南的三猛十洲之地。当法国殖民势力在越南北坼积极扩张，危及滇南边疆安全时，岑毓英等清政府官员就有了构筑滇南边防战略纵深以抵御法国殖民势力入侵的想法，其重点经营区域为滇南的三猛十洲。"三猛十洲之地延袤五百余里，北接滇边临安府蒙自县、建水县界，西接元江、他郎、思茅、普洱各府、厅界，又西南达车里、南掌地方，其间设州治十四、县治四，实越地之要隘，滇疆之门户"[②]，为滇南的边防战略要地。关于三猛十洲的历史沿革，方国瑜先生在《中国西南历史地理考释》中有翔实考证：1323年，元朝在此地置宁远州，延至明初。后安南亦在此地经营，设莱州（复礼州），宁远州"境域较广，因与安南接壤，且多受其侵凌也"。虽然有领土争端，但此地明代属沐氏勋庄，清朝隶建水州，政府设有掌寨土职统领，相关史实记录见诸历代史籍，班班可考，可知中国在此区域的领土主权不容置疑。[③]清咸同年间，由于云南爆发大规模战乱，政府在边疆土司地区的统治废弛，"其猛梭地面籽粮，历年仍赴建水完缴。咸丰年间滇乱，道路梗塞停征，厥后催办承袭，又为越南昭晋州知州阮文光把持，上年大兵出关（笔者按：1883年底滇军第一次入越抗法），派员前往清厘，各猛土司均先后赴滇，照旧完纳籽粮，并具

[①]（清）王文韶等修、唐炯等纂：《续云南通志稿》，光绪二十七年（1901）四川岳池刻本，卷85《洋务志·界务》。
[②]（清）岑毓英撰，黄振南、白耀天标点：《岑毓英集》，广西民族出版社2005年版，第331页。
[③]相关内容参见方国瑜《中国西南历史地理考释》之"戊、临安府边境宁远州猛赖猛蚌猛梭等地事迹"记载，中华书局1987年版，第1266—1283页。

有甘结"①。前面提及的知县徐凤池和附生罗金瑞二人在此地经营招徕,得到奠边府知府刁文撑等地方上层人士的积极响应,在中法战争期间,派遣其子莱州知州刁文持、伦州知州刁文操、枚州知州刁文抱各率数百人前来投效滇军,随同总兵丁槐参加清军抗击法国侵略者的斗争。

在滇越划界谈判过程中,中方代表主张中国拥有三猛十洲的领土主权,法国侵略者却要将其变为殖民地,双方僵持不下,且在谈判期间,法军已逐步进入三猛十洲之地。鉴于此形势,周德润同岑毓英商议后奏报清廷:"猛梭、猛赖一段,荒远瘴疠,弃之不足惜,岑毓英所见相同。至我所必争者南丹山以北、马白关以南,其中山川险峻,田畴沃美,如能划归中国,既可固我疆圉,亦可兼收地利。"②鉴于此形势中方代表决定放弃猛梭、猛赖部分区域,以解决滇越边界第二段都竜、南丹等地的归属问题。1887年6月,中法双方签订《中法续议界务专条》五款,对已经勘定的边界线进行确认,而尚有分歧的三猛十洲之地"应待另行会勘定线"。

此后,清政府在三猛十洲的经营很不理想。主观原因是自1889年在滇越划界中起到关键作用的岑毓英去世后,继任云贵总督的王文韶在边疆治理中主张对外妥协。"英、法并缅、越后,西南缘边防务益棘。文韶绥靖各路土司,令自为守。"③当英法列强吞并缅甸、越南后,中国西南边疆危机日益严峻,王文韶却令边境土司各自为守,此消极政策使中方在三猛十洲的统治力量十分薄弱。客观原因是当地疫病流行,滇军难以长期驻防,同时法国殖民势力在此区域积极扩张。"临元镇派遣军队镇摄猛莱,因不耐炎瘴,未及半年,死亡过半,不得已而撤回。该土司遂启轻视之心,于是临安之粮,抗不上纳。临安府尹亦无如之何也。后法人知其底蕴,诱之以利,调猛莱道台刁某至

---

① (清)岑毓英撰,黄振南、白耀天标点:《岑毓英集》,广西民族出版社2005年版,第370页。并见《续云南通志稿》卷85《洋务志》。
② (清)赵藩编:《岑襄勤公年谱》卷9,光绪己亥(1899)年刻本,第11页。
③ (民国)赵尔巽等撰:《清史稿》,中华书局1977年版,第12375页。

河内，为之筑刁公馆，所带从人，任其挥霍，刁氏乃言法人之好，法人遂得借此以来猛莱建筑营盘，设立邮电，而猛莱、猛梭一带纵横千里之地，法人不用一兵，不折一矢，竟于最短期中据而有之，此中法未划界以前之事也。"①

　　1894年5月，中法两国代表正式会勘滇越第五段分界线，此时法国殖民势力在三猛十洲一带立足已稳，法方代表态度变得咄咄逼人，还未开始勘界就宣称此地由法国军队保护，要求中国军队后撤至王布田（今云南金平县城）一带。勘界时法国界务代表又狮子大开口，"远指王布田为界线"②，使中方勘界工作非常被动。事实证明，岑毓英对法国殖民主义者"若待其驱散越民之后，领兵抵境，则兵力所及之地，岂肯尺寸让人？"的判断是完全正确的。从后续的行动来看，法国侵略者不仅不可能尺寸让人，还要得寸进尺。果然，法国侵略者与当地土目刁文持共同炮制的滇越第五段分界线，较岑毓英、周德润等人与法方代表于1886年商定的分界线大大北移，将猛梭、猛赖及猛蚌等皆划入越境，致使我大片领土沦丧。法国人对他们的阴谋得逞很是得意——"自龙膊河汇流点起，边界大体上朝偏西南方向，在大树脚东15公里，赛江与绵水湾交会处经过赛江。自大树脚起，边界顺藤条江下直到此河与金子河的交合处，然后顺金子河深泓线直到其源头，接着亦很自然地到黑水河的猛蚌渡，黑水河朝西的深泓线成了边界线。此渡往西约1600平方公里的区域以前未定界，因而其中的丰土和莱州就这样为我们所获。"③

　　从滇越勘界的历史我们可以看到，边疆各族人民在捍卫国家领土主权方面作用巨大。开化府都竜、猛硐等地民众为保卫我领土主权，与法国侵略者殊死搏斗，表现出大无畏的爱国主义精神，为捍卫国家

---

① （民国）云南省立昆华民众教育馆编：《云南边地问题研究》，1933年，第379—380页。
② 方国瑜主编：《云南史料丛刊》第十卷，云南大学出版2001年版，第9页。
③ 萧德浩、黄铮主编：《中越边界历史资料选编》，社会科学文献出版社1993年版，第547—548页。

主权领土做出了重大贡献；清政府对临安府属的三猛十洲之地经营不力，统治力量薄弱，使此地最终被法国侵略者侵占，清政府构建滇南边防纵深的构想最终没有实现。今天我们重新梳理这段历史，应认真总结其中的经验教训。

建设滇南边防长城

在滇越划界过程中，以岑毓英为代表的云南地方官员积极策划滇南边防建设。滇越边境中国一侧的地理形势大致可以今天的河口县城为中点，分为东、西两部分，东部主要为滇东高原地区，西部则为横断山系南部的哀牢山和无量山区。在南溪河与红河交汇处，为中国西南云贵川3省最低处，海拔76.4米，从此沿滇越边界无论向东还是向西，中国一方的地势都呈陡然抬升之势。向东北经桥头至马白关，海拔在1340米左右，从马白关向南至都竜，沿途主要为山地丘陵，从都竜再向南至滇越边界，海拔逐渐降低，最低处海拔仅有530多米；向东至麻栗坡的船头（今麻栗坡县天保镇境内），与越南交界处海拔仅有107米，为滇越边界东线地势最低处，此区域山势陡峭，其中老山、者阴山、扣林山等皆以险峻著称，有居高临下、易守难攻之特点，为滇南边防的战略要地。向西北溯红河而上至新街（位于今云南河口县莲花滩乡），海拔在100米左右。向北则至蒙自，海拔陡升至1300米，落差极大，同样具有居高临下、易守难攻之势。总体来说，滇南边境地区对越南相邻区域均形成建瓴之势。

岑毓英关于滇南边防优势的构筑，充分考虑到了滇越边境中方一侧中间低、两边高的地势特点，滇越交通往来，以马白关和蒙自为要冲，为滇南军事防御建设的重点地区。中法战争结束后，滇军便在滇越边境沿线点布防，具体为：开化府，留定远十营驻扎；马白关，留平远七营驻扎；临安府蒙自，留良字八营、启字一营、定字三营，以绥远七营并作怀远十营、诚字二营驻扎；从南溪河至红河沿岸，南溪、河口、南屏、新街、坝洒、石头各汛地，留德字三营、田字三营、保字四营、忠字四营、元字十二营驻扎；天堡、交趾城（今云南麻栗坡县天保镇），留安边十营驻扎。以上各营，官兵总计16000余人。①岑毓英向清廷解释他在滇南边防军事布置的意图说："马白为入越之捷径，蒙自则为通商之要津，两路均应设立重防。一旦有警，敌出红江一路，则兵由马白出越之安平、安隆，扼馆司关、大滩、文盘以断其尾；敌向马白，则兵出红江，顺流而下，或由三猛出昭晋州，或由古林箐出龙鲁，皆可抵清波、夏和，以截其后路。是蒙自与马白两路奇正相生，有如常山之蛇，击首则尾应，击尾则首应。臣入关布防，即于两路密置重兵。"②也就是说，岑毓英充分利用了滇越边境中方一侧的地形优势，除在河口建炮台以加强军事防御能力外，还有重兵于河口的东西两侧，法军如有侵犯云南的野心，则无论向东向西，其均处于仰攻险要的不利形势，且其主攻方向无论在东、西哪一方，均有被滇军包抄后路的危险。滇南边防优势的构筑，充分显示了岑毓英在军事方面的优秀才能。

为使滇军对法国殖民势力在军事防御上的优势长期存在，岑毓英还对滇南原有的军事建置进行调整——"开化一镇，距马白不及二百里；临元一镇，距蒙自亦仅一百四十里，拟请每年于秋、冬二季，令开化镇出驻马白关，临元镇出驻蒙自县，督饬操防；春、夏两季烟瘴正深，边境无虞，即各回驻临安、开化府城。而移开化中营游击常驻马白关，添设后营游击一员，常驻开化府。以开化左营都司分防交趾城，右营都司分防古林箐。石榴红汛原设都司改为守备，并移一守备于长岭冈。其蒙自一面，则添设前营游击一员，常驻蒙自县。移驻蒙自之右营都司分防窑头水田，右营守备分防蒿枝地。"③这使滇军给予法国殖民势力军事上的压力常态化。

---

① （清）岑毓英撰，黄振南、白耀天标点：《岑毓英集》，广西民族出版社2005年版，第340—341页。
② （清）岑毓英撰，黄振南、白耀天标点：《岑毓英集》，广西民族出版社2005年版，第348页。
③ （清）岑毓英撰，黄振南、白耀天标点：《岑毓英集》，广西民族出版社2005年版，第348页。

滇南边防建设的效果如何？我们可以从下列史事中看出。1903年，云南个旧发生周云祥起义，法国殖民政府在越南保胜一带（今越南老街、谷柳）集结法军3000余人、安南兵3000余人、驮马2000余匹，欲寻机会占领觊觎已久的个旧矿山。在此过程中，法国侵略者数次寻找入侵滇南的借口。第一次，法国总督电告河口副督办黄河源，借口越南边民蒙大、王二在马鞍底被中国的黄少和等人杀害，向清政府提出限期捉拿凶手的要求，并声称"如我军不能如限办到，法军即自围缉"，蒙自道尹贺宗章迅速派人捉拿黄少和及其党羽10多人并镇压之，法方派蛮耗经理博劳当核实后无话可说。第二次则声称"因内乱，河口无粮，彼增军队数千名防边，无从购办，要至蒙自就食"，贺宗章又迅速组织省内各商号，从蒙自经蛮耗水路运去10余船粮食供应，法军又无话可说。第三次，法国五圈军官照会黄河源，直言不讳地说"保胜烟瘴过甚，所部军队，死亡过多，欲到蒙自暂行避瘴，特先知照，并无他意，幸勿惊疑"，至此终于露出侵略者的凶恶面目。贺宗章亦不示弱，命驻防边境的滇军严阵以待，河口炮台亦做好战斗准备，然后回电法军，义正词严地说："我蒙自非避瘴之地，贵军队岂避瘴之人？迭次来电，幸未辱命，今所言直欲启衅，敝处惟守条约，他非所知，虽能力薄弱，然责任所在，无所逃命，业已下令戒严，如有外兵闯越界桥，勉尽所能捍御矣！"此时清政府已将周云祥起义镇压，贺宗章亦清除了红河沿岸的反清武装及匪患，滇南边防形势稳定。法军虽在滇边集结重兵，野心勃勃，但慑于河口炮台的强大威力，更有东西线的滇军严阵以待，终不敢越雷池一步，最后不得不将军队回撤至越南河内、海防。①这段史事证明，滇南边防体系的稳固有效使法国侵略者妄图入侵我滇南地区的阴谋破灭。

清政府不断加强对晚清滇越划界基础上建立起来的滇南边防建设，在滇南边境地区先后设置了南防练军、云南防军及云南巡防队之开广边防和铁路巡防等军事力量，除在蒙自设立临安开广道管理滇南

---

① （清）贺宗章撰：《幻景谈》，方国瑜主编《云南史料丛刊》第十二卷，云南大学出版2001年版，第111页。

边防、政治、经济、外交等事务外，还沿滇越边境线设置对汛督办及其下属各对汛等边防机构，使滇南边防得到进一步巩固。随着时代的变迁，滇南边防经受住了法国殖民势力扩张、日本法西斯入侵、抗美援越及20世纪七八十年代中越边境争端等考验，成为中国西南边防中的一道稳固长城。晚清滇越划界与滇南边防建设是中国近代边界和边防建设史上的重要篇章，其在中国近代边疆治理中的作用和意义应继续深入探讨，以为把云南建设成为我国民族团结进步、边疆繁荣稳定的示范区提供有益借鉴。

（梁初阳，历史学博士，云南省社会科学院历史、文献研究所研究员，研究方向为中国西南边疆史）

云南士绅与西南边疆危机的应对[1]

曾黎梅

近代以来,英法等国对我国西南边疆的蚕食鲸吞引起了云南士绅的重视。士绅群体对国家的认同,以及对边疆危机的认知,激起了他们保家卫国的强烈意愿。在应对边疆危机过程中,云南士绅群体的奔走呼吁以及对边疆建设的参与,成为关系国家边疆领土安全乃至中国现代边界形成的重要因素。本文以中国近代史上影响较大的两次边疆危机事件为例,梳理探讨云南士绅在其中发挥的作用及其影响。

一、片马事件中云南士绅的作用及其影响

英国全面占领缅甸后,滇西及滇西北地区成为英国觊觎之地。面对英国的步步进逼,清政府不断退让,尽量避免冲突以免增加新的外交纠纷。清政府在中缅界务中不识西南边地情形,在边界磋商中"损失已甚",虽经屡次交涉勘察,但均未果。[2]宣统元年九月(1909年11月),保山县登埂土司前往片马各寨征收杉板捐,小江河五寨团首

---

[1] 国家社会科学基金项目"近代内地民众对边疆认知演变研究"(项目编号:22BZS101)阶段成果。
[2] 具体中缅界务交涉研究参见吕一燃主编的《中国近代边界史》(下卷)(四川人民出版社2007年版)、朱昭华的《中缅边界问题研究》(黑龙江教育出版社2013年版)。

伍嘉源、徐麟祥唆使寨民抵抗，双方控告于保山县，保山县正饬查时，登埂土司铲烟清户至其寨，双方发生冲突。该团首"遣其党李三保、段有贤向英密芝（支）那府投递，称各寨在高黎贡山外应归英辖"①。英国遂借端干预片马各寨案件，旋即进兵占据。1910年12月，"英兵百余人过界，在腾越属之他戛筑有粮台，随行驮马五十余匹，分运枪弹等物，经过他戛前往片马。又于二十八日在他戛过兵二千，马二千五百余匹，于小江、独木修板桥迳过"。1911年1月，"英兵入登埂界，抵上片马，有密支那知府一员、头等武官一员、二等武官一员、兵队五百名，工程队二百余名，马二百余匹，运有粮饷军火，设立营卡"②，片马事件爆发。

1911年初英军进入片马等地后，云南咨议局即接连上书李经羲，致电资政院，表示英国"其志不在片马，自缅甸陆沉，英人刻意经营，时欲取吾滇西野人山，以入蜀藏"，所以，"若就片马论，片马终不过一隅之得失，然来日大难，不独与之争一隅，直当与之翻全案"。③并"闻英法已密约，将握长江上游，先取川藏，滇省危局日迫，非文明抵制所能了事"④。

收到云南片马事件爆发的情况报告后，清政府外务部与英国政府提商，英使态度蛮横，"言明中国若竟不愿按照所拟各节允诺，则本国仍令缅甸政府驻守该处治理一切，无须再行议商"⑤。1911年1月22日，清政府谕示李经羲：“滇、缅北段界务，久未划清。兹据探英兵将抵片马，意图占据。审时度势，究未便轻启兵端。应由该督饬地方文武，妥慎防维，毋任鲁莽偾事。一面镇抚汉、夷，免生惊扰。”

---

① 《片马案》（宣统二年三月二十五日），《外务部》，台北"中研院"近代史研究所档案馆藏，馆藏号：02-17-002-03-002。
② 《申报英兵闯入片马与英领往来照会》，《外务部》，台北"中研院"近代史研究所档案馆藏，馆藏号：02-17-002-04-009。
③ 《云南省咨议局为中缅界务与片马交涉上滇督书》，《申报》，辛亥二月初二日。
④ 《进兵耶撤兵耶》，《申报》，辛亥三月二十一日。
⑤ 《复片马案由》（宣统二年四月二十七日），《外务部》，台北"中研院"近代史研究所档案馆藏，馆藏号：02-17-001-03-002。

李经羲奏报清政府:"请饬部速与英使磋议审查,并请简员赴界绘测。"外务部多次与英使交涉,并要求撤兵,但英国政府并不理会,一味推宕,清政府又寄希望于海牙保和会公断。①清政府历陈片马等地为中国属地,与英国政府反复辩论,其词意强硬,不稍相下。②

英方态度强硬,虽各地、各级官员纷纷奏请清政府与英国严重交涉,但仍于事无补。外务部以"中国积弱至此,防御百无足恃,惟有借感情为作用,或可联群雄而求多助",将希望寄托在打感情牌、寻求各国援助上,放弃对"一隅之地"的力争,认为"各国于东亚之事,恒视英国之左右为重轻,若以一彼一此之边界,明知不敌而重伤感情,似非保持和平之计"③。为实现"弱国的和平",清政府视各地官员的呼吁而不见,态度消极。

在多次磋商中,清政府无力与英国抗争,外务部竟称"情贵明乎彼我,害必权其轻重。疆场险要,本属无常;阻敌之谋,亦未专恃地势。英人于小江内外各地,直已视如固有,词气悍决异常。循此坚持,无论决裂堪虞;即使终归和商,恐稽延愈久,枝节横生,其结局更有不如今日者",并强调"不值以一隅而妨全局,未便竟小利而堕诡谋"④,俨然已弃片马于不顾。

然片马被英侵占,滇人有切肤之痛。事件发生之初,滇西官员最早知晓情形。片马界务危迫,"滇人士四方奔走,言争界事甚急切。陈荣昌奏参兴禄、石鸿韶划界失地,王人文、赵鹤龄奏参重勘滇缅界,杨觐东上界务书。清廷均不应"⑤。英人进兵片马后,曾任护迤

---

① 云南省历史研究所编:《清实录:有关云南史料汇编》(卷四),云南人民出版社1985年版,第825页。
② 云南省历史研究所编:《清实录:有关云南史料汇编》(卷四),云南人民出版社1985年版,第827页。
③ 云南省历史研究所编:《清实录:有关云南史料汇编》(卷四),云南人民出版社1985年版,第828页。
④ 云南省历史研究所编:《清实录:有关云南史料汇编》(卷四),云南人民出版社1985年版,第828页。
⑤ 滇第一军都督编修处编辑:《滇复先事录》,腾冲县政协文史资料编辑委员会编《腾冲文史资料选辑》(第二辑),云南人民出版社1990年版,第122页。

西兵备道的秦树声"愤之痛哭,力争于云贵总督锡良前,为草奏列举必争者九,必不可许者六"①。云南籍官员吴焜、朱家宝等纷纷上奏朝廷:"滇边阽危,摇动大局""片马界务,关系大局"。②

保山士绅闵为人(字德修)在英军图谋侵片马时,就曾徒步独行,考察西南边地形势要隘。英兵进占片马后,闵为人第二次深入边境考察,归来后致书咨议局,赴省城向云南官员呼吁。后写成《片马紧要记》铅印,分布各省,以为时局所参考。③云南省内,因片马被英强占,云南群情激愤,咨议局一方面"联合各府士绅于数日前开会索图","诘责"政府,"并通电各省停购英货"④;一方面"设保界会以为政府后援",公推周钟岳、李增等赴京,请外务部与英使严重抗议。知名士绅周钟岳"因隆兴公司及英占片马两事,决意辞职赴京,而叶学使坚不允许。"周钟岳感叹:"云南之危,不在外患凭陵,而在内情涣散,每遇一事发生,奔走呼号,讫无响应,即勉强到会,随声赞成。然未逾时,所剩者不过一会议录。其承认之事则已雾散烟消,漫然不复省记。""然念桑梓垂危,容身无地。故苟于事有济,虽万死不敢辞。此次愿任代表赴京,并非为一时之意气所激。"⑤1911年7月,周钟岳等人到达北京,与云南籍京官一道催促外务部进行交涉,但亦未果。在边疆大吏、官员士绅的强烈反对下,软弱的清政府没有谁愿意承担让地求和的责任,新任内阁总理大臣奕

---

① 李根源、刘楚湘主纂,许秋芳等点校:《民国腾冲县志稿》,云南美术出版社2004年版,第489页。
② 云南省历史研究所编:《清实录:有关云南史料汇编》(卷四),云南人民出版社1985年版,第825页。
③ 马玉华:《滇缅北段未定界,片马交涉牵人心——〈云南勘界筹边记〉(五种)解题》,《中国边疆研究文库·初编·西南边疆》(第4卷),黑龙江教育出版社2013年版,第4页。
④ 《片马案》(宣统三年正月初六日),《外务部》,台北"中研院"近代史研究所档案馆藏,馆藏号:02-17-002-03-036。
⑤ 周钟岳:《惺庵回顾录》,中国人民政治协商会议云南省委员会文史资料研究委员会编《云南文史资料选辑》(第3辑),1963年,第137—138页。

勖被称作"一个优柔寡断、诡计多端、腐败无能的老朽"①,面对外国政府强索,清政府便索性以地方督抚反对为由进行抵制。

在事件发生地区,身处边疆的少数民族精英也发挥了重要作用,老窝是阿昌族后裔以及白族、傈僳族等民族杂居的地区,虽然经济文化比较落后,但由于地处交通要道,其上层人物和一般人民的信息较灵通,加之老窝三甲人民在片马事件期间,在李根源的发动下,曾同怒江各族人民一道支援过片马的抗英斗争。"在此之前苗干山阿昌族早就具有一定的革命斗争传统,他们看清了帝国主义传教士的真实目的,认为让这些传教士在老窝扎下根来就会带来无穷的后患。"②

片马案爆发,云南地方政府上禀清政府情形时仍为"密陈"③。外务部谕旨李经羲:"现在人心浮动,万一消息流传,内讧外侮因之而起,后患何可胜言。时局至此,全赖内外协筹,勉支艰巨。"④李经羲也忧心不已,"一旦增此界衅,外人气焰愈张,绅民疑愤更甚……不日报纸宣传,消息无由缄密"⑤。片马案悬而未决,但清政府放弃片马"一隅之地"的态度已经明确,云南籍爱国士绅、知识分子通过发表书刊、通电等途径,呼吁清政府重视。滇人的呼吁也在国内得到回应,宣统二年(1910)九月,陕西最早创办的一份综合性月刊杂志《丽泽随笔》刊登了有关片马案的短文,文中报道:"外部主张退让者半,延宕者半,联合会闻而大惧,以为若主退让必失片马,英人得寸进尺,川藏云贵亦将亡不旋踵矣,急电各省咨议局。"⑥

近代以来对中国社会影响至深的报刊——《申报》对片马事件予

---

① 《泰晤士报》,1911年5月17日,转引自马士《中华帝国对外关系史》(第3册),上海书店出版社2000年版,第471页。
② 施锦洲整理,《老窝父女显威力赶走外国传教士》,《怒江文史资料选辑》(第11辑),1989年,第135页。
③ 《片马案》(宣统二年三月二十五日),《外务部》,台北"中研院"近代史研究所档案馆藏,馆藏号:02-17-002-03-002。
④ 《片马案》(宣统二年十二月二十七日),《外务部》,台北"中研院"近代史研究所档案馆藏,馆藏号:02-17-002-03-031。
⑤ 《片马案》(宣统三年正月初六日),《外务部》,台北"中研院"近代史研究所档案馆藏,馆藏号:02-17-002-03-036。
⑥ 《片马案》,《丽泽随笔》宣统二年九月第十四期。

以了较多关注。辛亥二月初一日,《申报》刊登专电,首条即为滇督李经羲加急电:英兵进逼片马,"万难再忍,请速筹对付之策"①,又叹"滇边已三失机宜"②。二月初二日,《申报》全文刊登《云南咨议局为中缅界务与片马交涉上滇督书》,详述滇缅北段历史过程,强调片马之于中国的重要意义,③并刊载急电:"片马事经外部与驻京英使熟商,已得解决办法,惟内容秘密不宣。"因片马事件在中国掀起的舆论狂潮,英国《泰晤士报》也对片马事件做出解释,以息众怒。该报解释称"英国因该处边界不靖派兵前往,滇督因之大为惊恐,致电北京妄加疑猜,中国各报信以为实,此不可不详为解释"④,但似乎并不能说服中国民众。与此同时,《申报》报道外务部之窘状,暗批外务部官员"前数年外部交涉虽称棘手,然尚不至如近来之甚","处此难地均极束手不知所措,因之俱有知难而退之意"。⑤而自片马交涉起,"学者咸惊走相告,及捡中国地图,又茫然不知片马之在滇省何地,必考英图而后知其详确。记者曰,此事中国边事之所以不可问也!"引发了国人对国土范围的思考和重视。⑥二月初三日,《申报》刊登《片马事件尚无结果》报道片马事件后英法等国的滇边异动,并转印度英报对片马的评论,认为"据他人称述,似乎里麻确在英国边界之内"⑦(按:文中注"里麻或名片马")。由于社会舆论对片马案的关注和影响,清政府对涉边务消息严格保密,并谕旨:"枢垣各员,谓此次滇边各处交涉现正严密关防,如有轻易泄漏者,一经查出,即按泄漏军事秘密之罪从严惩办。"⑧又出台"军机处资政院复议修正报律文",规定"外交陆海

---

① 《专电·电一》,《申报》辛亥二月初一日,第三版。
② 《清谈·滇边已三失机宜矣》,《申报》辛亥二月初一日第四版。
③ 《云南咨议局为中缅界务与片马交涉上滇督书》,《申报》辛亥二月初二日第二版。
④ 《紧要新闻一·泰晤士报之片马谈》,《申报》辛亥二月初二日第三版。
⑤ 《呜呼!外部交涉之窘状》,《申报》辛亥二月初二日第四版。
⑥ 《舆地之重要》,《申报》辛亥二月初二日第六版。
⑦ 《片马事件尚无结果》,《申报》辛亥二月初三日第三版。
⑧ 《呜呼!中国秘密之外交》,《申报》辛亥二月初三日第五版。

军事件及其他政务经该管军官署禁止登载者报纸不得登载"①。但此后，仍陆续有有关滇边界务交涉以及片马事件进展情况的相关报道和评论出现在《申报》报端。此外，《东方杂志》《大公报》《教育杂志》等在全国具有重要影响力的报刊也相继刊登了有关片马问题的报道。②借助于近代报刊媒介的发展和传播速度，国人对片马事件的关注达到前所未有的高度。片马事件使国人意识到，在继东北、西北、东南等地陆续割地后，在西南又爆发新一轮的危机，国家已经"四面楚歌"！

舆论对事件发展态势产生了重要影响，片马事件发生在西南"边地一隅"，在地方士绅、知识分子、云南籍官员以及革命派的宣传报道下，片马事件的影响力迅速扩大，使片马得到国人的关心和重视，激发民众强烈的爱国热情，边疆的地位也得到提升，英国的侵略脚步有所放缓。尽管英国在很长一段时间内都控制着片马地区，但上述这些群体的努力使边疆地区民众增强了对国家的认同，而内地民众也对片马等边疆地区给予了高度的关注，这为20世纪60年代云南片马、古浪、岗房等地回归中国产生了重要而深远的影响。

在片马事件的整个发展过程中，云南士绅在其中发挥了不可忽视的作用。他们主要有：一是云南地方尤其是腾越地区的士绅，二是云南省在对外交往中有重要影响的知识分子，三是云南籍在外任职官员。在片马事件爆发初期，基层地方士绅在其中发挥了关键作用。诸如闵德修多次前往片马地区调查，并亲往省城向政府呼吁重视片马危机，撰写《片马紧要记》。此外，诸多腾越人士对片马事件及其相关问题都开始进行深入的调查和研究，这为片马事件发生

---

① 《军机处资政院复议修正报律文》，《申报》辛亥二月初三日第二版。
② 如：《要闻》，《大公报》1911年2月9日；《滇绅函述英占据片马之心理》，《大公报》1911年2月19日；《代论：滇代表通告书》，《大公报》1911年3月17日；贺绍章：《片马交涉感言》，《东方杂志》1911年7期8卷；日兔：《片马问题》，《教育杂志》1911年第3卷第2期；等等。

后中国政府的北段勘界谈判提供了资料的准备和参考，对国家的边疆安全具有重要意义。①云南省对外宣传的人群，前文已有述及，云南省咨议局一方面向省府高官提供决策参考意见，另一方面也广发电文，希望得到国人的声援和支持，向中央政府施压，重视片马问题的交涉，周钟岳等人更亲往北京恳请清政府积极应对片马危机；与此同时，云南省还有这样一个群体发挥了更为重要的作用，即云南留日学生、云南籍同盟会会员，他们利用携带更为便利、传播速度更快、传播范围更广的革命报刊，向国人通报、宣传片马以及片马对于国家的重要性，告知国人片马事件发生的缘起和经过，呼吁国人奋起反抗英国政府的侵略，这极大地扩大了片马事件的传播范围。因此，在片马事件的传播和影响的扩大方面，新兴的士绅群体的作用在不断强化，他们在保卫边疆领土安全方面发挥了极为重要的作用。

二、片马事件前后云南士绅对边疆建设的贡献

鸦片战争爆发后，中国的边疆危机日趋严峻，中国从威严的"龙"变为可以肆意欺压的"睡狮"。法国侵占越南，英国侵占缅甸，西南藩篱尽撤，云南成为"边疆"。身处边界冲突中的云南士绅对边疆危机的感知是内地民众无法感同身受的。翻阅史料，云南留日学生、云南官员、云南士绅都对此忧心忡忡，家国情怀溢于纸上。腾越地区是汉文化较为发达之地，对边疆安全的忧患意识也极为强烈。在李根源的自撰年谱中，其在成长过程中就对西方蚕食西南边疆的侵略行径有所了解。李根源对于边事的关注很大程度源自家族中长辈对边疆问题的重视，李根源的祖父在法国占领越南以及英国侵占缅甸时，都曾进行呼吁并在腾越边境安全方面有所贡献，如其父亲曾奉总兵张公松林檄转奉王文韶命，勘察滇缅界务得天马

---

① 相关文章收入李根源辑：《永昌府文征》（第11册），杨文虎等校注，云南美术出版社2001年版。

汉龙两关遗址并深入到木邦孟密地。

片马事件发生后，李根源乔装深入被英军控制的区域进行探察，绘制地图，这些材料成为后人勘察中缅北部边界的重要参考资料。民国初年，在李根源受命赴迤西就任迤西陆防国民军司令后，其父作为腾越地区知名士绅，详列八事以供其参考——"一，尊重赵樾老意见，随事请命后行；二，张少三首义之功不可没，彼保护地方无丝毫权利，极是难得，汝宜优遇之，不可稍存歧视之见，妄听他人谗言，切切！切切！又此次首义诸人，如彭蓂、李学诗、钱泰丰、刘得胜等宜始终保全，优予擢用，腾事方易收拾；三，处处事事总在人民地方头上打算做好，切不可在自己厉害上计较成功；四，来腾须多带兵队，有威力方足以督其嚣张之气，而不敢动事才易办；五，多兵之患，汝自知之非裁不可，但宜有妥善遣散办法操切出之，恐铤而走险也，慎之；六，地方官宜慎选，不可乱用人；七，地方自治及团练保甲宜恢复；八，改土归流但须开布公诚，召集各土司会议厚给土司田亩，定人任以地方文武官，土司当尤乐意。樾村师见之曰仁者之言，老成卓见也。小子谨奉之。"①字里行间流露出一位腾越士绅对家乡的拳拳之情。李根源此前从无管理地方的经历，虽担任陆军讲武堂总办，但与地方治理并无多大联系。其父所列8条，李根源在治理迤西期间一一遵行，成为其坐镇迤西的行为准则。多年之后，李根源感慨："举凡政务及兴革建置事宜，必咨禀樾村师行之，故政令所颁悉协人心。至今事过十七载，父老子弟犹思余不置者，皆吾父吾师教也。"②

此外，有诸多地方士绅熟识边疆地方的社会状况以及矛盾问题所在，纷纷献计献策，在边疆建设和国家安全方面也做出了重要贡献。如，腾冲县党部党义讲习班毕业生及绅民吕英、曾兴孝等公呈："滇西十司位于极边，接壤英缅，夷多汉少，民智愚暗，民生凋敝，其原因不一，而受帝国主义之文化侵略为边夷受困之一。盖外人各地设立教堂，鼓动夷民，施以小恩惠诱入谷中，使一般人民误入迷径，甘受

---

① 李根源：《雪生年录》，台湾文海出版社1963年版，第45页。
② 李根源：《雪生年录》，台湾文海出版社1963年版，第45页。

驱使；如醉若梦，甘为利用，常此不救，大有疆土未改，人民全非之忧，国防前途在在堪虞。"①

更为重要的是，地方士绅编纂县志、族谱和地方文献，将家国意识、地方文化、传统美德贯穿其中，在塑造地方文化和增强国家认同方面发挥着重要作用，为保卫边疆安全筑起人心防线。县志、族谱这一类出版物虽然流通有限，但士绅的爱国行为、爱国故事以及流传在各地的其他读物，使士大夫的地方文化观和王朝意识得到了更为广泛的传播。随着印刷术的进步与普及，也随着大众传媒的发展，这些借着口述传统或制作粗糙的出版物流传的故事，到了清末民初的时候，渐渐发展成报纸上以广府话撰写的连载小说，部分小说在报纸上连载后更出版成书。②

在民国初年的边疆建设中，士绅扮演了重要角色。1912年10月13日，云南军都督府委派李根源为陆军第二师师长兼迤西国民军总司令，会同腾永安抚使赵藩处理滇西事务。赵藩长期在四川为官，有着丰富的社会治理经验。从其与军都督府在滇西事务上的往来电文中可知赵藩在滇西事务中的重要地位，反映了云南军都督府在起义获得胜利后依靠地方士绅进行社会管理的政策。在相关电文中可知，李根源以赵藩为老师，开启了滇西、滇西北边疆的治理之路。"凡应兴应革者，与赵藩昕昕筹谋，政无不举。"③

在具体的治边措施中，整治"插花地"对边疆稳定产生了积极影响。

"插花地"是指两个或两个以上单位因地界相互穿插、割裂而形成的面积不集中的零星分布的区域，是行政区划改革的一个难题。而在边疆地区，"插花地"的存在或被视为"瓯脱"，或疏于管理引致

---

① 《民国时期政治史料汇编》，德宏史志编委会办公室编《德宏史志资料》（第10集），团结报社印刷厂印刷，1986年，第46页。
② 程美宝：《地域文化与国家认同：晚清以来"广东文化"观的形成》，生活·读书·新知三联书店2006年版，第63页。
③ 周钟岳总纂、蔡锷审订：《云南光复纪要》，云南文史研究馆、云南省社会科学院文献研究室，1991年，第69页。

动乱，乃至招外人觊觎。尤其是清末英国加紧了对滇西北的侵略步伐，滇西北"插花地"的存在使我国的边疆领土安全存在极大隐患。赵藩与李根源自上任后常四出巡查政务，"凡区域之划分，村寨之支配，经费之筹备，无不当先事考求"①。"插花地"的调整是李根源和赵藩在切于当地实际、积极考察当地民情的情况下做出的决断，而对于"插花地"的整治，则主要分为以下几种方式进行。

（1）调整行政中心，以实现对各地区更有效、更合理的管理。如，"永北厅属地面辽阔，川滇接壤，匪徒时有滋扰，现值大局粗定，川匪土匪尤易窃发，非有大员坐镇不足以资震慑而保治安，拟请将鹤丽镇暂移该处，亦可镇厅相辅为理，必能渐臻安谧"，军都督府复以"甚善，即可定计由硕翁前往布置"②。永平县署原驻老街，李根源与赵藩到永平时，"该县全体士绅以曲硐为往来必由孔道，反正后回汉互生疑忌，匪徒出没无常，若县属仍设老街，僻处一隅，照料实属难周"。因此永平县署被移至曲硐，直至1936年因滇缅公路绕道云龙，县府才被移回老街。邓川州属的寅塘里，介于永北、鹤庆、宾川三属之间，"民多流寓，奸赌盗窝抢劫等案频发，又有教堂教士时宜保护"③，赵藩等经过考察，将该州吏目改为寅塘巡检。调整县治过程中并不一概而论，如顺宁县属右甸士绅林世民等提出将右甸为县，赵藩和李根源审时度势，在衡量之后认为"将弥渡、漾濞改设县治，均择其必不可缓者而为之"。但"右甸距府较远，地方平坦，道路交通改县亦固其宜。惟该处经乱离，现虽底定，喘息为安，遽加改革转多扰累，况经历之设，已历多年，现复准其暂理民刑诉讼，只须委任得人，地方亦尚可相安"④。在地方行政中心的调整方面，赵藩

---

① 迤西陆防各军总司令部编：《西事汇略》卷六《政务》，1912年编印，第3页。
② 迤西陆防各军总司令部编：《西事汇略》卷六《政务》，1912年编印，第1页。
③ 迤西陆防各军总司令部编：《西事汇略》卷六《政务》，1912年编印，第12页。
④ 迤西陆防各军总司令部编：《西事汇略》卷六《政务》，1912年编印，第14页。

与李根源都较为谨慎，并将调整的理由经调查核实后上报云南军都督府，由军都督府批准施行。

（2）调整行政管理归属。在大理地区，定保山、永平、顺宁、蒙化、云龙地之相错者详细查明各"插花地"段接壤界址，审核地理上天然之界限及行政上施行之便利，进行适当调整。如"弥渡为赵州属九里地方，距州城已百里，由弥渡直出尽其境，尚有百余里，原设通判名司督补，实则备员，命盗诉讼必赴赵州，征收钱粮必另派书设柜，官民交困"①，将弥渡从大理府改归蒙化直隶厅（今巍山）。将宾川属之海东、海南两地改由赵州（今凤仪）管辖，将宾川所属之蛟起、谢家二营及云龙县属之感香、化里二村，及蒙三约等并入弥渡管辖，再将云南县（今祥云）属在弥渡境内的"插花地"改属弥渡。在漾濞设县，地方人口稀少，又请将距离漾濞较近、人口密集的蒙化属鼠街划归漾濞；为防止形成新的"插花地"，又将对面赵州所属山地亦划归漾濞。云南距离大理400余里，土地辽阔，汉夷杂处，且距离怒俅②较近，为咽喉要道，将之改为直隶州，并增加经费。

怒俅地区地处偏远，以往清政府疏于管理。由于英国加紧了对怒俅地区的侵略，因此加强对怒俅地区的治理已经刻不容缓。怒俅各地居六库、老窝、登埂、鲁掌、卯照五土司地上游，五土司地方唇齿相依，习惯相同，人民之性情风俗相似，但鲁掌、卯照、登埂原属保山管辖，却距永昌遥远，老窝、六库属大理云龙管辖，李根源将五土司地合并成立泸水县，成为今天怒江这一行政区的雏形。

上述措施将大理、保山、怒江地区的行政区划进行了较大力度的调整与改革，通过整治"插花地"从而最大限度地优化对地方的有效管理。这些调整是在李根源及赵藩等人基于对当地的了解及实地考察的基础上提出的方案，对边疆地区的稳定和发展具有重要意义。

---

① 迤西陆防各军总司令部编：《西事汇略》卷六《政务》，1912年编印，第5页。
② 指怒江、俅江流域。

三、班洪抗英中士绅的作用及影响

18世纪末19世纪初,英国对阿佤山的矿藏垂涎已久。1885年,英侵占缅甸后,曾两次派遣武装特务厄廖特、赫布德、布来特等100多人潜入阿佤山区秘密侦察,遭到班洪、班老佤族人民的反抗。1900年中英会勘滇缅界务时,英方对班洪这一无可争议的中国领土提出非议,将佤族人民自古以来繁衍生息的葫芦王地置于未定界范围内,继而以传教的方式进行文化侵略,培植英帝势力;不断派密探深入阿佤山腹地,测绘地形通道,勘探地质矿藏,窃运矿石标本化验,乃至派出军队枪杀佤族同胞,烧毁边民村寨,掠夺阿佤山的矿藏资源,侵占中国领土,制造种种事端。英国的侵略行径遭到佤族人民各种形式的反抗。

1930年后,英国以武力恐吓和金钱物资收买两种手段,买通了班弄回族上层分子马美廷、户板头人宋忠福、芒相头人小麻哈。这些部落首领与英国工程师伍波兰、测量员巴尔阔签订密约。英国又以重金厚礼想收买班洪王胡玉山、班老王胡玉堂、班老头人保岩相(保卫国),但遭到严词拒绝。1932年,英人指使马美廷等偷运银矿,被一船工发现,马美廷等将船工杀害。班洪王严厉警告了马美廷。英人依仗军事优势,决定武装侵占茂隆银矿。从1933年10月起,英人集结上千军队,招募数千民工开挖公路,修筑工事和军事设施。1934年1月12日,英人派遣500名军队武装侵占炉房,拉开了班洪抗英斗争的序幕。

英军侵占炉房后,影响范围尚局限于班洪土司地区,土司代表们率先采取行动。班洪王胡玉山派代表前去谈判,要求英军撤出炉房,谈判未能成功,又派头人到芒相劝阻麻哈痛改前非,一致对外,但劝阻无效。不久,英人又派遣已收买过的南依头人岳坎到班洪送胡玉山1000多银圆和毛毯、呢子衣服等礼物,同样遭到拒绝,岳坎被轰出寨外。1934年2月,班洪王胡玉山通知班老王胡玉堂、头人保岩相,还有塔田、官仲、芒国、龙垮、夏细、大公鸡、小公鸡等头人和代表于班洪集会，商议抗英保矿之策。会上，各地头人或代表纷纷发言，认为永帮头人勾结英人是附英求荣，出卖民族利益，违背了祖辈吩咐下来的意旨，英军侵占炉房是企图侵略整个阿佤山的开端，为此决定组织力量先分头打下永帮、芒相，然后再集中兵力消灭英军夺回炉房。具体布置是：兵分3路，第一路由班洪、夏细、龙垮等部落的700多名武装组成，由胡忠汉、胡忠才、高耀星（南腊头目）、刘国用等率领直攻垭口英军据点，然后向南直逼炉房、金厂；第二路由班老、塔田、小公鸡等部落400名武装组成，由胡玉堂、保岩相、昆尼率领攻打芒相；第三路由芒国、官仲、大公鸡等部落200余名武装组成，由布交、布相率领攻打永帮，总指挥为胡玉山、胡玉堂。会上，他们拿出百年前中国朝廷颁给的印鉴，证明他们自古是受中国政府统属的，表示誓不归英。哪怕剩一枪一弹，血流成河，也断不做英人之奴隶。胡玉山拿出10000银圆分给各地王、头人，以作为战斗费用，规定了战场赏罚措施。会后，按照民族传统习俗剽牛盟誓，各地王、头人、代表共饮鸡血酒。

1934年2月8日，战斗打响，第一路民族武装激战一天，占领垭口寨，敌退守炉房。同日下午，第二路向芒相发起攻击，早有贼心的芒相头目麻哈构筑有土炮火力掩护的防御工事，双方激战一天不分胜负，天黑停战，麻哈当夜派人送信求援，英方派500名精兵星夜赶来助战。布交、布相率领第三路武装于当日攻占永帮。

我国西南边疆地域偏远，路途艰险，瘴疠严重，信息的通达并不便利。近代以来由于电报、报刊业的日渐发达，边疆信息通达较民国以前便利了一些，但要得到边疆地区及时而又准确的信息仍不易。

班洪事件爆发后的第8天，班洪王胡玉山向云南第一殖边督办李曰垓和第二殖边督办杨益谦发出《告急求援书》，在求援书中，胡玉山向两人告知英缅政府派兵开采班洪金银矿产，"卑职所管班洪即中国领土，当然不能赞成英在班洪开采；领导班洪、班老两地民众，竭力阻止其开采，以维主权，致触该英人之怒"，并在求援书中说明了英法的兵力以及战斗惨烈的情况。[①]这份《告急求援书》于1934年4月17日刊登在了近代闻名国内外的《申报》报端，这表明班洪事件在此时已经受到了全国人民的瞩目。3月17日，班洪王胡玉山带领求援报告团到达昆明向云南省主席龙云报告、求援。求援报告团成员由以下人员组成：班老王胡玉堂、总王助理高耀星、总王副官张万美、勐角董土司官罕华相、甘别头目赵秉福、缅甸华侨尹溯涛、缅甸华侨朱朝相。而与班洪比邻的顺宁县（今凤庆县）也成立了外交后援会，致电省政府，电文中说道："吾国不幸，外患迭生，日占我东北四省，法占我南洋九岛，尚在战争未决中，而帝国主义者！不以侵蚀我江心坡、片马边地为足，近复派兵强占我顺宁所属耿马土司毗连之班洪。我顺民众，闻耗之下，群情愤慨，不能不请我政府严重交涉，武争力抗，以挽回我国土国防国利也。"[②]这表明地处边疆地区的士绅对国家的边疆问题极为关注，且在此基础上对国家情势进行判断，他们对国家安全的关注不仅仅是关注本县域内发生的大事，对有关国家领土完整的地区也都给予了关注和重视，而对于比邻的班洪少数民族聚居地区爆发的危机，顺宁士绅也有着强烈的家国情怀，担心我国的国防、国土、国利被西方国家侵害，为之奔走力争。这也表明士绅群体对本地区内的国防安全具有重要意义，关系到地方民众对国家边疆领土的认知与认同。

除县级士绅外，班洪事件传至省后，全省具有一定影响力的士绅也开始行动起来，他们成立了云南民众外交后援会，并借助报刊对此事进行广泛的宣传和报道，呼吁民众关注和重视。[③]他们在《云南民国日报》上用醒目的标题警醒民众——"全省民众急起注意！英

――――――

[①] 胡玉山：《告急求援书》，段世琳主编《班洪抗英纪实》，云南民族出版社1998年版，第10页。

[②] 江如渊：《顺宁民众外交后援会致省府电》，段世琳主编《班洪抗英纪实》，云南民族出版社1998年版，第19页。

[③] 《各团体组织外交后援会讨论应付班洪事件：外交部亦来电嘱制止》，《义声报》1934年2月5日。

军侵入我澜沧县境内修筑滚弄铁桥开辟汽车路目的在强占我班洪之金厂"。在该报道中,英国派"驻缅军队2000余人,侵入我澜沧地界","19日又发现英兵2000余名,概携有工作器具"。①云南民众外交后援会成立后,积极开展活动,多次召开会议讨论问题对策提供给云南省政府决策。在一次会议中,出席的云南民众外交后援会委员有郑东荣、李伯东等13人,会议由陈廷璧委员主持,决议建议云南省政府慎选边官边吏及设置边地各属有线电或无线电等13个提案。云南民众外交后援会在成立的宣言中分别向人们介绍了国家的局势、云南的地位及其重要性:"吾国不幸,变乱迭乘,内讧相继,外侮日臻,自'九一八'后,东北沦陷,国力不竞,失地未复,言之痛心。吾滇与强邻接壤,其危殆情势,实不亚于东北。"②一方面使省内民众意识到边疆的重要性,唤起省内民众的家国意识;另一方面呼吁中央政府重视西南边疆,同时使班洪事件在国内的影响力进一步扩大,对中央政府施加压力,以实现维护西南边疆安全与稳定的目的。

1934年6月,以士绅李希哲等人为首,联络了双江、景谷、澜沧、耿马、岩帅、勐角董(今沧源勐角、勐董)的佤族、拉祜族、布朗族、傣族、汉族等各族人民,组成了一支1200多人的"西南边防民众义勇军"开赴班洪参加抗英斗争。在班洪抗英斗争中,佤族同胞牺牲88人,义勇军阵亡30人。③

在省外,班洪事件发生后,分布在各地的云南同乡会也积极奔走。1934年春,英国为抢夺班洪银矿制造了"班洪事件",消息传出,引起全国人士关注,旅京(南京)云南同乡利害切身,尤为愤慨。云南旅京同乡会招待南京新闻界人士,"报告滇省与滇缅界线之分析及英兵侵入班洪开矿之情形",并于21日分赴中央政治会议、国

---

① 《云南民国日报》,民国二十三年(1934)1月30日第3版。
② 《云南民众外交后援会当会决议建议省府慎选边地官吏等要案》,段世琳主编《班洪抗英纪实》,云南民族出版社1998年版,第23页。
③ 沧源佤族自治县地方志编纂委员会:《沧源佤族自治县志》,云南民族出版社1998年版,第651页。

民政府、行政院及外交部等处请愿。①3月18日，云南旅京同乡会开会推举张维翰、朱培德、李宗黄、周光倬等37人为代表向中央请愿，要求中央向英政府提出交涉，并派全权代表到滇缅边界调查。当时班洪战事消息仍不断传来，国民政府除电令驻仰光领事就近探查外，因不明了事实发生情况，外交部亦无法应对，唯有查明实情，才能提出交涉。在各方面的压力下，国民政府决定，令参、外两部派员到边地调查，以供交涉参考。因云南地处西南边疆，官员均顾虑人地两疏，更畏惧交通闭塞、蛮烟瘴雨、盗贼横行，无人愿前往，外交部亦无合适人选。1934年4月，经云南旅京同乡会举荐，周光倬被国民政府任命为"外交部特派云南边地调查专员"，赴云南调查。②

结语

法、英两国侵占越南、缅甸后，西南边疆藩篱尽撤，云南士绅深感唇亡齿寒，曾就西南边疆安全呼吁政府及国人关注和重视。边疆危机爆发后，云南士绅作为最先知晓边疆情形的群体之一，他们四处奔走呼吁，借助报刊等传媒的力量，向国人介绍边疆情形以及边疆地区对于国家领土安全、国防安全的重要性。在片马事件及班洪事件后，云南士绅通过各种途径使发生在一隅之地的边疆危机为国人所知晓，以此形成强大的舆论压力，使政府重视西南边疆。在中缅边界交涉的过程中，云南士绅在其中发挥了极为关键的作用。一方面，他们在边疆地区具有较大的影响力和号召力，在谈判过程中，他们团结起来，对国外宣告领土主权；另一方面，他们利用自己对边疆地区历史、文化的了解，纠正国人对边疆地区的错误认识，强调边疆地区对国家安全的战略意义，对保卫国家领土安全与统一做出了重要贡献。

近代是中国社会的动荡时期，也是重要的建设时期。清末民

---

①云南旅京同乡会：《告全国同胞书》，《新青海》第二卷第4期及《云南民国日报》1934年4月3日版。
②周润康：《1934—1935中缅边界调查日记·前言》，周光倬《1934—1935中缅边界调查日记》，凤凰出版社2015年版。

初,英国对滇西及滇西北地区虎视眈眈,在国内政权尚不稳固、政局动荡的情况下,士绅在边疆危机的应对及边疆治理中扮演了重要角色。以民国初年为例,在辛亥革命爆发初期,由于革命是从军队中首先发起,革命爆发后地方管理陷入瘫痪状态,原有的清朝官员茫然无措,士绅被推向权力的中心。在滇西地区,大理起义后赵藩等地方士绅被推荐担任管理地方的要职,他们迅速采取措施稳定军队,安抚所辖区域地方官员,恢复社会稳定;政权稳定后,他们运用自身地方治理的经验与能力发展地方的政治、经济、文化,这在云南是较为普遍的现象。

(曾黎梅,云南省社会科学院历史、文献研究所副研究员,主要研究方向为中国西南边疆史地、舆论史研究)

近代云南边疆开发从"设计"转向"建设"的努力

——云南边疆建设委员会的筹议及流产

谷彦梅

抗日战争全面爆发后，随着国民政府迁都重庆，西南地区成为抗战大后方，云南的战略地位变得空前重要。1942年滇西抗战爆发后，云南又成为抗战的前线。云南战略地位的提升使云南地方政府乃至中央政府对云南边疆地区的开发日趋重视。1943年，云南省在民政厅下成立了边疆行政设计委员会，开展边疆调查研究工作，并拟定了云南各边区开发方案。抗战胜利后，1945年12月，云南省政府代主席、民政厅厅长李宗黄根据云南边疆开发的形势，提出了成立云南边疆建设委员会的提案，试图将此前云南边疆的开发方案付诸实践。对于云南边疆建设委员会的相关情况，目前学术界尚缺乏专门的探讨，因而本文拟对云南边疆建设委员会从提案出台背景、具体内容到最终流产的过程做一系统梳理，并进一步分析近代云南边疆建设从"设计"走向"建设"的努力及面临的困境。

一、边疆开发设计：云南各边区开发方案的拟定

抗战进入到1943年，随着世界反法西斯战争形势的变化，社会各界对抗战结束后之国家建设问题日趋关注，同时在滇西战场上，国军

也开始为对日反攻做准备，战争形势的变化使边疆开发与建设成为十分迫切的问题，云南边疆的开发问题亦因此受到中央、云南地方政府乃至社会各界的重视。1943年9月16日，云南省政府鉴于"云南边疆之不谋开发，对于抗战建国影响极大，而过去边疆之未被开发，边民之被人歧视，实由政治设置欠周"，"因呈准于民政厅内设立边疆行政设计委员会，罗致专门人才，设计计划，拟对数百年因袭敷衍之边疆行政，作一革新设施"。①

云南省边疆行政设计委员会成立后，即招揽了熟悉云南边疆情况的人员入会工作，聘请边疆问题方面的专家学者及在边疆地区工作或曾工作过的人员作为委员、顾问、干事等，从事边疆调查研究、设计等委员会内的各种事务。同时，云南省边疆行政设计委员会还确立了工作原则和规划，作为开展各项工作的指导。鉴于历代治边政策"不外歧视压迫之征服政策与羁縻之土司政策"，云南省边疆行政设计委员会首先明确了其边政方针，作为开展边疆工作的指导原则，内容共包括三个方面，即边地内地化、边胞一律平等、取消一切不合时代之制度。②此外，云南省边疆行政设计委员会还制定了开发边疆的四个原则：一是边官应以廉洁换取边民信仰，以诚信建立官府威望，以实干、苦干精神改换边民面貌；二是边疆开发之先决问题为医药卫生及交通建设；三是教育为开发边疆之百年大计；四是借生产开发以繁荣边陲，福利边民。③

云南省边疆行政设计委员会成立之初衷在于两个方面：一方面是招徕专门人才从事边疆调查研究工作，并对边区之开发建设提出建议；另一方面是储备边疆建设人才，"以备时机许可时，即入边地工

---

① 江应樑：《边政研究工作在云南》，《文史杂志》1945年第五卷第9、10期。
② 江应樑：《边政研究工作在云南》，《文史杂志》1945年第五卷第9、10期。
③ 《车里县政府一年施政计划》，云南省档案馆编《民国时期西南边疆档案资料汇编·云南卷》第四卷，社会科学文献出版社2013年版，第422页。

作"①。云南省边疆行政设计委员会成立后，即按照规划开展了多方面的工作，其中主要的工作就是为即将进行的边疆开发做准备，具体可分为边疆调查研究、边疆开发设计与边疆行政工作三部分。云南省边疆行政设计委员会将云南边疆地区分为五大边区，即思普边区（包括车里、佛海、江城、六顺、镇越、南峤、思茅、宁洱、景谷、宁江十县）、缅宁边区（包括耿马、缅宁、澜沧、镇康、双江、沧源、昌宁七县）、大小凉山边区（包括丽江、兰坪、鹤庆、永胜和宁蒗五县）、中维德边区（包括中甸、维西、德钦、福贡、贡山、华坪六县）、腾龙边区（包括保山、腾冲、龙陵、瑞丽、梁河、陇川、盈江、莲山、泸水、潞西十个县局）。②在此基础上，云南省边疆行政设计委员会按各边区编写了开发方案，其中拟定并出版的有《大小凉山开发方案》《腾龙边区开发方案》《思普沿边开发方案》，草拟了《中维德区开发方案》《滇康边区盘夷实况及治理方案》等，还计划出《沧澜双耿区开发方案》。其中，云南省边疆行政设计委员会又将其编印之《边疆行政人员手册》《大小凉山开发方案》《腾龙边区开发方案》《思普沿边开发方案》《全省边民分布册》合编为"云南省民政厅边政丛刊"（五种）。这些边疆开发方案也是近代云南第一次系统提出的对云南各边区的详细开发设计。

二、从"设计"到"建设"：云南边疆建设委员会的筹议及流产

云南省边疆行政设计委员会关于云南各边区的开发方案基本完成之时，中国的抗日战争也取得了胜利，随着战争的结束，云南边疆建设也迎来了新的机遇。但是，1945年10月，云南政坛发生了巨变，蒋

---

①陆崇仁：《告边疆行政人员》，江应樑《边疆行政人员手册》，云南省边疆行政设计委员会编印，1944年。
②戴沐群：《云南沿边各县边民分布今昔比较研究》，转引自马玉华《国民政府对西南少数民族之调查研究（1929—1948）》，云南人民出版社2006年版，第43页。

介石以武力改组云南省政府，龙云被迫去职，李宗黄任省政府代主席、民政厅厅长。隶属于民政厅下的云南省边疆行政设计委员会受此影响，工作也出现变动，原来开展的一些工作被迫中断。新上任的民政厅厅长李宗黄，部分是出于吸取云南省边疆行政设计委员会工作经验教训的考虑，部分是出于政治斗争尤其是加强中央对云南地方控制的考虑，决定改组云南省边疆行政设计委员会。

（一）成立云南边疆建设委员会提案的出台背景

云南省边疆行政设计委员会虽然已拟定了各边区开发方案，但还未能落到实处。到1945年10月龙云被迫下台时，全国抗战已经取得胜利，国家的施政重点开始由抗战转入建国，李宗黄作为中央政府在云南的代理人，亦积极谋求将云南边疆的建设付诸实践。于是，云南省政府宣布将"扶植边胞，改进边疆教育，推行边疆卫生，开发边疆财源"[1]作为八大施政纲领之一。

当时的云南省边疆行政设计委员会虽已做了一些关于边疆开发的工作，但云南边区状况还没有得到根本改善，云南边疆开发还有很多工作要做，具体来说，当时云南边区存在的问题及开发的必要性主要表现在六个方面。第一，云南省边疆区域辽阔，土壤肥沃，各种动植物及矿藏资源都十分丰富，但这些资源未能被充分开发利用，造成"地不能尽其力，民不得受其益，国有沃土而野有饿殍"的局面，就发展经济、改善民生而言，不能不积极加以开发。第二，近代以来，随着西方势力的入侵，云南边疆地区出现了严重的危机。抗战以来边疆危机进一步凸显，主要来自两个方面：一是泰国宣扬大泰族主义；二是英国以重金及种种优待条件诱惑腾龙沿边的山头青年听其指挥，本属中方的上下片马、坎底、拖角、孙布拉蚌等地已处于英方的实际控制之下。所以，为安抚边民，巩固国防，便利划界计，不得不亟谋

---

[1]《云南省政府为据民政厅呈请设置云南边疆建设委员会以便开发本省边疆一案令知》（1945年12月12日），云南省档案馆编《民国时期西南边疆档案资料汇编·云南卷》第六十六卷，社会科学文献出版社2013年版，第175页。

开发。第三，云南各边区此时虽然已经分别设县局，但土司制度仍与县局并存，且由于县局长三两年一任，而土司是世守其职，有数百年之历史，所以当地人民对土司的信仰及土司对当地人民的控制力仍可与县局并驾齐驱，从废除土司制度统一政令而言，也不能不亟谋开发。第四，从维持治安与贯彻禁令以解除边民痛苦而言，也不能不亟谋开发。第五，云南边疆地区语言文字特殊，宗教习俗各异，甚至有些尚处于原始状态，所以边疆开发也是为了边区社会的进步和边民生活的提高。第六，云南西南西北边疆与英法两国属地毗连，又是西南国际交通要道，所以为国际观听计，亦应谋边疆之开发。①

边疆地区亟待开发，"然边地文化低落，人才缺失，经济困难，交通不便，宗族复杂，语言文字，风俗习惯，宗教信仰，种种与内地不同，故言开发边疆，必须针对各边区所有特殊情形，另订开发方案，统筹办理，始克收效"。但原来的云南省边疆行政设计委员会隶属于民政厅下，在边疆开发方案贯彻执行时由于各项事权分属各处厅局，很难开展工作，加上边疆开发牵涉甚广，不仅云南省边疆行政设计委员会难以开展工作，甚至整个民政厅也无法完全推进工作。从这一层面考虑，需要成立一个直属于省政府，能使各厅处统一意见、集中力量、整齐步调、分工合作的边政机构，"俾整个开发边疆事宜，有专管机构，负责统筹执行，不致再如以往之事权不专，互相牵制推诿之弊"②。

成立云南边疆建设委员会的提案之所以出现，是因为该提案除了是云南边区开发的需要外，还与当时云南政坛的复杂局势密不可分。龙云下台后，李宗黄代表国民政府的势力暂时掌控云南局势，其施政

---

① 参见《云南省政府为据民政厅呈请设置云南边疆建设委员会以便开发本省边疆一案令知》（1945年12月12日），载云南省档案馆编《民国时期西南边疆档案资料汇编·云南卷》第六十六卷，社会科学文献出版社2013年版，第170—174页。

② 参见《云南省政府为据民政厅呈请设置云南边疆建设委员会以便开发本省边疆一案令知》（1945年12月12日），云南省档案馆编《民国时期西南边疆档案资料汇编·云南卷》第六十六卷，社会科学文献出版社2013年版，第174—176页。

原则必然要以贯彻国民政府的意志、加强中央对云南的控制为准绳。而此前的云南省边疆行政设计委员会，虽然其成立有秉承中央政策的一面，但在机构的具体运转方面，无论是人事安排、经费来源还是工作内容等，都更多地由云南地方政府自主决策。所以，对云南的边政机构进行改革，就成了中央政府加强对云南地方控制的举措之一。李宗黄兼任云南省政府代主席后，立即着手调整省府各机构，并规定但凡未经法定手续成立或者并无基本组织法依据的行政机构，不必要的立予裁并，有必要的则迅速拟具组织规程，详述理由，报请核定，以完成立法手续。凡此，俱以行政院颁布之现行省政府组织法为决定取舍的依据。①

1945年10月10日中华民国国庆日，李宗黄邀请省政府委员中的老同盟会会员张邦翰和胡瑛，以及省政府秘书长伍绳武、主任秘书申庆璧、新任民政厅主任秘书长蒋公亮在省政府座谈，探讨云南省党政过去现在之利弊得失，暨为未来究应如何改造之方略，随后李宗黄拟定了云南省政府施政纲领，其中关于边疆方面提出了扶植边胞的主张，主要包括改造边疆教育、推进边疆卫生、开发边疆财源三项。②

因此，成立云南边疆建设委员会提案的出台一方面是顺应边疆开发的客观需求，另一方面是受云南政局变动的影响。

（二）云南边疆建设委员会的组织规划

在李宗黄对云南省府机构进行调整时，原属民政厅下的边政机构——云南省边疆行政设计委员会也在被调整机构之列。1945年12月，李宗黄呈请省政府成立云南边疆建设委员会，直属省政府，原有的云南省边疆行政设计委员会在云南边疆建设委员会成立后即并入该会。李宗黄成立云南边疆建设委员会的提案中附有该会组织规程草案，具体内容如下：

---

① 李宗黄：《李宗黄回忆录——八十三年奋斗史（第四册）》，台湾中华书局1972年版，第219—220页。
② 李宗黄：《李宗黄回忆录——八十三年奋斗史（第四册）》，台湾中华书局1972年版，第232—234页。

第一条，云南省政府为开发本省边疆特设云南边疆建设委员会（以下简称本会）。第二条，本会以扶植边疆同胞改进边疆教育推行边疆卫生开发边疆财源发展边疆交通为主要工作。第三条，本会设主任委员一人，由云南省政府主席兼任之，副主任委员一人，由主任委员提请中央简派专任，设常务委员四人，由民财建教四厅长兼任之，设委员五人至七人，由省机关首长兼任之。第四条，本会设主任秘书一人，秘书二人专任，设兼任组长各三人，均荐任，设专任兼任组员各十五人，均委任。第五条，本会于必要时得设顾问并聘任专门委员及工程师。第六条，本会设总务财务民政教育建设设计督导各组分别办理本会各项事务，各组办事细则另定之。第七条，本会各组设正副组长各一人，组员三人至五人，除以第四条所列专任人员承充外，并由各厅处局指调相当人员兼任之，并视事务需要设书记工役若干人。第八条，本会每月开会一次，必要时得召开临时会议，开会时以主任委员或副主任委员为主席。第九条，本会于必要时得分区设立办事处，就近监督指挥或直接办理各该边区建设事宜。分区办事处组织规程及办事细则另定之。第十条，本会经常费列入省预算报支。第十一条，本会事业费除请中央拨发外，由本会拟具办法筹集之。第十二条，本省各行政机关对本省边疆建设之各项措施须先送由本会审核决定。第十三条，本会为执行边疆建设业务，对各专员县局长发布命令。第十四条，本规程自呈准公布之日施行。[1]

从云南边疆建设委员会的组织规程草案可以看出，该委员会计划成立后直属于省政府，权力较云南省边疆行政设计委员会更大，在该

---

[1] 参见《云南省政府为据民政厅呈请设置云南边疆建设委员会以便开发本省边疆一案令知》（1945年12月12日），载云南省档案馆编《民国时期西南边疆档案资料汇编·云南卷》第六十六卷，社会科学文献出版社2013年版，第177—179页。

委员会的统筹下，可以结合全省民政、财政、建设、教育各部门的力量，必要时该委员会还能对各专员、县局长发布命令，并在一定程度上借助中央的力量对云南边疆进行整体开发。提案对经费也进行了周密的考虑——"经常费列入省预算报支，事业费除请中央拨发外，由本会拟具办法筹集"。可以说，云南边疆建设委员会的设想一定程度上可以弥补云南省边疆行政设计委员会的不足，也含有将边疆开发由研究设计阶段推进到建设实践阶段的意思。

（三）云南边疆建设委员会提案的流产

成立云南边疆建设委员会的提案提出后，云南省政府认为民政厅已有云南省边疆行政设计委员会，"应积极充实，加强工作"，故经1945年12月14日的省政府会议决议，对成立云南边疆建设委员会的提案"暂从缓议"[1]。

但是，从云南边疆建设委员会的组织规程草案中可以看出，无论是组织形式还是工作重心，云南边疆建设委员会都与云南省边疆行政设计委员会有很大的不同：云南边疆建设委员会直属于省政府，统筹全省的边疆建设工作；而云南省边疆行政设计委员会只是民政厅下属的一个机构，工作侧重于边疆调查研究与边疆开发方案设计。而且，从抗战胜利后的形势看，随着战争结束，社会各界开始更多地关注战后国家建设问题，边疆开发亦亟须付诸实践，显然云南边疆建设委员会的机构设置更符合当时实际工作的需求。所以，如果云南边疆建设委员会提案中的内容能真正落到实处，用它来取代云南省边疆行政设计委员会应该是更有利于云南边疆开发与建设实践的。但云南省政府最终却以云南省边疆行政设计委员会的存在为由否定了成立云南边疆建设委员会的提案。

云南边疆建设委员会的提案被否决，最直接的原因是当时省政府

---

[1]《云南省政府为据民政厅呈请设置云南边疆建设委员会以便开发本省边疆一案令知》（1945年12月12日），云南省档案馆编《民国时期西南边疆档案资料汇编·云南卷》第六十六卷，社会科学文献出版社2013年版，第166页。

对云南边疆开发的认识没有随抗战的结束而发生转变。战争结束，中央政府对云南边疆的重视较战争期间难免减弱，但抗战时期积累的云南边疆研究与开发基础尚在，加上战争结束，本应是云南边疆建设的新机遇与新阶段，但受政治环境影响，中央及云南省政府都没有在战后将云南边疆开发放在一个重要位置上，也没有及时转变观念，故省政府才会觉得原有的云南省边疆行政设计委员会已能够维持边疆工作相关事宜而不同意新成立直属省政府的云南边疆建设委员会。而云南边疆建设委员会提案流产的深层次原因，则涉及当时中央与云南地方的复杂关系。由于李宗黄是受蒋介石委派任云南省政府代主席的，且其同时还是国民党云南省党部主委，一定程度上代表着中央势力在云南的统治，其关于成立云南边疆建设委员会的提案也从很多地方考虑到中央对云南的控制问题。云南边疆建设委员会组织规程草案中的很多设想都有加强中央对云南统治的意图，如提出"设主任委员一人由省政府主席兼任，副主任委员则由主任委员提请中央简派专任"，还提出"本会事业费除请中央拨发外，由本会拟具办法筹集之"[①]，表明云南边疆建设委员会计划成立后接受中央拨款及统一领导。此后，随着李宗黄在云南的失势，由他提出的成立云南边疆建设委员会的计划最终不了了之。

三、经纬万端：边疆开发由"设计"走向"建设"的困境分析

抛开成立云南边疆建设委员会提案背后的政治纠纷，单就提案本身来说，部分内容如边政机构由省政府直属、给边政机构以更高的地位等，一定程度上是吸取了云南省边疆行政设计委员会工作中的经验教训的。边政机构由省政府直属，可以调动全省各部门的力量，并在

---

① 《云南省政府为据民政厅呈请设置云南边疆建设委员会以便开发本省边疆一案令知》（1945年12月12日），载云南省档案馆编《民国时期西南边疆档案资料汇编·云南卷》第六十六卷，社会科学文献出版社2013年版，第177—179页。

全省各边区设立办事处，专门负责边疆的开发与建设事宜，一定程度上可以避免云南省边疆行政设计委员会无法统筹全省力量从事边疆设计与开发事宜的问题，可以说是比较有针对性的。如果云南边疆建设委员会能正式成立，在边疆开发与建设的实践方面应该比隶属于云南省民政厅下的边疆行政设计委员会更有成效。但当时的环境下，成立云南边疆建设委员会的提案最终被搁置，其关于边疆建设的规划就更不可能付诸实践了。

云南边疆建设委员会提案的流产一定程度上反映了近代云南边疆建设面临的困境。这些困境主要体现在以下几个方面。

（一）政治环境的制约

成立云南边疆建设委员会的设想之所以不能付诸实践，很大程度上是受当时政治环境的制约。彼时中央政府层面忙于战后权力的重组而无暇顾及边疆开发问题，云南政坛则刚经历巨变，加上龙云下台后，中央与云南地方政府的关系仍然十分复杂，也暂时不可能将主要精力放在边疆开发方面。从中央到云南省政府都没有将边疆建设问题作为其施政重点，因而成立云南边疆建设委员会的提案在这种情况下只能被搁置。

（二）边疆建设的复杂性

云南边疆建设委员会的流产还与近代云南边疆开发问题的复杂性密不可分。边疆建设经纬万端，牵涉甚广，需要大量的人力、物力、财力的支持，云南边疆情况特殊而复杂，边疆建设事宜非云南一省之力可以完成。而民国时期的云南政坛，一方面，中央力量与云南地方的斗争始终存在，不具备同心协力开发边疆的条件；另一方面，由于地理和历史原因，除了抗战时期，云南边疆都不曾进入过国民政府边疆开发与建设的重点考虑范围。

（三）近代中国边疆建设的功利性

综观整个近代中国，政府及社会各界对边疆的关注乃至对边疆的建设都有很强的功利性，即出于国防的考虑，所以一般边疆危机越是严重的地区所受到关注就越多，同理，抗战时期民族危机空前严重的时刻,边疆问题才会为更多的人所关注,甚至掀起了一次边疆研究的高潮。反之,当民族危机解除后,政府对建设边疆的热情也会随之减少。云南边疆建设委员会提案于1945年12月出台,彼时抗日战争已经取得胜利,战事结束,本应是云南边疆建设的大好时机,但实际情形却是因抗战内迁西南的各政治、经济、学术等机构都已迁回或准备迁回原地,政府及社会各界对西南边疆的开发与建设已不复抗战时期的热情。

(谷彦梅,博士,云南师范大学档案馆校史馆助理研究员,主要从事中国近现代史、中国西南边疆史研究)

民国时期边疆治理中的"土流博弈"

——以腾龙边区为视点

朱　强　陈彦军

清末，随着列强势力入侵，边疆危机频发，沿边土司在边疆治理、国家安全中的重要性空前提升。自缅甸沦为英国殖民地以后，腾龙边区（今云南省德宏、保山一带）成为国防前线，腾龙沿边土司的地位也骤然上升，成为边疆稳定、维护国家安全的重要组成部分。腾龙边区土司的起源可以追溯至元代。元世祖征服云南之时，将新征服的地区按居住人群的不同来进行划分。在僰人集中居住的地区，"就各族酋长之率兵孝顺者或应募平乱者……委以土职"①。这种不变革其原有的制度，委任当地人的首领代行统治权，就是所谓的土司制度。1261年，元朝在原金齿百夷地"立安抚司以统之"，意味着元朝开始在腾龙边区推行土司制度。之后，该地的土司制度历经元、明、清三代而不废，一直延续到近代。②清末，面对"云南耆民"呈请改土归流，清政府已有心无力，难以抽调大量军力、财力支持大规模改土归流，③腾龙边区的土司问题最终遗留至民国时期。

---

① （民国）喻宗泽主编：《云南行政纪实》第二编《边务·土司制度》，云南省财政厅1943年铅印本，第1页。
② 参见云南省地方志编纂委员会总纂、云南省民族事务委员会编：《云南省志》卷六十一《民族志》，云南人民出版社2002年版，第187页。
③ 参见王文成：《近代云南边疆民族地区改土归流述论》，《思想战线》1992年第6期。

目前，对民国政府与腾龙沿边土司的关系，大多从对立的角度探讨，仅有少数学者注意到了二者既合作又斗争的复杂关系，[①]对政府当局在边疆治理中如何处理沿边土司问题尚无系统论述。所以，本文拟先梳理民国时期云南地方政府在腾龙边区推行"存土置流"、调整行政区划、成立设治局、实行土司子弟教育等举措的联系，在此基础上分析政府当局与沿边土司"土流博弈"的具体经过及影响，以期更全面、深入地了解民国时期边疆治理中所面临的新情况与困境。

一、存土置流，但坚持废除土司制度

改土归流与存土置流之争贯穿了整个民国时期。总体而言，历届政府一直坚持削弱土司势力，但是受制于内外因素的限制，不得不以保留土司为代价，借土司的力量稳定边疆局势。

辛亥革命后，虽然政权出现了更迭，但是清政府与新生的云南军都督府这对敌对的政权在对待改土归流的问题上却有着惊人的相似，云南军都督府继续推进清末以来的改土归流。1912年，云南都督蔡锷在通电中历数土司的弊端："（土司）无事鱼肉土民，有事勾结煽乱……借外力为护符。……沿边土司大小五十余处，割据自雄，凌虐土民，暗无天日。……为大局计，为国防计，不能不筹议改流。"[②]当时，执掌滇西军政大权的李根源针对滇西的土司问题提出了"急进""渐进"两个方案。"急进"类似清中期的"改土归流"，以武力直接剿灭土司，"以兵威迫令改土……兵不过千人，时不过两月，可一举而定其地"。然后改革政治，推行县治，变土司地为国家治下的州县。"渐进"则类似清末的"土流并置"，逐步改变土司辖区经济、文化基础，即"清户籍、垦荒地、兴教育、抚土民……不必改土

[①]王明东：《腾龙沿边土司与国民政府关系探析》，《贵州民族研究》2012年第5期。
[②]《为土司事通电（1912年4月10日）》，刘萍、李学通主编《辛亥革命资料选编（第四卷）——南京临时政府与民初政局》（上册），社会科学文献出版社2012年版，第414页。

司之名，而已举郡县之制"①，最终达到改土归流之目的。为解决腾龙边区的土司问题，李根源做了充分的准备。此前，李根源和迤西道尹赵藩已领兵进驻腾冲，设立了管理腾龙边区土司的腾冲府，随后召开边区土司会议，商议在边区改土归流，但遭到了土司的抵制。②考虑到腾龙边区地处边陲，少数民族聚居，土司在当地的社会生活中有着举足轻重的影响，加之片马事件爆发后，在处理边疆问题的同时还要考虑团结沿边土司以抗拒外敌，云南军都督府不得不采取"渐进"方案。此后，随着护国战争爆发，云南地方政府忙于战事，无暇顾及滇西边疆问题，腾龙边区的改土归流遂陷入停顿。

李根源针对滇西土司问题提出的两种方案各有利弊。"急进"方案的特点是从政治制度的变革开始，以武力为后盾，废除土司制度。该方案利在立竿见影，但若不能从根本上改变土司制度赖以存在的社会、经济基础，从长远看，很有可能重蹈历代"虽经先后用兵敉平，但善后处置极感不易"③的覆辙。"渐进"方案即通过普及教育、发展经济、整顿户籍、清查田亩等方式，逐步削弱土司制度的社会、经济基础，最后再改革政治制度。该方案利在可以从根本上动摇土司制度赖以存在的社会、经济基础，但是需要较长的时间，在当时边疆危机迫在眉睫的情况下，有缓不济急的弊端。

1929年，龙云统一了云南，自此专心于省内建设，沿边土司问题被再次提上议事日程。鉴于土司"苛索暴敛，压迫土民，因而激起反叛，酿成事变，甚至贻列强邻以侵略机会"④，云南省政府一方面"分划土司辖区，加设行政官吏"，屡次严令"不准各土司干涉行

---

① 谢本书、荆德新等编：《云南辛亥革命资料》，云南人民出版社1981年版，第490页。
② 参见马亚辉：《民国时期云南改土归流述略》，《文山学院学报》2012年第2期。
③ （民国）喻宗泽等编纂：《云南行政纪实》，云南省财政厅1943年铅印本，第1页。
④ （民国）云南省民政厅编：《云南民政概况》，1936年铅印本，第33页。

政、司法"①，另一方面于1934年颁布《各土司辖区方行政建设三年实施方案》。该方案要求"于边地各处，择要分驻军队，移民办理垦殖。并严令沿边各级行政长官，设法牖启人民文化智识指导政治工作，以期速与内地同化"②。同时，云南省政府见缝插针，抓住一切机会削弱土司的势力。先后将"不能约束夷民，滋生事端"的土司革职，如"宁江设治局所属之猛阿土司刀世荣、莲山设治局所属之盏达副宣抚司刀恩鸿陛、梁河设治局之南甸宣抚司龚绶，均先后因案革去职务"③。这样，云南省政府一方面使政府势力深入土司辖区，另一方面严厉打击挑战当局权威的土司，腾龙沿边土司的势力受到沉重打击，政府在边疆的控制力得到提升。

抗日战争全面爆发后，抗日救亡成为压倒一切的主题。在此情况下，团结沿边土司保卫边疆成为政府的主导方针。抗战期间，腾龙边区的改土归流总体上处于停顿状态。

抗战胜利后，政府当局认为"正乃事权更张之良好机会"④，于是开始重建设治局、国民党党部等，对腾龙边区的改土归流再次提上了议事日程。1945年9月，第六区行政督察专员（驻保山）李国清总结任职以来的见闻，认为"土司制度实系国家之毒瘤，割治愈迟，溃伤愈大，敬祈政府当机立断，以一团之众进驻腾龙边区，解除土司武装，实行设立县治，内除肘腋之患，外杜侵略之谋"⑤，提出以军事手段解决土司武装，设立县治、派遣流官，将土司辖区

---

①（民国）喻宗泽等编纂：《云南行政纪实》，云南省财政厅1943年铅印本，第2页。

②《云南省民政厅函复参谋部、国防设计委员会〈云南边地各县及各设治局殖边情形及计划述略〉（1934年12月12日）》，云南省档案馆编《民国时期西南边疆档案资料汇编（云南卷）》第二十八卷，社会科学文献出版社2013年版，第200页。

③（民国）喻宗泽等编纂：《云南行政纪实》，云南省财政厅1943年铅印本，第2页。

④（民国）江应樑编、杨朝芳整理：《腾龙边区开发方案》第二章《行政·废除土司》，林文勋主编《民国时期云南边疆开发方案汇编》，云南人民出版社2013年版，第67页。

⑤《李国清关于废除土司制度意见书》，德宏州志编委办公室编《德宏史志资料》第五集，团结报社印刷厂1985年印，第46页。

纳入政府直接控制的方案。李国清的方案显然倾向于"急进"，其实施的关键在于需要强大的军事力量作后盾。但是此时国共内战一触即发，原来驻扎腾龙边区的大批军队被调往北方及东部地区，云南省政府甚至中央政府都难以抽调大量军队参与当地的改土归流，这个方案终究也只停留于纸面。同年年底，在李国清主持的专员区行政会议上提出的方案就有了很大变化，不再提解除土司武装等军事、政治方面的改革，转而以教育、经济、交通方面的改革为主。"在教育方面，边区各设治局长各土司自即日起一律遵照举行国父纪念周……普及教育，人无分汉夷，地无分畛域，均应设置学校。在交通方面……修筑公路，建设电台、推广邮局，以利通讯。在民政方面，调查户口、编整保甲。"①

由于时局的变化，利用土司稳定边疆逐渐成为主流。1948年，云南省第十二区行政督察专员杨茂实上呈《关于暂不废除土司制度的建议报告》，以土司在当地威信较高，边民服从为由，提出对土司"尤宜以怀柔政策，争取内向团结……控制土司，随时宣导，渐纳之于正轨"②。该建议被批准后，土司被赋予更大的权力。

随着国民党军在战场上节节败退，国民政府的统治已处于风雨飘摇之中，故余建勋③于1949年8月提出的《土司政治改革纲要草案》被迫做出重大让步。该方案不再要求废除土司，而是"为适应边地特殊情形，司官制度，仍旧保存"，并进一步扩大土司的权力。在组训民众方面，土司可以"依据县政改革纲要组训民众方案，自行加强组

---

①《云南省民政厅为据第六区行政督察专员李国清报〈第二次本区行政会议记录〉准予备案指令（1945.12.4）》，云南省档案馆编《民国时期西南边疆档案资料汇编（云南卷）》（第三十七卷），社会科学文献出版社2013年版，第484页。

②《关于暂不废除土司制度的建议报告》，德宏州志编委办公室编辑《德宏史志资料》第五集，团结报社印刷厂1985年印，第54页。

③余建勋（1905—1986），字明新。施甸人。1922年入云南陆军讲武堂第十八期步兵科，历任滇军排长、连长等职。1946年6月内战爆发后，辞职回滇，先后担任思普督察专员公署专员兼保安司令、第七区行政督察专员兼区保安司令。1949年12月9日，随ую主席卢汉起义。参见李景煜主编：《云南省志》卷八十《人物志》，云南人民出版社2002年版，第1386—1387页。

训",并可建立"司署常备自卫队",用于维持治安;将县局与司署的关系调整为县局对司署进行监督指导,"政治体系,仍依通例,由设治局直接指挥司署,司署指挥保甲",县局长的权力集中于军事权,即"在军事剿匪上,县局长有统一指挥之权"。①

由上可知,虽然历届政府都试图改土归流,但是受制于动荡的局势,实践中最终多倾向于"存土置流",即利用土司稳定边疆。直至新中国成立前,腾龙沿边土司问题依然没有得到彻底解决。

二、调整政区,将土司纳入地方行政体系

在短期内难以彻底废除土司制度的情况下,云南省政府在腾龙边区频繁调整行政区划,试图以此削弱土司的势力,强化对边疆的治理。1912年,云南军都督府在腾龙边区设置了弹压委员,将土司辖区"分设七县,先设干崖弹压委员,盏达弹压委员,陇川弹压委员,猛卯、遮放弹压委员,芒市、猛板弹压委员各一缺,共五员,秩权视知县"②,弹压委员的职责主要包括"审理诉讼、设立学校、振兴实业、筹办警察诸端"③。这些弹压机构也成为后来设治局之雏形。这样,过去由土司掌握的一些重要权力如司法、治安部分权力转移到弹压委员手中。"民国四年(1915年),弹压委员改为行政委员制,治管各司,即干崖、户撒行政委员,盏达行政委员,陇川行政委员,猛卯、腊撒行政委员,芒市、遮放、猛板行政委员等五处。"④"以'行政区'为主要形式的流官政权在边疆的普遍设置,标志着土流并

---

① 《余建勋关于土司政治改革纲要草案》,德宏州志编委办公室编辑《德宏史志资料》第五集,团结报社印刷厂1985年印,第43页。
② 李根源著、李希泌编校:《新编曲石文录》,云南人民出版社1988年版,第57页。
③ (民国)云南通志馆编:《续云南通志长编》(上册)卷一《大事二·光复二·建设》,云南省志编纂委员会办公室1985年印,第19页。
④ (民国)方克胜著、杨朝芳整理:《建设腾龙边区各土司辖区意见书》上编《各司地行政沿革》,林文勋主编《民国时期云南边疆开发方案汇编》,云南人民出版社2013年版,第516页。

治的统治形式最终在云南边疆民族地区普遍确立。"①

1932年,行政区改为设治局,"先后设置了盈江设治局,辖干崖、户撒二土司辖区;莲山设治局,辖盏达土司辖区;陇川设治局,辖陇川土司辖区;瑞丽设治局,辖勐卯、腊撒二土司辖区;潞西设治局,辖芒市、遮放、勐板三土司辖区"②。这样初步形成了各土司在行政体系上系隶属于各主管县、局的格局。

表1 民国时期腾龙沿边土司所属行政区的演变③

腾龙沿边土司所属行政区	第一阶段	第二阶段	第三阶段
干崖宣抚使司	干崖弹压委员(1912年)	干崖行政区(1919年)	盈江设治局(1932年)
南甸宣抚使司	八撮县佐(1914年)	腾冲第六区(1931年)	梁河设治局(1932年)
陇川宣抚使司	陇川弹压委员(1912年)	陇川行政区(1917年)	陇川设治局(1932年)
芒市安抚使司	芒板弹压委员(1912年)	芒遮板行政区(1915年)	潞西设治局(1932年)
勐卯安抚使司	遮卯弹压委员(1912年)	勐陇行政区(1915年)	瑞丽设治局(1932年)
遮放副宣抚使司	遮卯弹压委员(1912年)	芒遮板行政区(1915年)	潞西设治局(1932年)
盏达副宣抚使司	盏达弹压委员(1912年)	盏达行政区(1914年)	莲山设治局(1932年)
户撒长官司	盏达弹压委员(1912年)	勐陇行政区(1915年)	盈江设治局(1932年)

①王文成:《土流并治在近代云南边疆的全面确立》,《云南师范大学学报》(哲学社会科学版)1993年第4期。
②云南省地方志编纂委员会编:《云南省志》卷一《地理志》,云南人民出版社1998年版,第150—151页。
③国家民委《民族问题五种丛书》编委会编:《中国少数民族自治地方概况丛书》第35卷,中央民族大学出版社2005年版,第295—296页;德宏史志编委会办公室编:《德宏史志资料》第五集,团结报社印刷厂1985年印,第7页;《德宏史志资料》第十集,德宏民族出版社1987年版,第60—63页。

续表

腾龙沿边土司所属行政区	第一阶段	第二阶段	第三阶段
腊撒长官司	盏达弹压委员（1912年）	勐陇行政区（1915年）	瑞丽设治局（1932年）
勐板土千总	芒板弹压委员（1912年）	芒遮板行政区（1915年）	潞西设治局（1932年）

1945年出台的《云南各设治局改县方案》系统阐述了各设治局改县的计划。在腾龙边区，计划将"莲山设治局改设一县，梁河、盈江两设治局合并改设一县，瑞丽、陇川两设治局合并改设一县，潞西设治局改设一县"。但在各县辖区的确定上，考虑到土司势力的存在，各县的辖区确定不得不做出一些调整。例如："瑞丽与陇川虽系就原有之辖区合并，但瑞丽有勐卯、腊撒两土司，陇川则有陇川土司，各土司均有相当势力……又梁河、盈江合并，梁河有南甸土司，盈江则有干崖、户撒两土司，且须将盈江、干崖土司属地一部分划出，并归莲山……且瑞丽、陇川各有强大土司，合并一县易启纠纷。"[1]

县一级政区作为基层政区，其辖区的确定本来应以便于管理民政为主要出发点。但在腾龙边区，考虑到土司势力的存在，不得不通过行政区划的调整，形成犬牙交错的格局，尽量将势力强大的土司分割在不同的县，以期借此削弱土司势力。但实践中，由于基层组织的不健全，"编组保甲，全未着手……呈报整理完善，却无乡镇之实"，加之腾龙边区情况特殊，土司势力在当地根深蒂固，在当地推行政令离不开土司的合作，很多地区往往以土司兼乡长、镇长，"推行民政，仍兼管理其司务"，甚至在"全未编组乡、镇、保、甲，任以过去土司所管辖之旽头（约等乡长）、老幸（约等保长）、伙头（约等

---

[1]《云南各设治局改县方案》，德宏州志编委办公室编辑：《德宏史志资料》第五集，团结报社印刷厂1985年印，第43页。

甲长）制度，由土司推行政令"①。设治局长仅以土司为管理对象，并不能掌握各级基层组织。在这样的权力格局中，土司成为县级政区与普通民众之间的中介，各项政令的推行实际上依赖于土司的配合，这成为之后设治局、县与土司之间发生冲突的潜在因素之一。

三、规范土司承袭，多种手段整合土司

从20世纪30年代开始，龙云着手对土司制度加以整顿，采取新的手段加强对土司的整合。1935年，云南开始实行土司子弟教育。同年6月，云南省政府议决"凡有土司辖区地方，由地方官、参议会、省立学校校长会同选送土司亲支子弟到省城南菁学校……于省会各中学校设置公费学额四十名以待土司子弟之保送留学者"。云南省政府虽然承认土司的职位可以世袭，但是需要满足一定条件。1939年，云南省政府规定"以后土司之承继……限于学校毕业，得有证书者使得承充"②。可见，土司子弟教育与承袭相联系，并以取得相应的文凭作为承袭土司职位的条件。云南省政府试图借此培养一批具有较强国家认同的"新土司"，成为政府在当地的新代理人，从而强化对边疆地区的整合。

同时，云南省政府还进一步规范了土司承袭的流程。按明清以来的惯例，土司袭职，经朝廷核准后，颁给了印信号纸。民国时期腾龙沿边土司的承袭仍大致遵从明清时的惯例，但是略有变化，其具体流程如下图所示。

---

① （民国）方克胜著、杨朝芳整理：《建设腾龙边区各土司辖区意见书》上编《各司地行政沿革》，林文勋主编《民国时期云南边疆开发方案汇编》，云南人民出版社2013年版，第516页。
② （民国）喻宗泽等编纂：《云南行政纪实》，云南财政厅印刷局1943年铅印本，第19页。

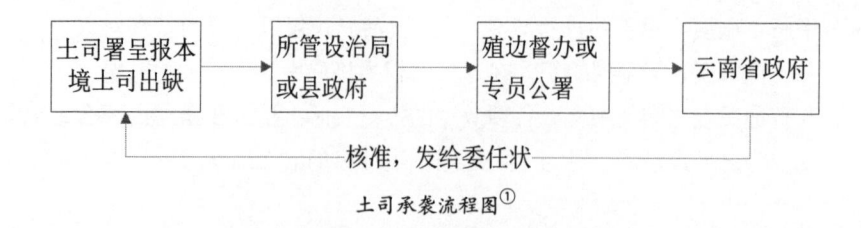

土司署呈报本境土司出缺 → 所管设治局或县政府 → 殖边督办或专员公署 → 云南省政府

核准，发给委任状

土司承袭流程图①

云南省政府在对土司采取"怀柔政策"的同时，仍见缝插针，抓住一切机会削弱土司势力，一旦土司"出缺"（即身故）后，不再准其承袭，"凡土司身故出缺者，不许其子孙承袭"②。

土司制度在腾龙边区延续了数百年，势力根深蒂固，加之地处边疆，中央政府的更迭对土司权力的影响十分有限，虽经历代政府的削弱，但是土司在当地仍有巨大影响力，"一般夷民只知土司，不知设治局长，若土司振臂一呼，则成群结队，蜂拥而至"③。政府边疆治理的实际效果很大程度受土司的影响，所以云南省历届政府均十分注意对土司的笼络与控制。在短期内不能彻底废除土司的情况下，通过规范土司承袭和推行土司子弟教育来达到对腾龙沿边土司的笼络与控制，进而强化对边疆的治理。

四、此消彼长，土司打破边疆势力平衡

滇西抗战开始后，腾龙边区作为国防前线和中国远征军重要的前进基地，受到政府高层的高度重视。抗战胜利以后，鉴于腾龙边区的重要性，云南省政府试图重启改土归流，却引发了土司的强烈反弹。土司通过集体行动如召开会议、上书请愿或个人呈文请求，甚至秘密

---

①《土司的政治组织》，德宏州志编委办公室编辑《德宏史志资料》第五集，团结报社印刷厂1985年印，第9页。
②《云南省政府为十二区专署拟具边政意见八点指令民政厅知照》，1948年12月4日，云南省档案馆编《民国时期西南边疆档案资料汇编（云南卷）》第六十二卷，社会科学文献出版社2013年版，第463页。
③德宏州志编委办公室编辑：《德宏史志资料》第五集，团结报社印刷厂1985年印，第56页。

联系在缅甸的英国势力，全力与政府周旋，竭力保留土司制度。

从1944年到1949年，腾龙土司先后五次集会，即1944年底的"高理会议"、1945年8月的"小陇川会议"、1947年5月各土司在芒市方克胜处举行的集会、1948年2月土司在醴岩司署举行的集会以及1949年6月1日在缅甸勐友的集会。①其中，影响最大的当属1945年8月的"小陇川会议"②。此次会议表面上是"西南边区各司收复善后会议"，实际上是商讨建立"特别行政区"，谋求"自治"。据第六区行政督察专员李国清的呈报，这次会议的主要议题有："（1）成立滇西边区特别行政区，实现独立或高度自治；（2）成立边区联合委员会，并组织边区务院，作为今后边区行政的基本组织"③。此次会议在当时的影响很大，引起了专署、省府乃至中央政府的高度关注，外界也传得沸沸扬扬，有关新闻被许多报纸刊登。参会土司刀京版还在报上发表声明，否认滇西土司企图独立，认为"边疆民族只文化落后，但爱国并不后人，所谓滇西来客，定是异党捏造谣言，企图诬陷"④。

1949年3月，云南省民政厅收到由第十二区行政督察专员杨茂实代转南甸土司龚统政、干崖土司刀承钺、陇川土司多永安、遮放土司多英培、芒市土司方御龙、勐卯土司衍景泰、户撒土司赖思琳、腊撒土司盖炳铿、潞江土司线光天、勐板土司蒋家杰等联名抗废土司制度的报告，历陈各土司从明代三征麓川至不久前抗战中为国守边的功勋，恳请不废除土司制度。

---

①参加者有南甸告替宣抚使龚绶、干崖告替宣抚使刀保图、陇川宣抚使护理多永清、干崖宣抚使刀威伯、遮放副宣抚使多英培、芒市安抚使代办方克胜、盏达副宣抚使思鸿升、潞江安抚使代表方克胜、户撒长官司赖思琳、腊撒长官司盖炳栓等人。
②刘亚朝：《民国在滇西边区的改土归流》，《云南民族学院学报》（哲学社会科学版）1999年第1期，第66页。
③参见《李国清向卢汉呈报小陇川会议详情（附呈会议记录一份）》，德宏州志编委办公室编辑：《德宏史志资料》第五集，团结报社印刷厂1985年印，第108页。
④《刀京版否认滇西土司企图"独立"的申明》，德宏州志编委办公室编辑《德宏史志资料》第五集，团结报社印刷厂1985年印，第116页。

除了集体商议外，土司还以个人名义列举种种理由请求政府保留土司制度。1947年5月20日，遮放土司多英培向云南省政府呈交了《请求不废除土司制度的报告》，列举了保留土司制度的三条理由：其一，地处国防前线，国防压力较大，土司在当地根深蒂固，随时可"自由应付外力之侵袭"，一旦废除可能导致边疆动荡；其二，当地民众国家观念淡薄，土司能"藉二百余年之传统力量，积威以服之，潜移以同化之"；其三，当地土司众多，短期内难以全部废除，"若仅以服从法令、处境困难之一二驯善者入手，则恐结果改良之效未见，而影响所及，必有牵动全局之问题随之而起"。①

由以上可见，抗战后在腾龙边区的改土归流受到了土司空前的抵制。从更大的视野看，此时的云南省政府已陷入内忧外患之中。一方面，蒋介石发动"昆明事变"，迫使龙云下台，引起云南政局动荡，另一方面，原来驻扎于滇西的大批军队被调往内战前线，腾龙边区兵力空虚，缺乏军力为后盾的云南省政府实际上已无力推行各项改革措施。与此相比，部分土司"抗战时期，劫得日人及国军新式轻重武器甚多，自兹以后益加横蛮，四野枪声隆隆贯耳，毫无忌惮"②，腾龙边区的政府当局与土司的势力对比已经发生了逆转。面对"兵强马壮"的土司武装，政府官员明显居于不利地位，不得不委曲求全，授予土司职位以求笼络，但却事与愿违。干崖土司刀承钺被授予设治局长之职后，权力愈益集中。盏达土司亦不断地扩张势力，1949年5月，乘昔马与莲山设治局纷争之机，兴兵围攻太平街打设治局。莲山设治局以国民党政权及乡人李弥作后盾，盏达土司则以邻近各土司联盟为靠山，酿成了争夺政权的旷日持久的战乱。③随着国民党政权的崩溃，土司问题最终作为一个历史遗留问题交由即将进入腾龙边区

---

① 参见《多英培请求不废除土司制度的报告》，德宏州志编委办公室编辑《德宏史志资料》第五集，团结报社印刷厂1985年印，第52页。
② 《陇川设治局长报告机构设置困难情形》，德宏州志编委办公室编辑《德宏史志资料》第五集，团结报社印刷厂1985年印，第81页。
③ 盈江县志编纂委员会编：《盈江县志》，云南人民出版社1997年版，第614—615页。

的新政权去解决。

五、余论

晚清以来，腾龙边区因地处中缅交界而成为滇西国防的最前沿，腾龙沿边土司地位也骤然上升，成为影响边疆安全、稳定的重要因素。"云南地方政府根据各地区、各民族的实际，不断探索，不断发展，推陈出新，磨合适应，力求找到适合自身的实际工作政策和措施"①，将沿边土司整合到国家治理体系中。围绕这一目标，历届政府一方面不断缩减土司辖区的范围，从改土归流到土流并治，从成立设治局到改设治局为县；另一方面不断削弱土司的权力，从设置弹压委员到行政督察专员。同时，还大力推行土司子弟教育并以此作为承袭土司职位的条件，试图培养出一批听命于当局的"新土司"以强化对边疆地区的控制。但在实践中，受制于内外条件，直至新中国成立前，腾龙沿边土司实际影响依然巨大，政府依然没有在当地建立起稳固而有效的统治，从这个角度来看，民国时期对腾龙沿边土司治理的实际成效十分有限。云南地方政府原本试图在保留土司的同时设置流官，逐步侵夺土司的各项权力，但一个地区同时并存了两个权力体系，反而激化了土流矛盾。设治局、县虽然设立，但基层组织有名无实，虽然名义上建立起了保甲制度，实际上各级乡长、镇长、保长、甲长大多就是原土司公署中的属官、旽头，这样的保甲制实际上仅有虚名而已。新设立的流官无力与土司抗衡，反而使两者陷入相持的局面，土流冲突接连不断，土司依仗在当地数百年积累的巨大权威和对基层的实际控制，在与设治局的斗争中屡屡获胜，即使政府可以取消其土司头衔，也难以短期内彻底消除土司的影响。此外，还有一个困扰历届政府的因素就是外部势力的影响。近代，中国周边大都沦为列强的殖民地，列强势力直抵边疆，致使中国政府在处理边疆问题时不

---

① 潘先林、白义俊：《民国时期的土司政策——以云南为中心的讨论》，《中国边疆史地研究》2017年第3期。

得不考虑列强的干预,很多行之有效的政策迟迟得不到推行。

通过教育来强化文化认同,从思想上强化沿边土司的向心力,与古代中国"有教无类""以夏变夷"的思想一脉相承,通过文化渗透逐步同化边疆地区的人群的方法曾在古代中国整合边疆地区的过程中取得了良好效果。但是,在近代民族主义传入中国后,传统有教无类的"文化中国"成为过去时,边疆部族精英民族意识觉醒,试图追求更多自治权,加之"边疆区族群的首领人物、知识精英也在不同程度上开始接触来自欧洲的'民族'概念和接受'民族自决——民族独立'政治理论的影响"①,边疆地区的分离倾向更甚于晚清。在这样的情况下,如何构建出跨民族的国家认同是极为棘手的问题。

在政治上完成边疆地区政治制度与内地的统一,在文化上完成边疆与内地的同质化,从思想上消除边疆地区离心的隐患。只有达到这一点,边疆才不再是国土中的"异域",才能从根本上消除边疆地区由政治、经济、文化的差异带来的分离隐患,这是民国时期边疆治理留下的宝贵经验,为后来的边疆治理提供了重要参考。

(朱强,云南省社会科学院历史、文献研究所助理研究员,研究方向为西南边疆史、近代民族史;陈彦军,云南大学历史与档案学院博士研究生,研究方向为西南民族史、云南地方史)

---

① 马戎:《民国时期的少数民族精英:理解中国从"天下帝国"到"民族国家"进程的钥匙》,《社会科学战线》2010年第8期。

清代粮价单中价贵、价中、价平的界定

——以云南为中心的讨论[①]

彭 建

清制,自乾隆元年(1736)始至清朝灭亡,各直省需按月向皇帝奏报本省各府及直隶厅/州的主要粮食价格,这些粮价奏报的原件被称为"粮价单/粮价清单"。以此形成的系统粮价数据是研究清代经济与社会的重要资料,历来受到学者的高度重视,相关研究成果丰硕[②]。但以往的学者似乎在整理与使用粮价数据、梳理粮价奏报制度和利用粮价资料进行区域社会经济研究时都忽略了粮价单中关于各省府/厅/州粮食价格价贵、价中、价平(价贱)的界定。乾隆元年五月,上谕:"各省督抚具折奏事时,可将该省米粮时价开单就便奏闻,其奏报单内或系中价,或系贵价,或系贱价,俱逐一注明,其下月奏报之价与上月或相同或不相同之处一并注明等因,钦此。"[③]

[①] 本文为国家社会科学基金项目"元代至民国时期中国西南边防演变与国家安全研究"(项目编号:2018VJX105)、云南省哲学社会科学规划项目"清代协济云南兵饷研究"(QN202124)阶段性研究成果。

[②] 相关研究成果可参见罗畅:《清代粮价研究刍议》,《理论探讨》2011年第26期;周建树:《清代粮食经济研究述评》,《湖南农业大学学报》(社会科学版)2013年第3期;朱琳:《回顾与思考:清代粮价问题研究综述》,《农业考古》2013年第4期;潘彩虹、穆崟臣:《21世纪以来清代区域粮价研究新进展》,《古今农业》2017年第3期。

[③] 《广东巡抚杨永斌呈广东省乾隆元年九月份各属米价清单》,乾隆元年十一月初九,中国第一历史档案馆藏,档号:04-01-39-0121-030。在乾隆元年各省的粮价奏报中纷纷将这条谕旨放入其中,表示对此谕旨的遵行。

在上谕中，乾隆帝除要求将米粮时价奏报外，还明确指出要将米价是贵、是中、是贱及与上月的对比情况一一注明。因此，粮价单中保留的长时段、多区域的"粮价贵贱界定信息"是同粮价数据一样难得的古代统计数据，是了解清代粮价变动与区域乃至全国米粮市场的另一重要资料，理应更好地梳理和应用。但清代粮价奏报涉及全国，范围广、数量大，据统计，"直到清亡为止，全部粮价单当有三万六七千件，每一粮价单上平均列出约一百笔左右粮价，总共粮价资料约计当达三百六七十万笔"[①]。数量如此庞大，实难一时做全面的研究，故本文以云南为对象，分乾隆三年至二十九年（1738—1764）、乾隆三十年至嘉庆朝（1765—1820）、道光朝及以后（1821—1911）3个时期探讨云南地区粮价价贵、价中、价平界定的标准、影响其变化的因素以及粮价价贵、价中、价平的空间分布等。在资料方面，关于粮价单中价贵、价中、价平信息，本文主要利用中国第一历史档案馆藏的粮价单和《清代道光至宣统间粮价表》（云南）[②]，而涉及分析的粮价数据则来自王业键先生主编的《清代粮价资料库》。[③]

一、难以划一：价贵、价中、价平的界定

秦晖先生指出："明清两代，云南的粮价一般都较内地为高，'谷贱伤农'的情形极少发生，相反，稍有灾荒，'米价腾踊'的记载即不绝于书。"[④]那清代云南粮价"何为贵，何为贱"是如何确定的呢？

乾隆十七年（1752），云南布政使彭家屏在奏报中指出：

[①] 陈仁义、王业键：《统计学在历史研究上的应用：以清代粮价为例》，《兴大历史学报》2004年第15期。
[②] 中国社会科学院经济研究所编：《清代道光至宣统间粮价表》（云南），广西师范大学出版社2009年版。
[③] 王业键先生主编的《清代粮价资料库》已经将粮价单中的粮价数据化处理，未包含粮价价贵、价中、价平的信息。
[④] 秦晖：《耕耘者言：一个农民学研究者的心路》，东方出版社2013年，第181页。

云南向来月报八九钱至二两具开为价中，不见价平者，似未便，漫无区别。今臣请商于督抚臣，将八九钱至一两二钱以内定为价平，一两二钱以外至一两八钱为价中，一两八钱外为价贵。各府大概相同，惟东川、昭通二府银厂、铜厂俱在其境内，而开矿与运铜人夫聚集甚为繁众。又昭通及鹤庆所属之中甸、维西二处俱系新辟夷疆，产米较少。故东川则一两七八钱至二两二三钱，昭通、鹤庆米价则一两五六钱至三两为率，微与别府有异。今东川府请以一两八钱以内为价平，一两八钱至二两二钱为价中，二两二钱外为价贵。昭通、鹤庆二府请以一两五钱至二两为价平，二两外至二两五钱为价中，二两五钱外为价贵。①

彭家屏对粮价贵贱的界定对于人们了解当时云南的粮价水平意义非凡，但其只能代表一时的粮价情况，不能反映粮价贵贱的长时段变化。而粮价单中有按月对粮价价贵、价中、价平的界定，若将两者结合探讨，似更能清晰地了解当时云南的粮价水平。

清代云南粮价单中包括的粮种有白米、红米、小麦、荞、豆五种，在奏报格式中，首先要注明粮价的价贵、价中、价平，并描述各粮种与上月或增、或减、或同，如乾隆八年（1743）十月"云南府属：价贵，查与九月份米、荞稍减，豆、麦稍增"②。之后形式虽有一定的变化，但包含的内容未变。如乾隆二十九年（1764）十二月起，每一粮种后分别注明价贵、价中、价平，即：

云南府属：查米荞价与上月相同，麦豆价稍减。

白米每仓石价银一两三钱九分至二两七钱七分，价贵；

红米每仓石价银一两三钱一分至二两七钱二分，价贵；

小麦每仓石价银一两至三两一钱，价贵；

---

① 《云南布政使彭家屏奏报秋成米价折》，"国立故宫博物院"编辑委员会编《宫中档乾隆朝奏折》第4辑，1982年，第570—571页。
② 《云南总督张允随呈云南省城乾隆八年十一月份通省各属十月份粮价单》，乾隆八年，中国第一历史档案馆藏，档号：04-01-24-0028-017。

荞每仓石价银五钱六分至一两六钱六分，价贵；

豆麦每仓石价银九钱二分至二两一钱七分，价贵。①

这一奏报形式②于乾隆三十一年（1766）三月结束，从四月开始又恢复了之前的奏报格式。

乾隆五十九年（1794）九月十七日，上谕："办理军机处为知会事，照得各省每月奏报粮价清单未能明晰，现经检查各省所报粮价单内奉天省所开清单较为明晰，奏请照录行知各省一体仿照办理。奉旨知道了，钦此。为此知会并将奉天省粮价单抄寄，嗣后各省每月粮价即照此一律缮写具奏可也，特此知照。"③奉天省的粮价奏报中将与上月相比"增/减/同"的具体变化注于每一粮种之后，能更直观地了解粮价的变化幅度，即"奉天府属：价中。稻米每仓石价银一两五分至二两二钱，较上月贱一钱；粟米每仓石价银八钱二分至一两三钱六分，较上月贱九分"④。这一改变是自乾隆三年（1738）钦定德沛所奏为全国模板后，对粮价奏报格式一次较大的调整，使得粮价单所含内容更为明晰。而云南自当年十月开始也遵照这一格式奏报。⑤

那么，清代云南粮价单中价贵、价中、价平界定的依据和包括的

---

①《云南巡抚常钧呈滇省各属乾隆三十年三月份粮价单》，乾隆三十年四月二十六日，中国第一历史档案馆藏，档号：04-01-39-0095-015。

②这一奏报形式其实只出现在云南巡抚常钧任上，其在甘肃、湖北任上也是如此奏报。但这一形式并无实际上的意义，只是简单地将"价贵、价中、价平"移于每一粮种之后，并不能实际反映每一粮种的价格变化情况。如乾隆三十年（1765）三月，大理府属豆价为35/100（表示每仓石最低价银三钱五分，最高价银一两，这种表示方式借鉴于《清代粮价资料库》，更为直观，下同），注明价中；而四月豆价为35/94，明明豆价降低，却注为价贵。（参见《云南巡抚常钧呈滇省各属乾隆三十年三月份粮价单》，乾隆三十年四月二十六日，中国第一历史档案馆藏，档号：04-01-39-0095-015；《云南巡抚常钧呈滇省各属乾隆三十年四月份粮价单》，乾隆三十年五月初七，中国第一历史档案馆藏，档号：04-01-39-0095-014）

③中国第一历史档案馆编：《乾隆朝上谕档》第18册，乾隆五十九年九月十七日，第4条，广西师范大学出版社2008年版，影印本，第218页。

④《盛京工部侍郎雅德奏报奉天府属乾隆三十四年十月份粮价情形事》，乾隆三十四年十一月二十日，中国第一历史档案馆藏，档号：04-01-39-0183-028。

⑤参见《暂护云南巡抚费淳奏呈云南省五十九年十月份粮价清单》，乾隆五十九年十一月二十八日，中国第一历史档案馆藏，档号：03-0961-045。

范围是怎样的呢？

　　清代云南粮价单中价贵、价中、价平的界定是以高价①的变化为基准的。如乾隆四十三年（1778）四月，永昌府红米171/206，五月红米为186/206，虽低价上涨，但高价未变，注明"红米与上月相同"。②从目前抄自中国第一历史档案馆中的粮价单来看，这种情况并不是孤立的，而是普遍存在的。而《清代道光至宣统间粮价表》（云南）在说明中也指出："差价计算方法：道光元年正月至咸丰七年四月均以最高价计算与上月差价。光绪五年四月后增减均无具体数值，仅表'+''-'号，差价计算方法主要以最高价计算与上月差价，另有部分例外。"③因此，粮价单中关于粮价增减的描述反映的只是高价的变化，故价贵、价中、价平的界定也是基于高价的变化而变化的。④

　　清代云南粮价单中价贵、价中、价平的界定是以府/厅/州为单位的，并未形成全省性的界定标准。"滇省各属不通舟楫，粮价贵贱历来不能划一。"⑤我们对比了各府、直隶厅/州同一时间注明价贵、价中、价平的具体粮价数据，发现清代云南并未有全省统一的粮价贵贱的标准，如乾隆十四年（1749）四月，临安府属白米为107/204、红米为104/194，价贵；昭通府属白米为120/265、红米为190/260，价

---

①余开亮通过将粮价细册、（县级粮价数据）中的粮价数据与粮价清单中的粮价数据做对比，理清了府县两个层级粮价数据之间的关系，即府、直隶州/厅的粮价存在一个区间，而高价、低价的来源是取本府、直隶州/厅粮价最高的州/县的价格为其高价、粮价最低州/县的价格为其低价。（参见余开亮：《粮价细册制度与清代粮价研究》，《清史研究》2014年第4期）

②《云南巡抚裴宗锡呈云南省乾隆四十三年四月份粮价清单》《云南裴宗锡呈云南省乾隆四十三年五月份粮价清单》，乾隆四十三年，中国第一历史档案馆藏，档号：04-01-39-0100-024、04-01-39-0100-023。

③中国社会科学院经济研究所编：《清代道光至宣统间粮价表》（云南），广西师范大学出版社2009年版，第5页。

④从目前掌握的资料来看，虽尚未完全厘清全国粮价单中价贵、价中、价平界定的情况，但可以肯定的是这不是云南一省之况，应是全国的普遍之情。

⑤《云贵总督硕色奏报查议滇省仓谷粜价事》，乾隆十五年十一月初四日，中国第一历史档案馆藏，档号：04-01-35-1150-011。

中；东川白米为218、红米为210，价中。①明显昭通和东川的白米、红米价格是远远高于临安的，但临安却注为价贵，昭通和东川注为价中，由此可知粮价单中价贵、价中、价平的界定是以府/厅/州为单位的，并未形成全省统一的界定标准。②

由上可知，清代云南粮价单中价贵、价中、价平的界定虽只由高价的变化决定，区域上也只以府/厅/州为范围，从现代统计学的角度来说也存在许多问题。但不可否认的是，这一粮价界定信息是中国古代少有的范围广、连续性强的对某地粮价贵贱的长时段评判，对其进行整理与利用，能进一步深化对清代粮价与区域社会经济的研究。

二、乾隆三年至二十九年（1738—1764）粮价价贵、价中、价平的界定

清代云南粮价价贵、价中、价平界定时，因界定是以府/厅/州为单位，而每一府/厅/州因经济发展水平等因素各不相同，所以粮价价贵、价中、价平的界定标准也差异明显，且粮价价贵、价中、价平的界定并不严谨，存在模糊性和主观性。③粮价价贵、价中、价平的界

---

① 《云南巡抚图尔炳阿呈乾隆十四年省城五月份及通省四月份粮价单》，乾隆十四年五月二十八日，中国第一历史档案馆藏，档号：04-01-39-0092-016。

② 以笔者所见，其他省份价贵、价中、价平的界定似也是以府、直隶厅/州为单位的，这应与粮价单以府、直隶厅/州为单位奏报有关。

③ 如：乾隆三十年（1765）普洱五、六、七月各色粮价俱相同，却将六月注为价中，其他两月注为价平。（《云南巡抚常钧呈滇省各属乾隆三十年五月份粮价单》《云南巡抚常钧呈滇省各属乾隆三十年六月份粮价单》《云南巡抚常钧呈滇省各属乾隆三十年七月粮价单》，乾隆三十年六月初七日、七月初九日、八月初二日，中国第一历史档案馆藏，档号：04-01-39-0095-013、04-01-39-0095-013、04-01-39-0095-011）

定有时反映的似乎又仅是粮价增减的情况而不考虑增减的幅度，[①]因此在众多数据中，根据粮价单中已有的粮价价贵、价中、价平界定的信息和其对应的粮价数据，重定全省性的粮价价贵、价中、价平的标准是必要的，也是可行的。

在考虑乾隆三年[②]至二十九年（1738—1764）间云南粮价价贵、价中、价平的界定时，本文选择此期间每一年至少一个月以上粮价单对价贵、价中、价平界定的信息，分价贵、价中、价平3组，分别抽取每组中最低的价格作为贵、中、平的界定标准，[③]再辅以部分月份价贵、价中、价平连续变化的情况作为检验。[④]如此得出这一时期的粮价界定标准为：200及以上为价贵，130—199（含130）为价中，130以下为价平。[⑤]

这样一来就可以来探讨云南粮价价贵、价中、价平的区域分

[①] 如："乾隆四十三年三四月，临安白米由208降到207，红米由200降到197，仅仅3分的幅度竟由价中变成价平。"（《云南巡抚裴宗锡呈云南省乾隆四十三年三月份粮价清单》《云南巡抚裴宗锡呈云南省乾隆四十三年四月份粮价清单》，乾隆四十三年，中国第一历史档案馆藏，档号：04-01-39-0100-025、04-01-39-0100-025）

[②] 虽然乾隆元年就已要求按月奏报粮价，但因未统一奏报格式，各省奏报包含的内容仍天差地别，难以统一分析。《清代粮价资料库》中的数据也是从乾隆三年（1738）开始的。

[③] 这并不是一概而论的，如东川、昭通的米价其实是全省最高的，但因其历来是云南的价贵之区，即使是一两以上，仍被注为价中；而部分州县有时仅仅是一两一钱左右也会注为价中。因此，在选取时要采用的是能反映最普遍情况的数据，而不是这种特殊情况的数据。

[④] 通过对价贵、价中、价平连续变化的月份进行分析，可得出粮价变化幅度对贵、中、平界定的影响，虽然存在很小的变化就会影响价贵、价中、价平界定的情况，但大部分反映出其存在一个增减的幅度问题。

[⑤] 需注意的是，乾隆二年至二十九年（1737—1764）间云南粮价的完整性是相当差的，根据对这一时期粮价库中粮价数据遗漏率的统计，大理府、东川府、广南府、广西直隶州四府州的遗漏率高达60%以上，而其余府厅州遗漏率也在40%以上。虽然数据遗漏率较高，但一地粮价的界定并不会在短期内发生较大变化，因此根据已有的界定信息和数据，分析这一时期粮价的空间分布是可行的。［遗漏率统计方法详见王业键：《清代粮价资料之可靠性检定》，《清代经济史论文集》（二），稻香出版社2003年版，第289—316页］

布。①在分析这一问题时，需要考虑取值的因素，即若分别取高价和均价来进行分析，对粮价价贵、价中、价平的区域分布的影响有多大？故需分别分析以高价、均价为基础的粮价空间的分布。

通过分析可知：取值均价，这一时期价贵之区只有昭通和东川②，价中之区为云南、曲靖、澄江、临安、大理、丽江、镇沅七府州，③价平之区有楚雄、广西、景东、开化、蒙化、普洱、顺宁、武定、永北、永昌、元江、姚安、广南十三府州。④按高价取值，虽然价贵之区仍只有昭通和东川，但价中之区增加到了10个，原来属于价平之区的楚雄、广西、武定变成了价中之区。这样一看，似乎取高价和均值对粮价价贵、价中、价平的空间分布并没有很大的影响。但需要明晰的一点是，某一地的粮价并不会一直处于价贵、价中或者价平一种情况之中，即有的年份属于价贵，有的年份属于价中，我们在判断1738—1764年的长时段内某地是属于价贵、价中还是价平时，是根据这一时段内其价贵、价中、价平所占的年数来划分的，如在取高值的分析中，云南府1738—1764年内有10年粮价在200以上，17年在130—190之间，我们就将其定为价中。因此，分别分析取均值和高价对某地某时期内价贵、价中、

---

①本文主要探讨的是白米和红米的价格，因"滇省民间，食用以红米为主，白米次之"（《云贵总督杨应琚奏为滇省米价昂贵遵旨通盘筹划滇省粮价并滇省七月份粮价开单恭呈事》，乾隆三十一年八月二十一日，中国第一历史档案馆藏，档号：04-01-25-0123-035），而且从粮价单中可看出价贵、价中、价平的界定也主要是以米价的变化为准，又因价贵、价中、价平的界定是以高价为基准的，而其实高价反映的只是某一州/县的粮价，并不能代表整个府/厅/州的情况。因此，为了更好地反映整个府/厅/州和全省的粮价情况，采取学界常用的取高价、低价平均值来代表一府/厅/州粮价的方法，具体是将各府厅州白米、红米的高价、低价取月度平均值为米价，再取年度平均值作为这一年的米价，然后再与重定的价贵、价中、价平的标准相较，看其情况如何。

②东川府盛产铜矿，矿工云集，需米浩繁；而昭通为新辟夷疆，驻兵众多且山多田少，产米无多，因此粮食供需紧张，米价一直居高不下。

③注意这一时期鹤庆府也是价中之区，鹤庆府于乾隆三十五年（1770）降为州，属丽江府，故未单独列出。省城昆明亦是价中之区，与云南府相同，不再单独注明。（鹤庆府沿革见光绪《鹤庆州志》卷9《沿革》）

④其中，广南府1738—1752年间为价中，之后为价平，是一个前中后平的发展趋势。

价平所占比重的变化，似可以更清晰地看出取均值和高价对粮价价贵、价中、价平界定的影响，如下表所示。

云南各府级单位取均值和高价对米价贵贱影响统计表[①]

单位：个

地区	均值			高价		
	价贵	价中	价平	价贵	价中	价平
东川	20	6	0	20	6	0
昭通	23	4	0	27	0	0
云南	0	25	2	10	17	0
临安	0	16	11	4	21	2
大理	2	12	12	3	20	3
澄江	0	20	6	1	23	2
丽江	0	20	7	2	18	7
曲靖	0	14	13	3	22	2
镇沅	0	16	11	0	22	5
楚雄	1	7	18	1	16	9
广西	0	10	16	1	23	2
广南	0	12	14	0	12	14
普洱	0	4	23	0	7	20
顺宁	0	7	20	2	10	15
武定	0	7	20	0	14	13
景东	0	5	22	0	5	22
开化	0	4	23	0	4	23
蒙化	0	2	25	0	2	25
永北	0	3	24	0	4	23
永昌	0	3	24	0	5	22
元江	0	1	26	0	6	21
姚安	0	2	25	0	6	21

①具体统计方法为依靠《清代粮价资料库》，取各府/厅/州白米和红米的均值作为米价，由月度平均数得出年度平均数，再以每年的米价与划分的价贵、价中、价平的界定标准相较，由此得出这一时期内价贵、价中、价平分别所占的比重。

由上表可知，一是取高价的统计中，部分府/厅/州价贵所占的年份明显增加，如云南府在取均值的统计中，27年内无一年为价贵，而在取高价的统计中，价贵所占的年份就增加到了10年。二是几乎所有的府/厅/州中价中所占的年份都有不同程度的增加，虽然大部分并未达到使府/厅/州由价平变为价中的地步，但这些情况已经足以进一步说明粮价单中以高价为基础来判断一府/厅/州是价贵、价中还是价平的处理方法，已经人为地抬高了对各地粮价水平的界定，从而影响了统治者对各地粮价高低的判断，进一步左右了朝廷粮政的制定。如：乾隆十三年（1748）全国米贵的问题就是在乾隆帝看到各地奏报的粮价单中价贵出现的次数频繁而提出的。

三、战争与粮价：清缅战争对价贵、价中、价平界定的影响

乾隆三十年至三十四年（1765—1769），在云南边境地区发生了清缅战争，长时间的军粮采办使得云南粮价急剧上涨，这一变化不仅是战争前线普洱、永昌地区的殊情，而且是全省性的上涨。①

以目前所见资料，可以肯定清缅战争期间的军粮采办是云南一省独立承担的，正如杨煜达所言："云南山多田少，粮食素无积蓄，特别是在前线的腾越、龙陵一线，素是粮食不足的地区，因此军粮之调

---

① 目前关于清缅战争中军粮供应问题的研究成果主要有：赖福顺的《乾隆朝重要战争之军需研究》（台北故宫博物院，1984年，第230—237页），以官中档、清高宗实录等材料为基础，对清缅战争中军粮购办情形、运输经过和军粮办理不善之原因做出了探讨，但只述其大概，尚不详细；[美]李中清的《中国西南边疆的社会经济：1250—1850》（林文勋、秦树才译，人民出版社2012年版，第226页）中谈到了这次战争对云南仓储量的耗费，并指出这部分损耗在战争结束后并未得到补足，但其只是略提及，未展开研究；杨煜达的《乾隆朝中缅冲突与西南边疆》（社会科学文献出版社2014年版，第149—151页）中谈到了军粮运输对云南当地人民是一个非常沉重的负担，但并未展开研究。目前，从军粮采办与粮价波动视角来考察清缅战争的进行及其对云南地方社会影响的研究尚未见，本文试探之。

拨，遍及全省。"①

首先我们对永昌（战区）、大理（军粮主要供应地）以及全省的米价波动做一分析。②

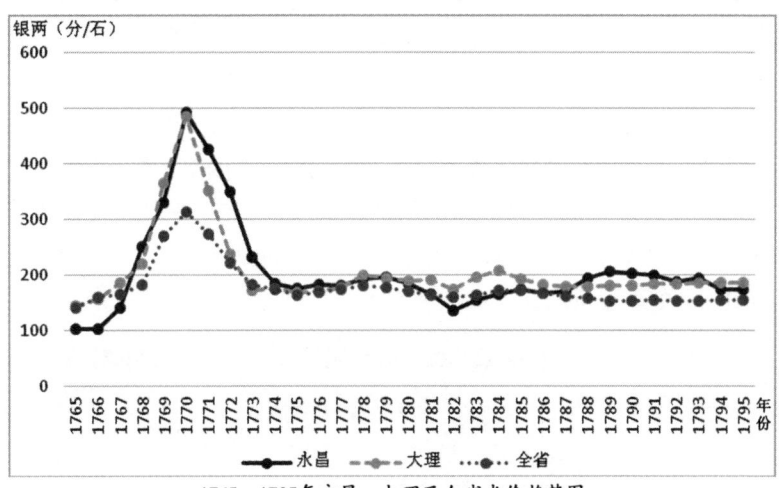

1765—1795年永昌、大理及全省米价趋势图

资料来源：王业键主编：《清代粮价资料库》，http://mhdb.mh.sinica.edu.tw/foodprice/about.php。

说明：1765—1795年间的米价数据完整性较其他时段为佳。

由图可知，清缅战争期间云南米价飞涨，③如在乾隆三十五年（1770）五月的粮价单中，除广南、开化为价中外，其余各府/厅/州均为价贵之区，④大理府白米最高时曾达6两9钱。

① 杨煜达：《乾隆朝中缅冲突与西南边疆》，社会科学文献出版社2014年版，第149页。中国第一历史档案馆藏有关军粮采买的奏折也反映了同样的问题。
② 数据采集的方法如上，时段包括乾隆三十年至嘉庆年间（1765—1820）。
③ 除米价外，战争期间麦、荞、豆的价格也大幅度上涨。
④ 清缅战争期间的粮价价贵、价中、价平沿用的仍是之前的界定标准，而且因为战争持续时间较长，军粮采买以永昌为中心由近及远，因此各府/厅/州价中、价贵的变化也是先后发生的，在战争的后期，各府/厅/州几乎均上涨为价贵之区。（《署理云南巡抚明德呈滇省各属乾隆三十五年五月份粮价单》，乾隆三十五年闰五月十九日，中国第一历史档案馆藏，档号：04-01-39-0097-016）

后随着战争的结束，粮价逐渐回落，而粮价价贵、价中、价平的界定在战后有所调整。从粮价单已有的信息中可以看出，大概从乾隆四十年（1775）前后开始，在全省的粮食价格界定中，没有再出现价贵之区。分析粮价数据后可知，粮价价贵、价中、价平的界定标准有所变化，大体以二两为界，以上为价中，以下为价平。①

在这样的标准下，在取均值的统计中，除了昭通和镇沅属于价中之区外，其他地区都属于价平之区。②若按取高值来计算，则价中之区就增加为7个：丽江、大理、楚雄、普洱、永昌、昭通、镇沅。若再统计取均值或高值对各地价中、价平年份的影响，具体的变化则更为明晰，如下表所示。

1765—1820年云南各府级单位取均值和高价对米价贵贱影响统计表

单位：个

地区	均值 价中	均值 价平	高价 价中	高价 价平
云南	2	44	16	30
临安	4	42	21	25
丽江	19	27	42	4
大理	10	36	45	1
楚雄	10	35	23	22
澄江	5	41	16	30
普洱	15	31	29	17
曲靖	7	39	22	24
顺宁	0	46	6	40
武定	0	45	4	41
永昌	8	38	31	15

①也有个别例外，如大理府在乾隆五十年（1785）以后，仍将二两以上的价格注为价平，这主要是因大理作为清缅战争期间军粮采买的主要地区，战后也承担一定的驻防边境军队的兵食任务，故粮价恢复周期明显要长于其他府/厅/州。

②这些价平之区也不能一概而论，如东川在1775—1787年属于价中；1803年以后丽江、景东、大理、楚雄、蒙化、普洱、永北、永昌等府厅也基本属于价中之区。

续表

地区	均值 价中	均值 价平	高价 价中	高价 价平
元江	3	42	6	39
昭通	29	17	46	0
镇沅	26	19	28	17
开化	1	45	1	45
景东	13	32	13	32
广西	0	45	0	45
广南	4	42	4	42
东川	13	33	13	33
蒙化	10	35	10	35
永北	13	32	13	32

由上表可知，取高价统计仍对这一时期粮价有明显的抬升作用。同时也需注意的是，自从调整了价贵、价中、价平界定的标准以后，再未出现价贵的记载，虽然这在某种程度上符合清缅战争后各地粮价上涨的实际情况，[①] 但以昭通一地来说，即使在1765—1820年间粮价均达到了270以上，却仍开为价中，似有所脱离实际，这是否与当地官员报喜不报忧的心态有关尚需进一步探讨。

总的来说，虽然这一时期没有价贵之区，价中之区的数量也仅有2个，全省似乎粮价平减。但这种情况是由于粮价价贵、价中、价平界定标准的调整造成的，实际上粮价较清缅战争之前已经有了较大幅

[①] 在战后采买兵米、仓粮的奏报中经常会出现每石三两已为价贱的记载，如："查永昌府所属米粮每石以三两为率，顺宁府所属米粮每石以二两为率，俱近年平贱之价，未能再减。"参见《云南巡抚李湖为题请核估保山等府厅州县添建修补仓厫等项工程需用工料银两事》，乾隆三十七年四月初三日，中国第一历史档案馆藏，档号：02-01-008-001729-0008。

度的上涨,也就是说战后的粮价一直未恢复到战前的水平。①

四、粮价波动与粮价价贵、价中、价平的界定

粮价波动达到什么程度会影响粮价价贵、价中、价平的界定,是这里着重讨论的问题。首先我们先分析1738—1911年云南粮价的变化情况,如下图所示。

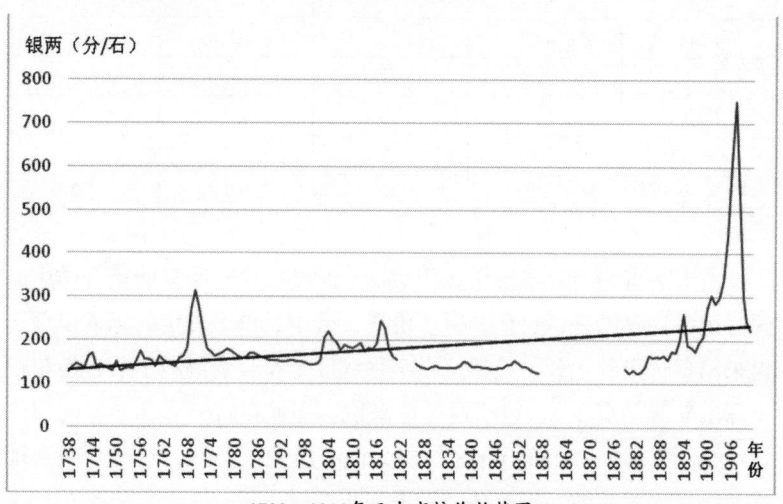

1738—1911年云南省粮价趋势图

资料来源:王业键主编:《清代粮价资料库》,http://mhdb.mh.sinica.edu.tw/foodprice/about.php。

说明:粮为白米与红米价格的平均值。

由图可知,1738—1911年间云南粮价似存在一个五年一涨的周期,在乾隆三十年(1765)以前,米价的波动并未超过2两,这一时期的米价波动也未达到影响粮价价贵、价中、价平界定标准的程度。

---

① 似乎是为了适应这种上涨的情况,奏报者在粮价单中上调了价贵、价中、价平的界定标准,因为若再按之前的标准,虽然价贵之区依然无几,但价平之区将全部变为价中之区,这样既不符合实际情况,也不会得到皇帝的肯定。至于清缅战争后为什么粮价长时间内仍未恢复到战前水平,似乎是一个值得继续思考的问题。

即使是乾隆十三年（1748）全国米贵的背景下，也未影响价格的界定。①另外，在嘉庆二十年至二十二年（1815—1817）全省大部分府/厅/州米价均有不同程度的上涨，②变化也在2两以上，但因这一次粮价的变化是在清缅战争后粮价价贵、价中、价平界定标准调整后发生的，因此也未达到影响价格标准界定的程度。而道光朝及后的粮价单中关于价贵、价中、价平的界定似乎已经失去了原来的意义。价平是这一时期的常态，而价中反映的仅仅是粮价的增减情况，即不论粮价基数是多少、增长的幅度如何，只要上涨，就会由价平变为价中，而一旦粮价停止增长，就又会变成价平。如：道光二十九年（1849），曲靖府闰四月、五月、六月粮价连续上涨，由价平变为价中，但至七月粮价未再上涨和六月持平时，却由价中变为了价平。③特别是光绪朝以后，即使粮价达到有清一代的最高峰，但却连这种反映增减情况的模式都未再坚持，价贵、价中、价平的界定已经失去了衡量一地粮价贵贱的意义。④

总的来说，终清一代，云南粮价价贵、价中、价平界定的标准只在清缅战争后调整过一次，而道光朝以后粮价单的奏报逐渐流于形式，可靠性大不如前，即使米价达到7两甚至以上，都未再引起粮

---

① 乾隆十二年（1747）十二月十二日，乾隆帝在上谕中自问自答式地提出了可能造成米贵的5个原因：一是外运过多，二是屯户居奇，三是户口繁滋，四是水旱偏灾，五是仓储采买过多。并让各省督抚引论米价腾贵的原因（《清高宗实录》卷304，乾隆十二年十二月戊辰，中华书局1985年影印本，第12册，第977—978页）。而云南米价的上涨并未出现在乾隆十三年（1748），而是在乾隆八、九两年（1743、1744），这一次上涨是由于仓粮采买引起的。
② 这次粮价上涨与1815年印度尼西亚的坦博拉火山的喷发所造成的气候异常有关（详见杨煜达：《清代云南季风气候与天气灾害研究》第六章"1815—1817年云南大饥荒与坦博拉火山喷发"，复旦大学出版社2006年版，第119—131页）。
③ 虽然之前的界定中也存在这种情况，但不像此时期的如此普遍。参见《清代道光至宣统间粮价表》（云南），广西师范大学出版社2009年版，第26页。
④ 这种变化应与咸丰朝以后粮价数值质量下降有关，参见王玉茹、罗畅：《清代粮价数据质量研究——以长江流域为中心》，《清史研究》2013年第1期。

界定标准的调整。

余论

"洪范八政,食为政首",清代形成的粮价单是皇帝为更仔细地了解各省民食而创立的,粮价单与雨泽、收成奏报相协作,源源不断地为朝廷提供各地粮食信息,皇帝也因此来调整、颁布相关政策。而粮价单中关于粮价价贵、价中、价平界定的标准是衡量清代粮价贵贱的重要指标,虽然其在统计中仍存各种各样的问题,但其对判断一地粮价水平进而研究区域经济发展的重要性是毫无疑问的。清代云南一直都是"山多田少,产米无多;舟楫不通,挽运维艰"的情况,粮食问题紧紧与边疆安全联系在一起,如何保证边疆粮食供需的平衡一直是清廷首要解决的问题。而解决问题的前提是了解问题,因此粮价单在边疆治理中的重要性不言而喻。

本文的目的就是回答清代云南粮价"何为贵、何为贱"的问题。通过分析可得,乾隆三十年(1765)以前,大概以200及以上为价贵、130—200(含130)为价中、130以下为价平。后因清缅战争大量采买军粮,使得战后的粮价一直未恢复到战前,因此从乾隆四十年至嘉庆年间(1775—1820),粮价又以2两以上为价中、以下为价平,且再未出现价贵的记载。而道光朝及以后的价贵、价中、价平的界定,因这一时期粮价奏报制度逐渐流于形式化,粮价数据质量下降,似乎已经失去了衡量某地粮价贵贱的意义。

全国的历史当然不是区域历史的单纯整合,但区域的演进研究是必要的。就以清代云南粮价单中记载的价贵、价中、价平的信息来看,以高价为基准的信息采集方法在某种程度上抬高了某一地的粮价水平,从而影响了人们对粮价的判断,会轻易得出此地价格为贵的定论。粮食关乎国计民生,统治者希望看到的是粮价平减,而不是高涨,因此在粮价信息采集制度中关注的也更多的是粮价上涨的部分,虽然这能更快地让统治者做出反应,但无形中也脱离了实际。因此在清代的粮价研究中，根据粮价单中价贵、价中、价平的信息，重新制定全省性的价贵、价中、价平标准，再以已有的粮价数据，采用学界较常用的取平均值的方法，取高价和低价的平均值作为此地的粮价，两者相较，才能更接近地反映当时的粮价情况。如此一来，原来高价反映出的价贵，实际上可能仅是价中而已。用此思路再来反思一些问题，可能会看出一些不同来，如乾隆十三年（1748）的米贵问题到底存不存在？即使存在，程度又真的像乾隆君臣所认为的那样严重吗？[①]这些都是值得进一步思考的问题。

（彭建，历史学博士，玉溪师范学院马克思主义学院副教授，主要从事清代经济史、西南边疆史地研究）

[①]正如陈春声指出的："'乾隆三十年米贵问题'这一'经济现象'之所以引人注目，很大程度上是清代行政体制运作的结果。单纯从数量统计的角度考察，是年的米价变动实在很难说有多少异常之处。"（参见陈春声：《"经济"不是ECONOMY——乾隆十三年米贵问题》，《东方文化》1996年第4期）

乾隆朝云南巡抚图尔炳阿舞弊案考述

——兼论《大清律例》的惩贪作用①

孙 骁 王 丹

《大清律例》是清代法制史上最后一部也是最重要的一部以刑为主的国家法典。与《会典》《则例》等法典相比,《大清律例》更注重刑事处分,文本中有专门章节对官员犯罪进行刑责规定,并载有明确的惩戒标准。作为清代国家治理的法律手段,《大清律例》在清代监察、吏治以及皇权控制地方行政、司法中发挥着不可忽视的作用。

孔飞力曾经在《叫魂——1768年中国妖术大恐慌》一书中指出:"要做到对官僚的控制,其精髓在于对犯罪和行政失误做出区分。对于腐败或更为严重的罪行,要由刑部在案犯被弹劾并撤职后处以刑事惩罚。行政处分则由吏部掌管,用于处罚各种失误,特别是用于逾期未能完成定额指标(如侦破刑案或收税),隐瞒消息以及其他违反规章程序的行为。"②但我们仍需看到,尽管《大清律例》为官员的刑事犯罪行为制定了十分完整的刑法标准,但在实际情况中,由于皇权的至高无上,法律在官员惩戒方面所发挥的作用往往是无效的。本文

---

① 本文是中国历史研究院创新工程重大项目"中国历代国家治理经验研究"(项目编号:SKYZD201912)子课题"中国历代吏治得失与国家治理研究"的阶段性成果。
② [美]孔飞力:《叫魂——1768年中国妖术大恐慌》,陈兼、刘昶译,生活·读书·新知三联书店2012年版,第238页。

拟通过对乾隆十六年（1751）云南巡抚图尔炳阿舞弊案的考察，分析《大清律例》的实际惩贪作用。

一、图尔炳阿舞弊案始末

乾隆十五年（1750）正月初三，高宗因张廷玉致仕后大学士员缺，谕令云贵总督张允随入京，补授大学士。而云贵总督一职则由硕色调补。①硕色，满洲正黄旗人，乌雅氏。雍正初由候补小京官授户部主事，后不断升迁，历任西安按察使、西安布政使、陕西巡抚、四川巡抚、山东巡抚、河南巡抚、两广总督等职。②在调任云贵总督之前，硕色正在两广总督任上。事实上，硕色担任两广总督不足半年，离任后即受到继任者陈大受参劾，称其在任时有徇庇粮驿道明福婪赃之事。③高宗由此对硕色的作为十分不满，曾对其严厉训斥。④硕色为改变高宗对自己的看法，亟待有所作为。

是年九月，高宗收到了一份来自硕色的奏折。内容是硕色参奏休致驿盐道郭振仪亏缺盐斤银两一事。在看过奏折内容后，高宗在上谕中表示，郭振仪之事并不令他感到意外。滇省"地处边远，办理盐务，率多牵混。往往借通融之名，额外婪取"，硕色此次能够据实奏报，"似知振作"。⑤但高宗又接着指出，硕色本是"因循怠玩之人"，而郭振仪又是云南巡抚图尔炳阿的下属，如果依照"督参抚审"的惯例进行处理的话，难保图尔炳阿不会在其中徇私，因此此案

---

① 《清高宗实录》卷三百五十六，乾隆十五年正月丁未。
② 《国朝耆献类征初编》卷百七十一《疆臣二十三·硕色》，第469—480页。
③ 《国朝耆献类征初编》卷百七十一《疆臣二十三·硕色》，第477页。乾隆十五年（1750），高宗接到陈大受参劾硕色的奏折，随即以硕色"素性柔懦，诸事含糊"为由，将硕色交部严加议处，最终硕色降三级留任。从前后时间的对照关系来看，高宗于乾隆十五年六月庚子所谓"诸凡不及"，当指此事。
④ 《清高宗实录》载："汝在广东，已属诸凡不及。兹任若不黾勉改过，勿再希恩矣。"（卷三百六十七，乾隆十五年六月庚子）
⑤ 《清高宗实录》卷三百七十二，乾隆十五年九月癸卯。

将另派贵州巡抚爱必达查办。①

时隔一月余，硕色又向高宗呈送了另一份奏折，他在奏折中参劾云南巡抚图尔炳阿有徇私舞弊，为属县官员弥补亏空之行为。高宗在接到奏折后很快发出了一道上谕，他在上谕中写道：

> 据云贵总督硕色参奏：巡抚图尔炳阿，于永善县知县杨茂亏空一案，与布政使官尔劝、知府金文宗通同舞弊，代为弥补等语。杨茂亏空银米，至七千余两之多，而以钦差旷日迟久，需用甚多为辞。在舒赫德等，奉差阅兵，路经数省，所过不止一县，俱不闻另有供应，何独永善县用至七千余两？此理之所难信，亦事之所必无。即如从前奉天臧根嵩等，侵盗钱粮，盈千累万，俱云办差需费。及朕特差大臣前往查审，则实系侵欺，毫无冤抑，即本犯亦俯首无辞。可知侵贪之吏，借名推卸，乃其常技。杨茂之托言钦差需费，亦复如是。该上司既不能觉察于平时，及其败露，自应即行严参究追。乃知府则代请弥补，藩司即擅动官项。上下扶同，徇私舞弊，实出意外。非重惩不足以示儆。图尔炳阿身为巡抚，竟行批结，其欺隐徇庇，罪实难逭。图尔炳阿著革职，拿交刑部治罪。官尔劝、金文宗，俱著革职，交该督抚严审定拟具奏。②

这份上谕的内容十分奇特。无论高宗对此事的处置是出于何种目的，他此时似乎已经将"亏空"和"侵贪"完全地联系了起来。换言之，在高宗看来，只要地方上存在着亏空，那么官员的侵贪便是必然之事。这是否是高宗的一种误解？图尔炳阿等人是否是被冤枉的？这些问题我们尚不好妄作评论。但高宗此时仅凭硕色的一面之词，便将一省之巡抚及布政使革职查办，难免有武断之嫌。此外，高宗先前对于硕色再三训斥，而此时这一情况却忽然发生了巨大的改变。这不由得令人联想到，高宗似乎正在引导硕色对云南的官场进行一次清查与整顿。

---

① 《清高宗实录》卷三百七十二，乾隆十五年九月癸卯。
② 《清高宗实录》卷三百七十四，乾隆十五年十月甲申。

随着高宗谕令的下达,在接下来的数月中,针对图尔炳阿、宫尔劝通同舞弊亏空一案的审查迅速展开:图尔炳阿锁拿解京,交刑部审讯;宫尔劝革职后交由总督硕色进行严查。①两名二品高官的落马似乎坐实了该起滇省亏空案,而高宗也据此确信,此时的云南正如自己所预料的那样,存在着十分严重的官员腐败问题。

(一)刑部对案件的审办

乾隆十六年(1751)正月二十九日,图尔炳阿被押解至京,由刑部展开审查。作为滇省亏空案中所牵涉的职位最高官员,图尔炳阿的供词对于此案的定性与判决显得至关重要。为此,时任刑部尚书阿克敦同都察院、大理寺的官员一起,对图尔炳阿展开了审讯。刑部尚书阿克敦对图尔炳阿展开了详细的讯问:

阿克敦:图尔炳阿,你身任巡抚,又经署理总督,察吏是你专责,如何于通省吏治全不留心整顿,一任属员侵贪坏法?如署永善县知县郑景详揭,故令杨茂亏空银米七千六百余两,你并不题参,反而谕署县设法弥补。至宫尔劝、郭振仪系司道大员,现在侵蚀累累,你若非知情故纵,何至如此漫无觉察,据实供来。

图尔炳阿:……据署县郑景同昭通府知府金文宗禀称,杨茂因办理钦差看江阅兵,以致亏空粮米七千六百余两,请将闲款准销等因。犯官当以钦差需用何至如许浩繁,屡饬司道严查。去后嗣据布政使宫尔劝等屡次详称,该员办差那用闲款银两属实,恳请准销。犯官止量准了办差银三千两,其余亏缺银米四千余两仍不准开销,这是有案可查的……宫尔劝已于粮道任内,经升任总督张允随保举卓异进京,至十三年二月间,始到布政使任的,我与他共事两年,实不知他有侵蚀的事。但宫尔劝在滇年久,或历任另有侵蚀事,我不能访查指参,即是我罪了……郭振仪被总督硕色题参的,我于

---

① 《清高宗实录》卷三百七十四,乾隆十五年十月甲申。

折参郭振仪年老之时，不能将伊亏缺盐斤查出指参，这就是我昏愦糊涂，实无可辩处。

阿克敦：地方凡有盈余，俱系公项，如何有不报部的闲款？你身任巡抚，知府则禀请开销，司道则擅议抵补，可见上下扶同，徇私舞弊，你须将通省共有多少闲款银两，凡似此带人弥补的情弊，共私动过多少银两，逐一据实供来。

图尔炳阿：永善县亏空一案，原因升任总督张允随牌行该司，饬令动项垫用。后来犯官接署总督，据司道详请抵销，我批驳过两三回，终准销了三千两。除杨茂一案，哪里还敢有代人动用闲款弥补的事。至滇省闲款，其来已久，如各属运铜盐斤，或因价值贵贱盈绌不齐；又景东抱母等井，或遇天气晴和，卤水浓长亦有盈余；又如运铜，从前俱是陆运，后来有改为水运的，节省脚价，已经归公；其额定船户口粮，或遇水发风顺，口粮间有节省。但均非一定故积为闲款。凡盐斤盈余闲款，存在盐道衙门；铜斤盈余闲款，存在粮道衙门。虽未报部，各衙门俱有交盘册可查。共有多少闲款银两，犯官实在记不得了，只求行查滇省库贮闲款银两册籍，就知道了。①

在图尔炳阿的供词中，他吐露出了这样两件事情：第一，永善县亏空的7000多两银米，最早是宫尔劝呈请，并由张允随批准，用于办理钦差阅兵的费用。但他仅仅准销了3000两，这是"有案可查"的，其余4000余两亏空，则始终未批准核销；第二，滇省道司衙门，在铜、盐乃至运铜费用上皆有因经营得失而积累下的部分闲款，这些费用并未报备作为公项处置，也正是这些费用成了弥补亏空的款项来源。

在阿克敦看来，图尔炳阿的罪责在于，身为巡抚却没有行使监察

---

① 张伟仁主编：《明清档案》第170册，《署刑部尚书阿克敦奏覆革职滇抚图尔炳阿私动闲款销补属员亏空拟斩监候秋决》，联经出版事业公司，1986年版，第95249页。

职权，放纵属下挪用公款，并代为遮掩和弥补公款亏空。依照《大清律例》中"明知侵盗钱粮故纵"律的规定，阿克敦将图尔炳阿拟定为流刑。①在当年二月末，刑部这份判决意见呈送至高宗手中。高宗却对刑部审讯的结果十分不满，他认为刑部判图尔炳阿流刑是"避重就轻，甚属错谬"，谕令对刑部严行申饬，斥责刑部是趁着自己南巡之际而"疏略从事"。刑部在接到这份上谕后迅速改变了判决结果，比照"监守自盗钱粮"律判决图尔炳阿斩监候秋后处决。②

（二）云南布政使宫尔劝涉亏空案情节概述

在图尔炳阿被押解赴京的同时，硕色也展开了对云南布政使宫尔劝的审查。宫尔劝，山东高密人，仕滇30年，素有政声。早年补恩乐知县出仕，累迁云南布政使。高宗称其"大有出息"③。

在硕色最初的审问中，宫尔劝供述了杨茂亏空一案中相关款项的来源与去向。在硕色于乾隆十五年（1750）十月呈送高宗的奏折中记载道：

> 云贵总督硕色奏：上年钦差入滇阅兵，经布政使宫尔劝详请，令沿途各属动用库项，修理道路，建盖公馆。前督臣张允随等批允，以致寻甸等六州县挪动银两，纷纷详请归款。复经宫尔劝议令云南楚雄、浪穹、呈贡宁州等州县，各将养廉分年扣抵。遇有升迁事故，交接任之员捐抵，亦经前督臣等批准。④

从这份奏折可以明确看出，硕色经过对宫尔劝的审讯查出，各地所动用的公款确实是在钦差舒赫德来滇时修建公馆所用。由于挪用公款造成亏缺，宫尔劝在请示前云贵总督张允随后，令各地州县用养廉银弥补——这里是否有所谓"婪赃入己"的情况？至少从宫尔劝所供

---

① 张伟仁主编：《明清档案》第170册，《署刑部尚书阿克敦奏覆革职滇抚图尔炳阿私动闲款销补属员亏空拟斩监候秋决》，联经出版事业公司，1986年版，第95249页。
② 《清高宗实录》卷三百八十一，乾隆十六年二月癸未。
③ 《清代官员履历档案全编》第一册，第525页。
④ 《清高宗实录》卷三百七十五，乾隆十五年十月丁酉。

出的亏空款项来源和去向的情况来看是并不存在的,为钦差入滇而修理的道路和建造的公馆便可作为依据,而批准款项用度及弥补方式的前总督张允随此时已入京供职,高宗只需稍作询问便可知晓内情。可以看出,所谓的官员侵贪钱粮只不过是高宗对此事单方面的想象而已。但高宗对此事做出的上谕却将事件引向了另一个方向:

> 查钦差阅兵,尖宿原可用寺院民房,何必创建公馆?且钱粮宜禁挪移,岂得辄行动用?且复令将养廉流抵,势必辗转虚悬。况养廉原以励其操守,使不致匮乏,乃令自为弥补,势必巧取病民,或挪移亏空。今若将该州县题参,则系奉有明文,不足以服其心,所有前项挪动银两,应请著落擅令动用之各上司分赔清款。得旨允行。①

高宗认为,建造公馆所动用的乃是"公项",谕令由擅自下令动用各司养廉的上司对亏空进行赔款,直接的关系人便是张允随和宫尔劝。张允随此时在京供职,高宗令刑部对他及历任总督有无私动闲欸弥补属员亏空情弊进行严查——然而张允随却在乾隆十六年(1751)的三月间忽然病故,②后事如何,不得而知。而对于各款项的赔补,自然便成了宫尔劝的责任。

赔补亏缺对于宫尔劝而言不过是这场苦难的开始。在硕色随后的奏折中出现了对他更为不利的证词:据称,宫尔劝在接到被革职的消息后,立刻将财产暗行转移寄顿。高宗得知这一情况之后极为愤怒,谕令硕色对宫尔劝严加查办:

> 宫尔劝任滇年久,恣意贪婪。及一闻革职之信,辄将任所资财,暗行寄顿。狡诈已极,情甚可恶。观其如此居心行事,其巧为隐匿之处必多。著传谕该督硕色,令其严行查办,务得实情,即加以刑讯,亦不足惜。如稍有宽纵,必于

---

① 《清高宗实录》卷三百七十五,乾隆十五年十月丁酉。
② (清)张允随:《张允随奏稿》,乾隆十六年三月十四日,《云南史料丛刊》第八册,云南大学出版社1999年版,第772页。

该督是问。①

有清一代，这种情况并不常见——三品以上官员属于"八议"中"议贵"的范畴，即便有犯罪，亦不会轻易受刑。而高宗谕令对宫尔劝施以刑讯，可见此时高宗已经完全将宫尔劝视作"狡诈"之人，必定有侵贪行为，必须使用刑讯的手段他才会对自己的犯罪行为招供。

硕色在接到谕令后随即又对宫尔劝施行了审查，并毫无顾忌地施以刑讯，但是很明显宫尔劝并没有更多情节可以招供了。乾隆十六年（1751）闰五月，当硕色再一次将审讯情况向高宗进行汇报之时，案情却再一次发生反转，硕色因刑讯一事受到了高宗的斥责：

> 硕色等奏至办理宫尔劝一案，甚属舛缪。前此传谕，令其严行查办者，因督等奏宫尔劝先于出署之日，暗行寄顿。夫藩臬大员，而怀狡诈鬼蜮伎俩，则其侵欺属实矣。是以有即加刑讯，亦不足惜之谕，并非谓无论实与不实，即当夹讯也。宫尔劝，如果在厂多收铜斤，婪索肥己，则有厂内岁入，可以彻底清查，而其囊箧亦必甚丰；如不过沿袭陋规，及家人私收加秤，则所渔利甚微，与郭振仪案等耳。今据供只收归公养廉，路耗铜斤，俱已报解充公，而其任所原籍赀产，仅止此数，已大概可知。何用加之夹讯乎？且奏内称严加刑讯，又称刑讯再三，茹刑不承，徒办成刻酷之形。意谓奉旨刑讯，无论虚实，不敢不加之三木。究之外省办事，只应虚名。虽满纸张皇，焉知非以套夹塞责，转使无知之辈，谓将布政使用刑严讯，乃因查追家产，滋传闻窃议之端。硕色等如此办理，甚属不知轻重，著严行申饬。此案宫尔劝究属有无入己，著再秉公详晰分别，另行定拟具奏。②

硕色对宫尔劝"刑讯再三"，始终未能审出任何侵贪情节。高宗也称其"如此办理，甚属不知轻重"。随后硕色对此案的查办方向开始转为对地方铜厂亏空进行清算，并以在宫尔劝住所查抄的资产进行

---

① 《清高宗实录》卷三百八十一，乾隆十六年正月辛酉。
② 《清高宗实录》卷三百九十一，乾隆十六年闰五月戊子。

赔付——对宫尔劝的查办一直持续到乾隆二十年（1755），他才最终得以释放。①

事实上，从上述案情的发展已经可以大概看出此案的基本脉络：舒赫德巡查时，滇省官员动用沿途各县库银进行道路修补并修建公馆。以此造成的亏空，在宫尔劝的提议下，由各县官员的养廉银进行抵补，此事得到了总督张允随的批准。次年张允随升任大学士，而继任的云贵总督硕色迫于高宗的压力，对滇省财务进行了彻底的清查，在这一过程中永善县的亏空被查出（彼时永善县前知县杨茂因运铜时落水身故，②永善县知县员缺，这或许是此项亏空全部集中于永善一县的原因），硕色进一步发现图尔炳阿有徇庇之事，便向高宗参劾，由此引发了对此案的全面清查。

二、《大清律例》与清代惩贪

在滇省亏空案中，高宗从一开始便认为云南官场上势必存在着某种极为严重的贪腐行为，这种认识是由何而产生的我们不得而知。尽管案情已经逐渐清晰，但高宗还是不肯承认滇省官员侵贪库银入己的行为不存在。正相反，他愈发坚信滇省官员的贪腐行为仅仅是尚未被查出而已。根据这样的看法，高宗要求刑部对图尔炳阿严加审讯，同时谕令硕色刑讯布政使宫尔劝。最终，这两名官员受到了司法系统的严厉审查，由于高宗的干预，他们受到的惩处甚至远远超过了律法所规定的范围。

那么，高宗是以何种标准来定义官员的贪腐行为的呢？他对于官

---

① 《宫怡云方伯既元配李夫人合葬墓志铭》载："丙子年，余访雅雨卢使君，与邗江始识滇南方伯官君怡云。"丙子年系乾隆二十一年（1756），据《清实录》载，硕色于乾隆二十年四月奏报查抄宫尔劝家产而受到高宗叱责。可知宫尔劝获释时间为乾隆二十年至乾隆二十一年之间。（《清高宗实录》卷四百八十七，乾隆二十年四月癸酉）

② 《新纂云南通志》卷一百八十五《名宦传八·昭通府》第140页载："杨茂，成都人。乾隆十三年，权永善县。时，京铜促迫，自诣江干督运，失足落水卒。邑人感其矢勤任事，为祠祀之。"

员的贪腐行为究竟持何种态度？他为何一定要对图尔炳阿等人进行严厉的惩处？在他看来，官员贪腐对地方究竟造成了何种威胁？进一步来说，君权与司法体系之间是何种关系？要回答这几个问题，首先要对《大清律例》中有关官员贪腐犯罪的条款进行必要的了解。

不同时空的法律具有并不相同的内容，但法律存在的目的与价值在大部分情况下都是完全一致的。毫无疑问，一般意义上的法律，其存在的核心目的在于维护社会秩序。在传统中国，"礼"被视作是社会行为的规范，也正因如此，传统社会礼与法的关系十分特别——尽管法律作为国家意志的体现更具有强制性，但礼制却是法律被建立和执行的根本基础。所谓的"法"往往具有两个层面的内涵，即以律令为基础的司法条款以及被称作"礼"的社会道德体系。[1]

清帝国对于法典的编修始于17世纪中期，并持续进行了百余年，历经顺治、康熙、雍正、乾隆四朝。[2]完整的大清法典完成于乾隆五年（1740）——高宗在继位后对大清律进行了重修，定名为《大清律例》颁行全国。[3]修订完成的大清律例由高宗亲自撰写序文，在文中，高宗明确指出，法律的作用在于"弼成教化，以治其好生之德"[4]。强调法律的教育意义而非惩戒意义，这自然是为了彰显国家对于"仁"与"礼"的重视。法典的内容也进一步阐释了这种态度，许多法律条款本身的象征意义极为明显，其最主要的目的在于确认法典适用对象应承担的道德义务，而非法律责任。[5]

有关惩贪的条款正是此类法规的直观体现。官员的贪贿犯罪作为一种被统治者严令禁止的犯罪行为，律法对其进行了单独的分类，相应的分类之下还有详细的适用于不同情形的具体条款。下面笔者将对

---

[1] ［英］马若斐：《传统中国法的精神》，陈煜译，中国政法大学出版社2013年版，第3—13页。
[2] 《大清律例》卷一，《世祖章皇帝御制原序》《圣祖仁皇帝上谕》《世宗宪皇帝御制序文》《高宗纯皇帝御制大清律例序》，第1—7页。
[3] 《清高宗实录》卷一百三十一，乾隆五年十一月癸未。
[4] 《大清律例》卷一，《高宗纯皇帝御制大清律例序》，第7页。
[5] ［英］马若斐：《传统中国法的精神》，陈煜译，中国政法大学出版社2013年版，第38—41页。

《大清律例》中处理官员贪污行为的条款做一概括,借此来分析乾隆十五年(1750)发生的云南钱粮亏空一案究竟违反了哪些条款。

《大清律例》中与贪腐相关的条款分布十分驳杂,在七律中皆有涉及。但最基本的惩贪条款则主要集中在刑律(即在刑部管辖权限下的犯罪行为)的两个类别下,即贼盗、受赃。

(一)贼盗律的惩贪条款

在"贼盗"名目之下的惩贪基本条款是"监守自盗仓库钱粮"。条款原文为:

> 凡监临主守,自盗仓库钱粮等物。不分首从,并赃论罪。①

这一罪名实际上包括了贪污与职务侵占两种犯罪行为。《大清律例》中并没有"贪污"的罪名,但毫无疑问,监守自盗就是对这一犯罪行为的法律阐释。该条款将一切个人或群体侵贪官方钱物的行为纳入此罪,这就清楚地表明,凡是"监临主守"任意"仓库钱粮等物"者、发生"自盗"的行为者,都是该条款的惩戒对象。

这一罪名的特别之处在于对它的分类。侵贪犯罪为何会与偷盗、抢劫等犯罪行为同归于"贼盗"律之下?换言之,在法理意义上贪腐官员是否被视作窃贼?一位《大清律例》的辑注者沈之奇的看法或许可以被作为参考:

> 杀人曰贼,窃物曰盗。②

又云:

> 凡盗有得财、不得财之分。今以监守之人即盗窃守之物,自无不得财者,况案情发露,非由盘查,即由首告,若未得财何以为盗?故不言得财不得财也。③

---

① (清)沈之奇:《大清律集解附例》卷之二十三,法律出版社2000年版,第563页。
② (清)沈之奇:《大清律集解附例》卷之十八,法律出版社2000年版,第543页。
③ (清)沈之奇:《大清律集解附例》卷之十八,法律出版社2000年版,第564页。

在沈之奇的阐述中，侵贪首先被看作是一种盗窃行为。因为这一条款强调了"盗"的因素：被盗的对象是官方的仓库钱粮，而实施盗窃的主体则是仓库钱粮的看守者，同时，由于这样的行为必然会"得财"，因此条款中并未直接阐明需要通过"得财与否"来定罪。

尽管这一条款对贪污犯罪行为做出了定义，但这并不代表贪污与盗窃之间可以完全等同。监守自盗这种行为实施的主体是官方财物的"监守之人"，条款强调其具有职务上的便利。因此，在法律层面与社会层面（尤其是统治者的眼中），监守自盗是"贪污"罪的一种直观体现，从根本上有别于一般的偷盗。由于其犯罪行为是对国家财产的侵贪，所以这一犯罪行为性质较其他的盗窃行为要恶劣得多，相应的惩处标准相比之下也更为严厉。[1]沈之奇指出：

> 监守律最重，比常人律加一等，比窃盗律加二等。[2]

应该说，惩处标准的差别显示了国家对不同的犯罪行为进行相应的有区别的惩治态度，一般情况下，性质越恶劣的犯罪行为，罪犯受到的刑罚也就越严厉。结合《六赃图》的规定可以看出，"监守盗"之罪的起刑为"一两以下杖八十"，为"六赃"起刑最高；而侵盗至40两便可定斩刑，亦为"六赃"中实施死刑门槛金额最低。[3]而之所以会采取如此严厉的惩处手段，则表达出了这样一种司法态度：法律绝不容忍有人利用职务之便侵贪国家财物，此类贪污行为受到的惩处是一切赃罪中最严厉的。

但是这一条款实际上却有另一层用意。如果对比18世纪的官员收入，这样的条文能够起到的警示作用似乎应该是极为明显的。按照常理，当时通过养廉银等款项使得收入达到数千乃至上万两的官员，应

---

[1] 需要说明的是，《大清律例》中对"强盗"一罪的惩处实际上更为严厉。但是，尽管"强盗"被视作"盗"，实际上却是暴力抢劫行为，并不仅仅是"寻常盗"罪中的"窃物"，亦不在清律的"六赃"之列，故应区别看待刑律对两罪的惩处。

[2]（清）沈之奇：《大清律集解附例》卷之十八，法律出版社2000年版，第567页。

[3]《大清律例通考》卷二，马建石、杨育棠编《大清律例通考校注》，中国政法大学出版社1992年版，第51—52页。

该是不会为了区区40两白银而铤而走险触犯这一刑条的。但事实上，触犯这一条款的官员却大有人在。图尔炳阿的遭遇似乎是最直观的例子：当刑部援引"明知侵盗钱粮故纵"律拟定图尔炳阿为流刑之时，高宗却下令斥责刑部定罪不当，避重就轻。于是，刑部便改变了态度，比照"监守自盗"律拟定图尔炳阿斩监候。当援引了条款中"并赃论罪"（赃案中所有涉案人的涉案金额都以赃款总额计算）的律文后，这样的判罚也似乎是合理的。与涉案金额相比，对犯罪性质的界定实际上要比前者更为重要。真正的贪污者侵贪数额往往远超过条款规定的数额，只需依律进行惩处即可；而对于某些统治者想要诛杀并未达到死罪门槛的犯罪者，只需将其所犯的罪行纳入这一条款的惩戒范围之下就可以达到目的。可见，这一条款存在的目的实际上是为了便利统治者对于官员进行控制与惩处。于是，我们便从这一条款的内容和实施中看出了两层完全不同的含义：《大清律例》对于贪污的官员根据贪污金额和性质等实际情形制定了一系列严厉的判决标准；同时，一些与惩贪相关的律法条款在其实际运用的过程中又为统治者提供了一种惩治官员的有效工具。

（二）受赃律的惩贪条款

"受赃"名目下的惩贪基本条款有二：其一是"官吏受财"，其二是"坐赃致罪"。与"监守自盗"相比，"官吏受财"更直接地指向了官员在经济层面的犯罪。"受财"的来源并非国家财产，而是官员利用自身的职权来换取行求者的钱财，可理解为职务受贿或权钱交易。"坐赃致罪"则指官吏并非贪污或受贿，但对公共财产造成了损失，大体指向现代法理意义上的玩忽职守罪。[1]下面我们逐条来进行分析。

首先是"官吏受财"。这一条款的原文分为两部分，第一部分是

---

[1] "坐赃致罪"在清律中相关的条款较多，而具体针对的犯罪行为也各有不同，在法理层面的定罪并不能统一，但总体应理解为"非贪赃入己而造成公共损失"。（详见郑秦《清律惩贪条款辨析》，《政法论坛》1992年第2期，第8页）

针对"受赃"官吏的：

> 凡官吏[因枉法不枉法事]受财者，计赃科断，无禄人各减一等。官迫夺除名，吏罢役，[赃止一两]俱不叙用。①

第二部分则指向了组织贿赂者：

> 说事过钱者，有禄人，减受钱人一等；无禄人，减二等。[如求索、科敛。吓诈等赃，及事后受财过付者，不用此律。]罪止杖一百徒二年[照迁徙比流减半科罪]。有赃者[过钱而又受钱]，计赃从重论[若赃重从本律]。②

可以看出，这一条款直接针对受贿官员。此外，当组织受贿者也有受贿情节时，同样适用本条款。

同"贼盗"律的"监守自盗"条款将所针对的目标放在"监临主守"者这一情况对比，"受赃"律的"官吏受财"针对的对象就是官吏本身，并依照犯罪者的收入情况以及是否枉法作为标准，对惩罚标准做出了细致的区别：有禄者受财最高会受到绞刑，而无禄者受到的最高刑罚则为流刑。③如果仅仅从处罚的力度来看，《大清律例》对于受贿者的惩处不可谓不严，但是实际的情况却并非如此：首先，事实上很难直接从法律上区别官员受贿与私人之间的馈赠；其次，官方对此的态度始终晦暗不明，一方面国家要求官员禁止收受贿赂，另一方面却又对一些官员受贿行为保持着默许态度，例如下级官员向上级官员赠送"土仪"，外官向京官赠送"炭敬""冰敬"，这都是公开的钱财馈赠，从本质上看与贿赂行为并没有区别。

尽管统治者对于各类"陋规"的默许态度实质上使得"受赃"律的实际作用大打折扣，但是这并不是说这一刑条对官员的受贿犯

---

① （清）沈之奇：《大清律集解附例》卷之二十三，法律出版社2000年版，第849页。
② （清）沈之奇：《大清律集解附例》卷之二十三，法律出版社2000年版，第850页。
③ （清）沈之奇：《大清律集解附例》卷之二十三，法律出版社2000年版，第851页。

罪毫无作用,其真实作用在于控制官员对下属及平民的勒索,并警示官员不可滥用权力获利。因此,这一条款的实际适用情况往往是处理那些向下属索贿的官员。

我们在这一条款中看到了一些奇怪的地方,那就是:与其说"官吏受财"的条款是在对官员的受贿问题进行管制,倒不如说它实际上是在对一些官员和百姓进行保护。在官方的暧昧立场下,真实的受贿行为往往会被默许,而索贿者则不被容忍,这似乎强调了在行政活动中,予财者的自愿与否才是关键所在。当然,这也仅仅是一种表面现象——"官员受财"律存在的实质意义也同样是为了让统治者加强对官员的控制,防止官员之间逐级勒索。条款本身不是为了彻底制止官员之间相互馈赠,因此对官员的限制作用实际上是极其有限的。这是一种奇怪的冲突状态,却又是真实存在的现实。

让我们依旧回到前述的滇省亏空案中:滇省官员为钦差修建公馆,这无疑是一种变相的贿赂行为,也是导致地方钱粮亏空的根本原因。但事实上本案中所有的涉案人都是依据其他条款被定罪的。作为钦差的舒赫德并没有"受财"(事实上来看,舒赫德也确实未得到任何财物,仅仅是在新修建的公馆中暂住),滇省官员的行为也未被看作是行贿。然而,尽管没有任何有关官员"自盗仓库钱粮"的证据,但亏空案却被认定为"监守自盗"的侵贪,这是一种何其怪异的情况?可以看出,"官吏受财"这一条款无论是它的存在目的还是实际施行上都是与原本目的不符的。

下面再来看一看"坐赃致罪"的情况,条款原文记载:

凡官吏人等,非因[枉法、不枉法之]事,而受[人之]财,坐赃致罪;各主者,通算折半科罪;与者减五等。[谓如被人盗财或殴伤,若赔偿及医药之外因而受财之类。各主者,并通算折半科罪。为两相和同取与,故出钱人减受钱人罪五等。又如擅科敛财物,或多收少征,如收钱粮税粮斛面,及捡踏灾伤田粮,与私造斛斗秤尺各律所载虽不入己,或造作虚费人工物料之类,凡罪由此赃者,皆名为坐赃致罪。官吏坐赃，若不入己者，拟还职役，出钱人有规避事重者，从重论]。①

"坐赃致罪"处置的主体也是官吏，具体的罪行包括被人盗财或者殴伤等情况下多受赔偿者、在征收公共财物时擅自加收但未入己者、因疏忽导致田粮征收有误者、私造量具征收钱粮导致"不平"者、未申报而擅自营造者、虚耗人工及钱粮者等等。在相关的律文和条例中，对相应的罪行和惩罚有更为详细的界定。但凡因官吏渎职造成的钱粮损失和盈余都归由此条款治罪，这也令滇省各道司衙门私存"闲欺"并擅自用于接待钦差找到了合适的罪名。但是，正如我们看到的那样，在实际的司法审判中，有关"坐赃致罪"的条款却并未被刑部和高宗提及。虽说"坐赃"才是真实存在的犯罪，但在高宗决意对官员进行严惩的情况下，"监守自盗"才是官员最终被认定的罪名，"坐赃致罪"这一最高量刑为徒刑的条款已经不是刑部与高宗在审判时会考虑的律文了。

（三）《大清律例》的惩贪作用以及清代君权与法律的关系

如果现在回头来分析高宗对滇省亏空案的处理，似乎一切便显得更为直观了：尽管高宗在官员涉贪的问题上往往会显露出严惩不贷的态度，但是他将某些官员定为侵贪者进行惩处，却并不一定意味着他们真的存在贪腐问题。君主在关注官员贪腐案件时，有时并不仅仅是出于对贪腐行为本身的关注，很多时候也牵涉到自身的政治安全考量。既然《大清律例》中一切惩贪的条款都是针对官吏的，而皇帝又拥有实际的终审权，那么我们便不必对高宗为什么会用"惩贪"作为借口对官员进行惩治感到惊奇了。在高宗对滇省的官吏集团产生疑虑时，他极可能会考虑到运用《大清律例》来对他们进行必要的惩戒，

---

① （清）沈之奇：《大清律集解附例》，法律出版社2000年版，第859页。

以法律的手段来实现自己的政治目标。①

高宗将一系列自己对结党官员的愤怒通过惩贪的方式爆发了出来，并借张廷玉致仕的机会对滇省官员进行了大范围的人事调整。随着张允随进京入职，无论继任滇省督抚的硕色、爱必达还是布政使彭家屏，与任滇年久的宫尔劝等人都已经是完全不同的官员群体，这对于高宗加强对官员的控制无疑是极为有利的。在鄂尔泰与张廷玉的势力完全瓦解之后，高宗所称的"满洲则思依附鄂尔泰，汉人则思依附张廷玉"这一情况也终于到了得以彻底解决的时候了。这似乎才是高宗为了7000余两"入几赃"便严饬刑部"避重就轻"，又责令总督"严加刑讯"二品官员的真实原因。他极力将全部的焦点集中到贪腐问题上，这是由于要瓦解自雍正年间便形成的云南官员集团，没有什么比惩贪更合适的理由了。且不说这一群体究竟会对高宗的统治造成何种影响，只要他们存在结党的潜在可能，就必然会使高宗感到自身的统治安全受到了某种威胁，这足以令高宗下定决心去做出这样的决定。高宗调任在广东"诸凡不及"的硕色替任"久任苗疆"的张允随，可见他在朋党问题上顾忌之深；对硕色频繁的斥责则更是进一步显示出了他在此事上的急切。

那么，高宗为什么不能用行政处罚的方式来对这一官员群体进行调整呢？这有两方面的原因，一是由于这样做会有"欲加之罪"的嫌疑，继而引发群体性的恐慌，甚至出现地方动荡；二是由于行政处分

---

① 孔飞力在《叫魂——1768年中国妖术大恐慌》一书中曾提出这样一种观点：当1751—1752年间的妖术危机发生时，高宗因金川战役的失利处决了清军的两名最高将领（即张广泗与讷亲，事实上受牵连者还应包括庆复）。当清军遭遇军事困境时，高宗会将震怒和沮丧发泄到国内事务中。（参见［美］孔飞力：《叫魂——1768年中国妖术大恐慌》，陈兼、刘昶译，生活·读书·新知三联书店2012年版，第279—280页）类似的观点还见于戴逸的《乾隆帝及其时代》一书，他在书中也指出了高宗的这一特点，并进一步强调：皇帝与臣僚的关系紧张，是皇权与官僚机器矛盾加剧的表现，但带有个人情绪的色彩。（详见戴逸：《乾隆帝及其时代》，中国人民大学出版社1992年版，第172页）借由这一观点也可以看出，高宗对于滇省官员严厉的惩处行为恰好发生于军事行为失利的当口，这似乎也可以表明高宗对滇省亏空钱粮一案的查处并不是偶然的，对地方大员的惩处有可能是高宗转移舆论的一种方法，同时也是他宣泄政治压力的一个出口。

或者常规性的人事调动并不能够解决朋党问题，更不足以对官员群体起到震慑性的作用，从而在根本上瓦解这一特定官员群体。于是，运用司法途径对官员进行惩处就成了高宗的必然之选。

但是，尽管高宗严查滇省亏空案，但又不是针对某一个官员个人的，这一点从他后来对图尔炳阿等人的赦免行为便可以看出来：图尔炳阿虽被判斩监候，却并未被勾决。①乾隆十七年（1752）十月，高宗在一次勾决罪犯时看到了图尔炳阿的名字，谕令将他释放：

> 谕：图尔炳阿，前在云南巡抚之任，不能实心察属，代为弥补，部议照监守自盗治罪。但尚与婪索肥橐者有间，著加恩从宽释放。②

高宗给出的宽恕图尔炳阿的理由是因其赃未入己，与贪污者尚有区别——这实质上已经完全推翻了他最初在申饬刑部时所持的意见。随后，图尔炳阿被重新起用，历任河南、山东、贵州、湖南等地高官，但未再担任云南地区官职，最终卒于湖南巡抚任上。③

另一位涉案官员宫尔劝，尽管在此案中饱受刑罚，但同样在结案后被释放。在案件办理过程中，高宗还曾斥责硕色在办理宫尔劝一案时"甚属舛缪"④，后又指出硕色处理宫尔劝财产时"若查无可恶情罪，自应给还本人"⑤。至乾隆二十二年（1757）七月，高宗在南巡途中接见迎驾官员时，看到了彼时已在江南侨居的宫尔劝，遂下令"著照伊原衔降四级赏给顶带"⑥。

---

① 《清高宗实录》卷四百二十五，乾隆十七年十月乙巳。
② 《乾隆朝上谕档》第2册，乾隆十七年十月十八日，第629页。
③ 《清史稿》卷三百三十七，第11049页。
④ 《清高宗实录》卷三百九十一，乾隆十六年闰五月戊子。
⑤ 《清高宗实录》卷四百八十七，乾隆二十年四月癸酉。
⑥ 《清高宗实录》卷五百四十二，乾隆二十二年七月甲辰。

三、结论

我们在回顾乾隆十六年（1751）这起滇省亏空案时，绝不能将之简单地分析为反腐惩贪的表现。高宗通过对图尔炳阿等人的惩办转移了公众的视线，最终借惩贪之名完成了自己的既定目标——在打击朋党势力的同时，借机强化了对地方的控制，并向民众展现了自己惩贪的决心。但是，高宗的做法会对官员群体造成什么样的具体影响，在当时是完全不可预见的——如果"监守自盗"都是可以在"无赃"的状态下被指加的罪名，那么并没有贪污的官员会如何审视自己未来的处境？在日常的行政活动中，官员又应该如何保护自己呢？一旦来自君主的威胁远远大于法律本身，势必会使整个官僚集团惶惶不可终日。如果想避免这一情况的发生，最好的方式似乎是完全地对皇帝表示忠诚。但是，忠诚并不是可以用语言和行为展现的东西，在更多的情况下，官员努力表达忠诚的行为有时反而会适得其反。从高宗严厉惩贪的态度中可以看出，经过10余年的时间，高宗已经逐渐转变成为一名严酷、冷静的中年君主。

凭借对《大清律例》中惩贪条款的简略分析我们可以看出，在面对官员涉赃案件时法律的象征意义——在实际的情况中，案件的审判并不需要对法律条例进行绝对的遵从。那么，君权在司法审判中的作用与意义是否远远大于《大清律例》中复杂的律文呢？在做出这样的评价以前，我们再通过几个案例来看看在惩贪问题上君权和司法的关系究竟是什么样的——这些案件都发生在18世纪的云南。

首先是发生于康熙四十四年（1705）的云南布政使张霖贩卖私盐案。经直隶总督李光地参劾：原任云南布政使张霖假称自己奉圣旨，贩卖私盐，从中得利银1617800余两；此外，张霖还纵容其子张壦、张坦骄淫不法，肆行无忌。刑部在分析此案后，拟判张霖斩立决，家产入官；张壦、张坦则受杖责，并着赔付欠款。此案涉赃金额巨大，刑部故而判其斩立决，但圣祖在接到刑部汇报后，谕令将张霖改判斩监候秋后处决。①

另有两起官员侵贪案发于乾隆十四年（1749）。第一起为刘樵侵贪案。时任云南巡抚图尔炳阿向高宗参奏，永昌知府刘樵有亏空抽收税银之事，贪赃达1万余两。高宗谕令云南督抚严加刑讯。②同年，又有官犯戴朝冠直接拿取库银入己一案。戴朝冠盗取官银付原籍置办私产，后被查拿。这两起案件的查办过程不见明载，仅知此二人随后在当年九月被高宗勾到，并行处决。③

还有一起案件发生在乾隆十九年（1754），为开化镇总兵张凌霄侵蚀粮饷案。该案由时任云南巡抚爱必达参奏高宗，称云南开化镇总兵张凌霄侵蚀俸饷银980两。刑部照例拟徒5年，最终高宗对刑部的判决给予了支持。④

类似的案件在18世纪的全国范围内都绝不少见，出于篇幅的考虑，不再一一细述。从上述的数起案件中我们看到，君主介入司法判决，对司法判决结果会造成3种可能：加重判决、减轻判决、维持原判准予执行刑罚。这并不是因为司法部门存在断罪不当，正相反，经过三司会审的案件势必经过了反复的分析与勘覆，并严格依照《大清律例》的标准对罪行进行了定拟。这实际上说明无论案件的审判者是地方督抚还是刑部，案件的终审权仍然掌握在君主的手中。尽管皇帝也会认真参考近臣的意见，但是最终仍然会对全部案件做出最终判断。这恰恰是君主统治思想的一种直接反应。因此，从结果来看，官员行为是否构成犯罪本身就不是根据《大清律例》做出认定的，而是由君主来决定的。由高宗对各案件所裁定的判决

---

① 《清圣祖实录》卷二百二十二，康熙四十四年八月癸卯。
② 《清高宗实录》卷三百四十，乾隆十四年五月戊申。
③ 《清高宗实录》卷三百四十九，乾隆十四年九月壬申。
④ 《清高宗实录》卷四百七十，乾隆十九年八月丙辰。张凌霄一案或另有隐情：因其力主剿匪，与时任云南提督冶大雄不合。据硕色等奏："云南开化镇总兵张凌霄，自到任以来，不知夷疆以镇静绥缉为主，越俎民事，纵容所属弁员，滥差滋扰。于一切营伍事宜，纷纭变更，议论举动，俱甚荒唐乖戾。"嗣后不久张凌霄即获罪下狱。（《太谷县志》卷五《忠烈·张凌霄》，成文出版社2018年版）

与法律所规定罪责或许并不相同,但却是完全合法的。这是君权凌驾于司法之上的具体表现,又或者说,君权的干预本身便是清代司法的重要组成部分。

（孙骁,云南大学历史与档案学院博士后、副教授;王丹,云南民族大学民族学与历史学学院讲师）

"南抚夷越"与"北定中原":
蜀汉南中经略再探[①]

苑 鑫 谭淑敏

蜀汉的南中经略在其政权的存续过程中占据着重要地位。目前学界在论及蜀汉对南中的经略时,多以诸葛亮为切入点,内容涉及诸葛亮经营南中的民族、军事、经济等政策,却未全面、系统梳理蜀汉的南中经略及其政治考量。[②]本文不揣浅陋,以庲降都督和郡县制的双轨制为视角,试图系统考察蜀汉的南中经略及政治考量,并探究南中经略与蜀汉坚持至亡国之际的北伐的内在联系。

南中大抵相当于今天四川南部、云南和贵州地区,该区域生活着众多风俗习性不同的族群,即两汉时期"西南夷"的一部分,"南中在昔,盖夷越之地,滇、濮、句町、夜郎、叶榆、桐师、巂唐、侯

[①] 本文是中国历史研究院创新工程重大项目"中国历代国家治理经验研究"(项目编号:SKYZD201912)子课题"中国历代吏治得失与国家治理研究"的阶段性成果。

[②] 马曜的《论诸葛亮安定南中》一文对南征后诸葛亮经略南中的具体举措进行了探讨,梅铮铮的《诸葛亮南征问题讨论》一文就南中叛乱的原因及诸葛亮南征的时机选择等问题做了论述,卫永锋的《诸葛亮在南中的统治措施与隋唐羁縻州府》一文将南征后诸葛亮采取的"即其渠率而用之"的策略与隋唐时期的羁縻州府制度进行了比较分析。综合探讨整个蜀汉时期南中经略政策的文章则不多见,汪福宝的《蜀汉统治南中历史作用的再认识》一文立足于蜀汉对南中的经略,着重考察了其经略政策对南中的影响,得出了令人耳目一新的结论;彭丰文的《论蜀汉南中政策与南中民族关系》一文深入考察了蜀汉统治时期,特别是中后期的南中政策与南中民族关系,重新解读了蜀汉统治南中的政策。

王国以数十，或椎髻耕田，有邑聚，或编发、随畜迁徙，莫能相雄长"①。早在刘璋为益州牧时，碍于内外交困，已无力顾及南中，而其时"南中大姓势力抬头，并开始执掌南中地方政权"②。建安十九年（214）刘备定蜀时，南中形势已急剧变化，大姓、豪族纷纷据地自雄，不奉法度，但刘备仍然着手经略南中，设置庲降都督对南中大姓、夷帅进行招抚，并试图恢复南中郡县统治体系。但囿于精力和实力，蜀汉前期仅在南中维持着薄弱的统治，南中的大姓、夷帅也只是保持着名义上的归附，"平常无所贡为"。南征后，诸葛亮率军平息四郡叛乱，一扫蜀汉前期经略南中的颓势，借助庲降都督和郡县制度，蜀汉对南中的控制空前加强，以致"军资所出，国以富饶"。从建安十九年（214）至后主炎兴元年（263），蜀汉经营南中50年，尤其是建兴三年（225）后的近40年间，南中财赋、人员源源不断地输向成都，不仅有力地支持了蜀汉北征曹魏的军事行动，也为蜀汉政权的存续提供了重要保障。

一、蜀汉经略南中的原因

一般认为，对西南夷的经略始自楚威王（？—前329年在位）时，史载："将军庄蹻将兵循江上，略巴、黔中以西……蹻至滇池，方三百里，旁平地，肥饶数千里，以兵威定属楚。"③秦遣将军常频修通从蜀南下经僰道（今四川宜宾）、朱提（今云南昭通）到滇池（今云南昆明）的五尺道，初置官吏管辖。西汉武帝时设郡县，置流官，经王莽新朝至东汉末年。经略南中是刘备的既定策略，早在建安十二年（207）诸葛亮就曾建言刘备立足荆、益二州，"西和诸戎，

---

① （晋）常璩：《华阳国志》卷四《南中志》，任乃强校注，上海古籍出版社1987年版，第229页。
② 方国瑜主编、林超民编写：《云南郡县两千年》，云南广播电视大学，1985年，第25页。
③ （汉）司马迁：《史记》卷一百一十六《西南夷列传》，中华书局1959年版，第2993页。

南抚夷越，外结好孙权，内修政理"①，以图霸业。

蜀汉经营南中有深层次的理论因素，即是对两汉王朝经略西南夷的承袭。建安元年（196），曹操迎汉献帝至许都（今河南许昌），权倾朝野，号令天下，为此后曹魏与蜀汉争夺正统权赢得先机。刘备自称西汉中山靖王刘胜后裔，举着"扫除寇难，靖匡王室"大旗加入到东汉末的诸侯征伐之中，并逐步开始自身正统性的建构。建安二十四年（219）秋，刘备据汉中后，蜀汉群臣遂上表汉献帝，请加封刘备为汉中王，"董齐六军，纠合同盟，扫灭凶逆"，并请以汉中、巴、蜀、广汉、犍为为属国，"所署置依汉初诸侯王故典"；黄初元年（220），曹丕称帝，传闻汉献帝遭遇不测，刘备"乃发丧制服，追谥曰'孝愍皇帝'"；章武元年（221）四月，刘备称帝，制曰："备畏天明命，又惧汉祚将湮于地，谨择元日……受皇帝玺绶……惟神飨祚于汉家，永绥四海。"②至此，偏居西南的蜀汉政权便将自身正统性昭示天下，但蜀汉与曹魏的正统之争远未结束。建兴元年（223），蜀汉新君初立，曹魏"司徒华歆、司空王朗、尚书令陈群……各有书与亮，陈天命人事，欲使举国称藩"③，诸葛亮作《正议》予以痛斥；面对曹魏的咄咄逼人，蜀汉亦不甘居下风，建兴五年（227），诸葛亮兴师北伐前，后主诏告天下："天命既集，人事又至，师贞势并，必无敌矣……有能弃邪从正，箪食壶浆以迎王师者……封宠……及魏之宗族、支叶、中外，有能规利害、审逆顺之数，来诣降者，皆原除之。"④蜀汉同曹魏的正统之争，动摇了"王者必居天下之中"的正统观念，而其中起了很大作用的正是蜀汉的创业和守成者们对"刘氏正统"的彻底坚持和宣扬，其极致表现就是蜀

---

① （晋）陈寿：《三国志》卷三十五《诸葛亮传》，中华书局1982年版，第913页。
② （晋）陈寿：《三国志》卷三十二《先主传》，中华书局1982年版，第885、887、889页。
③ （三国）诸葛亮：《诸葛武侯文集》卷一《正议》，清正谊堂全书本。
④ （晋）陈寿：《三国志》卷三十三《后主传》，中华书局1982年版，第895—896页。

汉坚持到亡国前夕的北伐。①南中是为两汉故地,沿袭两汉传统经略南中也是蜀汉争夺正统的有机组成部分,因此经营南中如同北伐曹魏一样,自然成为蜀汉治国理政的一部分。

于蜀汉而言,南中亦具有重要的战略地位。刘备占领益州后,三足鼎立之势初具雏形,蜀汉虽"跨有荆益",但较之曹魏、孙吴而言,其经济、军事实力均处下风。在经历了诸如攻取巴西、汉中、伐吴等争战和丢失荆州三郡后,益州已极度疲惫,因而经略地缘相近的南中以获取其地富饶的物产和骁勇的民丁也就成为刘备定蜀后的当务之急。章武末年,南中出现大规模叛乱,为了避免腹背受敌,诸葛亮并未出兵镇压,而是一面遣邓芝赴孙吴求和亲,一面"务农殖谷,闭关息民"②,积蓄力量,一面又派使臣赴南中叛乱诸郡游说,试图维持南中现状。南征凯旋后,诸葛亮"移南中劲卒、青羌万余家于蜀","收其后杰建宁爨习,朱提孟琰及获为官属,习官至领军,琰,辅汉将军,获,御史中丞。出其金、银、丹、漆、耕牛、战马,给军国之用"③,南中的战略作用凸显。同时,诸葛亮又采取析置郡县、"即其渠率而用之"等策略,以保持南中"纲纪粗定,夷汉粗安"的安定局面。南征班师后,诸葛亮上疏后主道:"今南方已定,兵甲已足,当奖率三军,北定中原,庶竭驽钝,攘除奸凶,兴复汉室,还于旧都。"④他提出了"兴复汉室,还于旧都"的北伐目标,同时也对南中经略做了定位,即使之成为蜀汉稳定的战略后方,服务于北伐战争。诸葛亮的这一思想也为后来执掌蜀汉军政的蒋琬、费祎、姜维等大臣继承,先后扑灭了南征后南中的数次变乱,基本保持了战略后方的稳定,南中的人丁、财赋及战马、耕牛等军用物资源

---

① 王瑰:《"中原正统"与"刘氏正统"——蜀汉为正统进行的北伐和北伐对正统观的影响》,《史学月刊》2013第10期。
② (晋)陈寿:《三国志》卷三十三《后主传》,中华书局1982年版,第894页。
③ (晋)常璩:《华阳国志》卷四《南中志》,任乃强校注,上海古籍出版社1987年版,第241页。
④ (晋)陈寿:《三国志》卷三十五《诸葛亮传》,中华书局1982年版,第920页。

不断地输往成都。

二、庲降都督与南中局势

蜀汉于边徼诸郡均设有军政机构——都督,如汉中、江州、永安、关中、庲降等都督,主要负责统兵镇守,执掌一方军政要务。不同于前四者以地理位置命名的方式,庲降都督以职责获名,"庲降"即招徕、降服之意。庲降都督作为蜀汉在南中设置的重要军政机构,在职能上与西汉时期边疆军政机构兼管军政、民政不同,其专司军政,都督(指庲降都督长官,下同)不兼郡守者,不理民政,军职在各郡守之上。除镇抚南中外,庲降都督主要还负责调用南中民丁、财赋及其他军用物资,以资北伐。从东汉建安十九年至西晋泰始六年(214—270)[1],庲降都督镇抚南中55年,而依托庲降都督,蜀汉政权对南中实施了长达50年的统治。

(一)历任都督

由于庲降都督肩负"总摄南中"之责,故"都督常用重人"。[2]蜀汉经略南中的50年中,先后有7人担任过都督一职。

首任都督邓方,字孔山,南郡(今湖北荆州)人,"以荆州从事随先主入蜀。蜀既定,为犍为国属国都尉……选为安远将军、庲降都督"[3]。邓方到任后,"轻财果毅,夷汉敬其威信"[4],为后踵者"总摄南中"打下了坚实基础,但碍于刘备据蜀初期实力不济和南中实际,邓方抚定的地区也仅限于朱提郡及与之相邻的牂牁郡西部部分

---

[1] 据《华阳国志》卷四《南中志》载,西晋武帝泰始六年(270),分南中云南、兴古、永昌、建宁四郡为宁州。
[2] (晋)常璩:《华阳国志》卷四《南中志》,任乃强校注,上海古籍出版社1987年版,第241页。
[3] (晋)陈寿:《三国志》卷四十五《杨戏传》,中华书局1982年版,第1081页。
[4] (晋)常璩:《华阳国志》卷四《南中志》,任乃强校注,上海古籍出版社1987年版,第240页。

地区。章武元年（221），邓方卒于任上①，蜀汉便以李恢继任。

李恢，字德昂，益州郡俞元（今云南澄江）人，深受刘备信任，刘备曾遣李恢赴汉中招谕马超；定蜀后，被封为功曹书佐主簿，迁别驾从事，后遂以"恢为庲降都督，使持节领交州刺史"。建兴三年（225），李恢随诸葛亮南征，叛乱平息后，诸葛亮以"恢军功居多，封汉兴亭侯，加安汉将军"②。建兴七年（229），随着蜀吴关系的回暖，"交州之争"平息，李恢被解除交州刺史职，改兼领建宁太守，③至建兴九年（231）卒于任上。

李恢后踵者张翼，字伯恭，犍为武阳（今四川彭山）人。张翼曾任梓潼、广汉、蜀郡等郡太守，为政经验丰富。但南中不同于上述地区，张翼终因"持法严，不得殊俗之欢心"而致耆率刘胄起兵反叛而被召还成都，"群下咸以为宜便驰骑即罪"。④

继任者马忠，字德信，巴西阆中（今四川阆中）人。建兴元年（223）诸葛亮为武乡侯时，任马忠为门下督；至南征时，诸葛亮拜马忠为牂柯郡太守，遣其领兵讨伐朱褒；建兴九年（231），马忠随诸葛亮出兵祁山，参谋军事，"督将军张嶷等讨汶山郡叛羌"，其军事才能由此可见一斑。从建兴十一年（233）至延熙十二年（249），马忠任庲降都督17年，其间夷汉相安，"蛮夷畏而爱之。及卒，莫不自致丧庭，流涕尽哀，为之立庙祠"⑤。

---

①关于邓方卒年，史载不同。《李恢传》言"章武元年"，《季汉辅臣赞》载"章武二年"，笔者倾向于后者。《蜀汉庲降都督新考》（《历史地理》第30辑，上海人民出版社2015年版）一文推敲合理，可作参考。

②（晋）陈寿：《三国志》卷四十三《李恢传》，中华书局1982年版，第1046页。

③《华阳国志》卷四《南中志》载，建兴三年（225）诸葛亮析置郡县后，以李恢为建宁太守；《三国志》卷四十三《李恢传》言"建兴七年，以交州属吴，解恢刺史。更领建宁太守，以还居本郡，徙居汉中"。蜀汉因袭两汉，厉行避籍制度，李恢领建宁太守后徙居汉中（朱提郡汉阳县），实为回避本籍，故此出处所载较具合理性。

④（晋）陈寿：《三国志》卷四十五《张翼传》，中华书局1982年版，第1073页。

⑤（晋）陈寿：《三国志》卷四十三《马忠传》，中华书局1982年版，第1049页。

马忠后踵者张表，字伯达，蜀郡（今四川成都）人，"时名士，清望逾忠"①，卒年不详。

张表后踵者阎宇，字文平，南郡（今湖北荆州）人，"宿有功干，于事精勤"②，于景耀元年（258）改任右大将军、永安都督。

阎宇离任后以原庲降副贰都督霍弋③总领南中事。霍弋，字绍先，大将霍峻之子，是最后一位都督，其间兼领永昌郡太守，扑灭郡内反叛，后"迁监军翊军将军，领建宁太守，还统南中事"④，景耀六年（263）⑤，加封安南将军。

（二）庲降都督机构建制及治所变迁

囿于史料，已难以对庲降都督的机构建制做全面的认识，但可以肯定的是，庲降都督是作为军政机构存在的，并有着严密而完善的军务官僚建制，其从属如都督张翼被召还成都时议论纷纷的"群下"；又，马忠任牂牁太守时，张嶷曾为其牙门将，及至马忠为都督讨伐刘胄势力时，"嶷复为属焉"⑥。延熙五年（242）都督马忠北还成都，至延熙七年（244）底方返归味县，而在此期间庲降都督机构运行如常，南中安定无虞，依靠的正是上述完善的军务官僚建制。庲降都督下又设有副贰都督，史料中关于庲降副贰都督的记载较少，仅知有杨戏、霍弋先后担任此职。杨戏，字文然，犍为武阳（今四川彭山）人，建兴十三年（235），蒋琬以大将军开府，辟杨戏为东曹掾，后迁南中郎参军，副贰庲降都督，领建宁太守，后因病去职，

---

① （晋）陈寿：《三国志》卷四十三《张表传》，中华书局1982年版，第1049页。

② （晋）陈寿：《三国志》卷四十三《马忠传》，中华书局，1982年，第1049页。

③ 《三国志·蜀书》、《华阳国志》卷四《南中志》等均未言霍弋为都督事。又，据《三国志》卷四十一《霍弋传》载，霍弋平息永昌郡叛乱后"领建宁太守，还统南中事"，已实领都督职权，故笔者将其归为都督。

④ （晋）陈寿：《三国志》卷四十一《霍峻传》，中华书局1982年版，第1008页。

⑤ 据《三国志·后主传》载，景耀六年（263）夏，曹魏分兵数道攻伐蜀汉，后主刘禅遣兵拒敌，大赦，改元为炎兴，并于是年冬降于曹魏。

⑥ （晋）陈寿：《三国志》卷四十三《张嶷传》引《益部耆旧传》，中华书局1982年版，第1052页。

其时张表为庲降都督；阎宇为都督时，霍弋则为参军庲降屯副贰都督。查蜀汉政权设立的汉中、江州、永安、关中等地的都督，汉中都督下置有副贰都督，王平"建兴初副吴懿住汉中"①，建兴十五年（237）代吴懿为汉中都督；永安都督下也置有副贰都督，景耀元年（258），阎宇为永安都督，以罗宪为副贰都督。据此推测，副贰都督应为常设官职，庲降副贰都督当设置于邓方为庲降都督后的刘备定蜀初期，是为分担都督的繁多军政事务。

　　随着蜀汉政权在南中统治力量的增强，庲降都督治所经历了由朱提郡南昌县（今云南镇雄）迁至牂柯郡平夷县（今贵州毕节），最后固定在建宁郡味县（今云南曲靖）的变迁。建安十九年（214），邓方作为首任都督进驻当时仍属犍为属国的南昌县。南昌县地近成都，具有深厚的统治根基和便利的交通。西汉武帝建元六年（前135），汉廷以夜郎地为犍为郡，并于元光五年（前130）"发巴蜀治南夷道"②，在秦五尺道基础上修建南夷道（即夜郎道），连接巴蜀与犍为郡。元朔三年（前126），因西南夷叛服无常，发兵平叛耗资巨大，汉武帝听从公孙弘等人建言，暂停统一西南夷步伐，但保留犍为郡的两县一都尉。东汉安帝永初元年（107），分犍为郡南部为犍为属国。至邓方时，朱提郡的南广县、南昌县与牂柯郡平夷县间仍有道路相连，因此邓方在抚定朱提郡和牂柯郡西北部地区的基础上，将抚循牂柯西部的夜郎县及益州郡作为既定策略，但未及实现便抱憾卒于任上。李恢为都督后，移治所于同样具有"地利"优势的牂柯郡平夷县，其初衷当是继承邓方遗志。建兴三年（225）春，诸葛亮以武力强势介入南中，平息南中叛乱后，蜀汉统治力量以"空降"的方式在南中腹地迅速建立，但这种以"空降"式介入而建立的统治体系起初并不具备稳定性，直至马忠为都督，扫除刘胄、獠夷及越嶲夷叟反叛后，蜀汉在南中的统治方才稳固下来，庲降都督治所由平夷县迁到了

---

①（清）洪饴孙：《三国职官表》，收入《二十五史补编》（第2册），开明书店，1937年，第2810页。

②（汉）班固《汉书》卷六《武帝纪六》，中华书局1962年版，第164页。

味县,"处民夷之间"。味县地处曲靖平原,拥有肥沃的土地和四通八达的交通网络,为庲降都督"总摄南中"提供了极大便利。庲降都督治所的变化反映了蜀汉势力向南中地区的深入,味县成为当时南中地区的政治中心,蜀汉御控南中的能力空前加强。

(三) 庲降都督的职能演进

伴随着实力的不断增强,庲降都督的职能有一个由逐步招抚南中到"总摄南中"的演进过程。如前所述,邓方在任期间,碍于兵力不足,抚定的区域仅是朱提郡和与之相邻的牂牁郡西部部分地区。章武元年(221),李恢继任为都督,在邓方对牂牁郡西部地区抚定状况较好的基础上将治所移至平夷县,其直接目的是加强对牂牁郡东部地区的招抚,但仍然未能阻止建兴初太守朱褒的反叛。而朱褒反叛逐渐成不可挡之势,正是因为其得到了郡治以及兰县周围等牂牁东部大姓豪族的支持。诸葛亮南征时,以都督李恢分兵深入益州腹地,意图扑灭雍闿反叛势力。但李恢反被困于昆明,史载"时恢众少敌倍,又未得亮声息"①,进退不得,后以自己俞元人身份使计方才突围,令人唏嘘。建兴三年(225)后,得益于南征的战果,庲降都督实力较之前有较大提升,活动范围也深入南中腹地。但事实上南中并未因此获得安宁,此后南夷刘胄反叛,牂牁、兴古二郡獠种夷反叛及越嶲郡夷叟的数次反叛即是表现。故此一阶段,庲降都督实力仍不足以"总摄南中",其首要职责仍是招抚南中。李恢后踵者张翼在任两年,史载其在抚循南中过程中,因执法严苛而致耆率刘胄反叛,叛乱渐成燎原之势,"扰乱诸郡"。张翼虽积极备战,但未及讨败刘胄便被召还成都,"群下咸以为宜便驰骑即罪"。从众臣下反应看,张翼平叛战况并不理想,甚至难敌刘胄,故引起诸葛亮忧虑而被临时撤换。张翼讨伐刘胄不力的本质原因仍是庲降都督实力不济。张翼被召还成都后,马忠临危受命,自领军队赴南中讨伐刘胄,最终与张翼所留兵力合力

---

① (晋)陈寿:《三国志》卷四十三《李恢传》,中华书局1982年版,第1046页。

平息刘胄反叛，其后又扫除牂牁与兴古二郡獠夷及越嶲夷叟反叛。[1]至此，南征后庲降都督骤然增大的实力才得以巩固，马忠便迁庲降都督治所于味县，深入南中腹地，"处民夷之间"，庲降都督职责始转为"总摄南中"。"是时，邓芝在东，马忠在南，（王）平在北境，咸著名迹。"[2]此后的近30年间，仅霍弋为庲降副贰都督时永昌郡出现过一次叛乱，后为其率偏军讨灭。[3]

《三国志》卷三十五《诸葛亮传》注引《汉晋春秋》言诸葛亮"欲使不留兵、不运粮"[4]而维持蜀汉在南中的统治。"不留兵"明显与史实不符，历任庲降都督均统领有相当规模的军队；"不运粮"依靠的则是军事屯田，"是以分兵屯田，为久驻之基"[5]。据任乃强先生考证，早在邓方时即已开始屯田养军，"南昌县，故都督治，有邓安远城"[6]。邓方初为"安远将军"，被刘备委任为庲降都督后，即在南昌县筑城居之，兴屯垦殖，军食自给。南征后，屯田活动移至建宁郡味县。味县地处曲靖平原，"建宁郡治，故庲降都督屯也，南人谓之'屯下'"[7]。平息雍闿叛乱势力后，味县及其周边广袤土地

---

[1] 有研究者认为，正是因为庲降都督实力的日渐强大，面对刘胄反叛，诸葛亮才能稳坐成都，仅换一都督了事。笔者以为不然，马忠代张翼赴南中平叛当领有军队且在平息刘胄叛乱战斗中为主力，《三国志》卷四十三《张嶷传》裴注引《益部耆旧传》："以马忠都督庲降讨胄，嶷复为属焉，战斗常冠军首。"张嶷并非张翼旧属，据《三国志》卷四十三《马忠传》载，马忠为牂牁太守时，张嶷为其牙门将，建兴十一年（233）刘胄反叛之前，马忠曾"督将军张嶷等讨汶山郡叛羌"。上述史料可从侧面印证，面对刘胄反叛，诸葛亮并非仅换一都督了事。

[2]（晋）陈寿：《三国志》卷四十三《王平传》，中华书局1982年版，第1050页。

[3]《三国志》卷四十一《霍弋传》载，霍弋为庲降都督都军时永昌郡夷獠反叛，"乃以弋领永昌太守，率偏军讨之"。

[4]（晋）陈寿：《三国志》卷三十五《诸葛亮传》注引《汉晋春秋》，中华书局1982年版，第921页。

[5]（晋）陈寿：《三国志》卷卷三十五《诸葛亮传》，中华书局1982年版，第925页。

[6]（晋）常璩：《华阳国志》卷四《南中志》，任乃强校注，上海古籍出版社1987年版，第278页。

[7]（晋）常璩：《华阳国志》卷四《南中志》，任乃强校注，上海古籍出版社1987年版，第272页。

多被荒废，无人耕种，李恢便在此实行军屯。还有一点值得注意，庲降都督亦于此时在南中实行民屯，先是"屯军退伍遂为农户，亦自重其屯事"，之后李恢又迁永昌郡"濮民数千落于云南、建宁界，以实二郡"，①积极组织民屯，屯田规模扩大。屯田活动与庲降都督镇抚南中相始终，其作用不言而喻，尤其是屯田活动的扩大，不仅维护了南征后诸葛亮所设定的南中格局，巩固了蜀汉在南中的统治，也客观上促进了南中地区的开发。

三、郡县制统治体系与南中常赋

在置庲降都督镇抚南中的同时，蜀汉又辅以郡县制来强化并巩固对南中的统治。蜀汉在南中推行的郡县制承袭自两汉，与内地郡县制有较大区别，它建立在南中原有统治基础上，即在选派流官的基础上依靠南中大姓豪族、夷叟夷帅，使他们在受蜀汉郡守节制的同时，仍统辖其原有部曲、部族，蜀汉则通过"以夷制夷"和武力征讨的方式来维持对南中的统治。根据南中形势的不同，郡县统治体系以诸葛亮南征为节点，可以分为前、后两个时期。

（一）南征前：不毛之地

刘备据蜀之初，便把将帅"分下郡县，郡县望风景附"②，恢复了广大区域的郡县体系。蜀汉在南中郡县统治体系的恢复主要是通过郡守"改易"实现。如董和，刘璋时为益州郡太守，"先主定蜀，征和为掌军中郎将"③，从而顺利接手益州郡；永昌郡亦如此，"永昌既在益州郡之西，道路壅塞，与蜀隔绝，而郡太守改易"④。但因据

---

① （晋）常璩：《华阳国志》卷四《南中志》，任乃强校注，上海古籍出版社1987年版，第273、286页。
② （晋）陈寿：《三国志》卷四十三《黄权传》，中华书局1982年版，第1043页。
③ （晋）陈寿：《三国志》卷三十九《董和传》，中华书局1982年版，第979页。
④ （晋）陈寿：《三国志》卷四十三《吕凯传》，中华书局1982年版，第1047页。

蜀初期的频繁用兵，又穷于应付曹魏和孙吴的军事压力，蜀汉无力南顾，因此这一时期蜀汉经略南中的策略并无突破性进展，甚至不惜姑息、纵容南中反叛势力，以试图维持南中现状。刘备逝后，面对南中出现的大规模叛乱，诸葛亮以"新遭大丧"而未出兵平息，雍闿杀太守后据郡降吴，诸葛亮仅以都护李严前去招抚。又，《三国志》卷三十三《后主传》注引《魏氏春秋》载，"初，益州从事常房行部，闻褒将有异志，收其主簿案问，杀之"，朱褒转而怒杀常房并诬陷其谋反。为安抚朱褒，诸葛亮"诛房诸子，徙其四弟于越嶲"，但诸葛亮的"诚意"并未挽回朱褒，"褒犹不悛改，遂以郡叛应雍闿"。[①]章武三年（223）南中爆发的大规模叛乱也标志着蜀汉前期维持南中现状的策略的破产。

蜀汉前期，郡县统治体系下的南中具有以下特点。

其一，统治力量薄弱。诸葛亮南征前的南中盘踞着大姓豪族、夷叟夷帅以及孙吴等诸股势力，前者是章武三年（223）南中反叛的根源所在，而孙吴等势力在南中的存在被蜀汉视为心头大患。章武元年（221），刘备为复关羽之仇遣兵攻打孙吴，并以时任都督李恢使持节领交州（实际由孙吴控制）刺史，蜀吴关系急转直下，并由此爆发了长达数年的"交州之争"。于蜀汉而言，得到交州就扫除了南中的背腹之患，南中的人力、战马尽归其所有，从蜀经南中至交州的交通道路可以畅通无阻，并由此得到一个重要的出海口，独占交州海外贸易港。[②]章武三年（223），益州郡亲吴大姓雍闿杀太守正昂，又将继任太守张裔缚送孙吴，并声称："盖闻天无二日，土无二主，今天下鼎立，正朔有三，是以远人惶恐，不知所归也。"[③]后受孙吴交州太守士燮招抚而据郡归附，孙权遂遥署雍闿为永昌太守，并委

[①]（晋）陈寿：《三国志》卷三十三《后主传》注引《魏氏春秋》，中华书局1982年版，第894页。
[②]陆韧：《云南对外交通史》，云南人民出版社2011年版，第49页。
[③]（晋）陈寿：《三国志》卷四十三《吕凯传》，中华书局1982年版，第1047页。

派刘璋之子刘阐"为益州刺史,处交、益界首"①,蜀、吴在南中的角逐达到高潮。建兴七年(229),孙权称帝,"与蜀约盟,共交分天下"②,刘阐被召回南京。作为回应,蜀汉也解除李恢交州刺史之职,双方在南中的角逐才算平息。从另一则事件中亦能体会这一时期南中郡县统治力量的薄弱。章武二年(222)底,素与诸葛亮不和的汉嘉太守黄元听闻刘备病重,便趁机举郡反叛。而此时诸葛亮在永安探望刘备,成都防备空虚,虽时任蜀郡太守杨洪部署严密,群臣仍疑虑重重:"众议以为元若不能围成都,当由越巂据南中。"③其时南中尚未出现反叛,庲降都督的抚循范围也不及南中腹地,众臣担心的正是黄元反叛势力窃据南中自立。

其二,不纳贡赋。诸葛亮在《出师表》中述南征道:"五月渡泸,深入不毛。"据任乃强先生考证,"不毛"指南中诸郡,取用《汉书·西南夷列传》杜钦说大将军王凤语,诸葛亮承用其语,谓南中背叛已久,贡赋断绝为"不毛",故深入征讨,使"不毛之地"成为"军资所出"。④这即是说,虽然南征前蜀汉已在南中粗置郡县,但这些郡县不纳贡赋。南征出师前,王连曾以南中"不毛之地,疫疠之乡,不宜以一国之望,冒险而行"⑤为由,数次谏阻诸葛亮南征。景耀六年(263),面对魏大将军邓艾的来势汹汹,后主问计群臣,群臣或言投奔东吴,或言据南中自守,后主对据南中自守颇为心动。谯周上疏劝谏:"南方远夷之地,平常无所供为,犹数反叛,自丞相

---

① (晋)陈寿:《三国志》卷三十一《刘璋传》,中华书局1982年版,第870页。
② (晋)陈寿:《三国志》卷三十三《后主传》,中华书局1982年版,第896页。
③ (晋)陈寿:《三国志》卷四十一《杨洪传》,中华书局1982年版,第1013页。
④ (晋)常璩:《华阳国志》卷四《南中志》,任乃强校注,上海古籍出版社1987年版,第394页。
⑤ (晋)陈寿:《三国志》卷四十一《王连传》,中华书局1982年版,第1009页。

亮南征，兵势逼之，穷乃幸从。"[1]从谯周的陈述中亦可见南征前南中不纳贡赋之实。

顺便提及的是，蜀汉选派南中流官厉行避籍制度。一般认为，官员任职回避制度始创于西汉武帝时期，包含亲族回避和籍贯回避两个层面，创立伊始即得到严格执行。本处所言避籍即籍贯回避制，即官员不得在本州郡县任官。就蜀汉选派赴任南中的流官籍贯来看，避籍制度执行十分严格。以益州郡为例，雍闿杀太守正昂后，蜀汉以广汉郡王义强[2]继任，后以蜀郡张裔为代，及至张裔被缚送孙吴，又以广汉郡王士领其职。任乃强先生假设说，若蜀汉能赦雍闿杀正昂之罪，而假以太守之名，亦可服也。[3]而蜀汉并未这样做，违反避籍制度亦当在诸葛亮考虑之中。从李恢任职经历中也可见蜀汉厉行避籍制度的程度。李恢原籍益州郡俞元（析置郡县后属建宁郡），章武元年（221）为庲降都督并使持节领交州刺史，建兴七年（229）解交州刺史职务后转任建宁郡太守，为避本籍，徙其家于朱提郡汉阳县。

（二）南征后：军资所出

建兴三年（225），诸葛亮率军分兵三路开赴南中平叛。叛乱平息后，诸葛亮对南中郡县建置做出调整：改益州郡为建宁郡，治味县，分建宁、越嶲郡置云南郡，治梇栋县（今云南姚安），又析建宁、牂牁二郡置兴古郡，治宛温县（今云南砚山县北）。同时，诸葛亮又委任一批平叛中表现突出的将领为郡守，如以吕凯为云南郡太守、王伉为永昌郡太守。经过上述调整，原益州、越嶲、牂牁、永昌、朱提等五郡演变为七郡，蜀汉在南中推行的郡县统治体系更为严密，郡县控制范围较两汉时期也有所扩展。如下表所示，永昌郡新置的南涪、永寿、雍乡三县将蜀汉郡县控制区域延伸至今云南临沧耿马

---

[1]（晋）陈寿：《三国志》卷四十二《谯周传》，中华书局1982年版，第1030页。

[2]《季汉辅臣赞》载，王义强为广汉郪人，诸葛亮南征时被任命为益州郡守，未及赴任，被害。

[3]（晋）常璩：《华阳国志》卷四《南中志》，任乃强校注，上海古籍出版社1987年版，第242页。

和西双版纳景洪等地区。此外,析置郡县亦有着浓厚的分而治之的意味,七郡是按部族分布来划分的,建宁的叟人、云南的昆明人、兴古的句町人、永昌的哀牢人、牂牁的夜郎人、越巂的斯叟人、朱提的僰人,各具特色。①南征后蜀汉打破了南中"无所供为"的局面,为庲降都督移治味县创造了条件,蜀汉对南中的控制也得到空前加强。

诸葛亮南征后的南中郡县概况

郡名	辖县
朱提郡	朱提(郡治,今云南昭通)、堂琅、汉阳、南昌、南广
牂牁郡	且兰(郡治,今贵州黄平县西南)、平夷、夜郎、鳖、谈指、毋敛
永昌郡	不韦(郡治,今云南保山)、哀牢、比苏、嶲唐、博南、永寿、南涪、雍乡
越巂郡	邛都(郡治,今四川西昌)、新道、安上、阐、台登、定筰、苏祁、会无、三缝、卑水、马湖、潜街
建宁郡	味县(郡治,今云南曲靖)、牧麻、同濑、修云、双柏、俞元、谷昌、存䣖、建伶、滇池、毋单、同并、胜休、昆泽、同劳、连然、秦臧
云南郡	梇栋(郡治,今云南姚安)、叶榆、遂久、云南、青蛉、姑复、邪龙
兴古郡	宛温(郡治,今云南砚山县北)、贲古、镡封、进乘、西随、西丰、句町、汉兴、漏卧、胜休
南广郡	南广(郡治,今云南盐津)、临利、常迁、新兴

资料来源:《华阳国志校补图注》《中国历史地图集·三国西晋卷》《云南郡县两千年》。

如前所述,蜀汉在南中推行之郡县制建立在其原有统治基础之上。早在南征前,马谡曾向诸葛亮建言:"南中恃其险远,不服久矣,虽今日破之,明日复反耳。今公方倾国北伐以事强敌。彼知官势内虚,其叛宜速。若殄尽遗类以除后患,既非仁者之情,且又不可

---

① 木芹:《云南地方史讲义》(中册),云南广播电视大学,1983年,第36页。

仓促也……愿公服其心而已。"①道出其中利害。或是受马谡"服其心"建言的影响，诸葛亮在南征过程中即采取"攻心"策略，"七擒七纵"降服孟获的故事传颂至今。但事实上诸葛亮兵力远在夷帅孟获之上，七擒孟获便是为了"服其心"，以确保南中的长久安宁。南中平后，诸葛亮十分注重笼络、扶植南中大姓、渠率势力，征调爨习、孟琰、孟获入朝为官，析置郡县后，又"皆即其渠率而用之"，使他们为蜀汉统治服务，以消除南中叛乱的社会根基。面对众将对"即其渠率而用之"的质疑，诸葛亮道："若留外人，则当留兵，兵留则无所食，一不易也；加夷新伤破，父兄死丧，留外人而无兵者，必成祸患，二不易也；又夷累有废杀之罪，自嫌衅重，若留外人，终不相信，三不易也。"②透过此番话，可见诸葛亮采用"即其渠率而用之"策略的根本目的是保持南中稳定，以专心北伐。

随着郡县统治体系的不断完善，南中向蜀汉的兵员、财赋输入成为常赋，管理民政成为郡县统治体系的重要职能，这是与庲降都督管理军政的职能相辅相成的，庲降都督负责输送的南中民丁、财赋及其他战略物资即是通过郡县统治体系完成征调的。南中叛乱平息后，诸葛亮大量起用当地大姓、夷帅，又"以夷多刚很，不宾大姓富豪；乃劝令出金帛，聘策恶夷为家部曲……以渐服属于汉，成夷汉部曲"③，鼓励财力雄厚的大姓蓄养部曲，将"恶夷"（号召力较强的原住民）收于麾下，并接受郡县长官管辖，置五部都尉统领日常训练事宜，若有战事则征之赴战，使之成为蜀汉重要的战略储备。

需要说明的是，郡县体系管理民政的职能亦是通过郡县长官长期执行招抚政策实现的。囿于史料，笔者以越嶲郡太守张嶷为例略做阐述。南征后，越嶲郡夷叟又数次反叛，先后杀害太守龚禄、焦璜，

---

① （晋）陈寿：《三国志》卷三十九《马良传》注引《襄阳记》，中华书局1982年版，第983页。
② （晋）陈寿：《三国志》卷三十五《诸葛亮传》注引《汉晋春秋》，中华书局1982年版，第921页。
③ （晋）常璩：《华阳国志》卷四《南中志》，任乃强校注，上海古籍出版社1987年版，第241页。

"是后太守不敢之郡,只住安上县,去郡八百余里,其郡徒有虚名而已";延熙三年(240),以张嶷为越嶲郡守率军征讨,"诱以恩信,蛮夷皆服,颇来降附",越嶲北徼以骁劲著称的捉马夷不受节制,张嶷率军征讨,生擒其首领魏狼,招抚捉马夷族三千余户,皆留居原地并供奉贡赋,张嶷奏封魏狼为邑侯;"定莋、台登、卑水三县去郡三百余里,旧出盐铁及漆,而夷徼久自固食",张嶷率军讨伐并于此地设立官署,"杀牛飨宴,重申恩信,遂获盐铁,器用周赡"。①

四、蜀汉经略对南中的历史影响

细绎蜀汉经营南中的种种政策可知,其对南中的统治仍未脱离羁縻统治范畴,以庲降都督和郡县制的双重制度经略南中的形式与两汉时期于边地州郡设置的羁縻建置②的本质是相同的,即其对南中的夷叟夷帅授予官职或封号,官不入品阶,南中民夷不入蜀汉户籍,不按人头课税、兵役等。蜀汉的南中经营模式与西汉时期的"特设机构"③管理区域十分相似,即采取两套管理系统,一套是"流官"管理系统,一套是"土官"管理系统。④但蜀汉对南中的控制和依赖又强于两汉时期。

南中在蜀汉经略之下保持了较长时间的稳定,不同少数民族之

---

①(晋)陈寿:《三国志》卷四十三《张嶷传》,中华书局1982年版,第1052—1053页。
②羁縻建置是指在不触动少数民族原有社会组织与风俗文化前提下设立的建置,对依照该族习惯法产生的头目、酋长授予官职或封号,官不入品阶,无俸禄;民不入王朝户籍,不按人头课税兵役。(参见程妮娜:《从"天下"到"大一统"——边疆朝贡制度的理论依据与思想特征》,《社会科学战线》2006年第1期)
③李大龙认为,汉武帝在剪除匈奴羽翼的过程中在郡县统治体系之外构筑了一个特殊的统治区域成为保护郡县区域安定的真正藩篱,并将这些与郡县不同的机构命名为"特设管理机构"。(参见李大龙:《汉唐藩属体制研究》,中国社会科学出版社2006年版,第89页)
④李大龙:《汉唐藩属体制研究》,中国社会科学出版社2006年版,第137页。

间相互械斗的现象得到缓和，对南中社会发展产生了一定的积极影响。天启《滇志》载，迟至明熹宗天启中，云南21个府州中有13个府州存留有武侯祠，[1]足见诸葛亮在云南的深远影响。不同于东汉中期南中吏治的贪酷与残暴，蜀汉十分注重南中流官的选派，不仅庲降都督"常用重人"，郡守也常选用"重人"。如：益州郡守张裔曾任巴郡太守、司金中郎将；诸葛亮析置郡县后任命的云南郡守吕凯、永昌郡守王伉，"执忠绝域，十有余年，雍闿、高定逼其东北，而凯等守义不与交通"[2]，在平叛中亦表现英勇；越巂郡守张嶷曾为马忠牙门将，随马忠平定汶山反叛，"南平四郡蛮夷，辄有筹画战克之功"[3]。以邓方、李恢、马忠、张嶷等为代表的多数蜀汉流官在任职南中过程中均得到南中各族群认可，深受爱戴。如：李恢去世时，"蛮夷……莫不自致丧庭，流涕尽哀，为之立庙祠"；原越巂郡守张嶷卒后，"越巂民夷……无不悲泣，为嶷立庙，四时水旱辄祠之"[4]；等等。上述蜀汉流官良好政治口碑的获得与他们在南中取得的突出治绩不无关系。如：平定益州郡雍闿变乱后，李恢在积极组织军事屯田的同时又迁永昌郡濮民数千落于曲靖平原，开展民屯，解决了永昌濮民的生计问题；张嶷任越巂郡守期间，重开旄牛旧道，又于牦牛夷地复置驿站，旄牛道的恢复客观上加强了南中与蜀汉的经济文化交流。

而为支持北伐，蜀汉对南中人力和财赋资源进行了几近竭泽而渔式的攫取，极大地限制了南中社会发展。相较于两汉时期的开西南道、徙民实边以及开荒垦田等大规模经营西南夷的活动而言，蜀汉对南中的开发又显得那么微不足道，而如"输南中劲卒青羌万余家于

---

[1] 方铁：《方略与施治：历朝对西南边疆的经营》，社会科学文献出版社2015年版，第160页。
[2]（晋）陈寿：《三国志》卷四十三《吕凯传》，中华书局1982年版，第1048页。
[3]（晋）陈寿：《三国志》卷四十三《张嶷传》，中华书局1982年版，第1051页。
[4]（晋）陈寿：《三国志》卷四十三《张嶷传》，中华书局1982年版，第1054页。

蜀""招降得二千人，悉传诣汉中""赋出叟、濮耕牛战马金银犀革，充继军资流""出其金银、丹漆、耕牛、战马，给军国之用"等输南中人力、财赋于成都的史例却频见史端，以致南中各族"供出官赋，取以给兵，以为愁怨"①，却鲜见蜀汉对南中进行卓有成效的开发的记载。据不完全统计，从章武元年至炎兴元年（221—263）的42年间，蜀汉行大赦达13次之多，所以终蜀汉之世也未再现如西汉时期的大规模招募死罪及奸豪于南中的徙民实边举措。刘备定蜀伊始就定了蜀汉"小国弱民，难以久存"②的命运，然而蜀汉依然"空劳师旅，无岁不征"，致使国力大量耗损，"国内受其荒残，西土苦其役调"③，蜀汉无精力，也无实力对经略南中做出长远的规划。所以，直至后主降魏，蜀汉也未曾对南中采取过任何旨在直接统治的政策。

［苑鑫，云南大学马克思主义学院讲师，研究方向为西南边疆史；谭淑敏，云南民族大学云南省民族研究所（民族学与历史学学院）讲师，研究方向为中国民族史］

---

① （晋）陈寿：《三国志》卷四十二《谯周传》，中华书局1982年版，第1031页。
② （晋）陈寿：《三国志》卷二十八《邓艾传》，中华书局1982年版，第780页。
③ （晋）陈寿：《三国志》卷三十五《诸葛亮传》注引《默记》，中华书局1982年版，第935页。

论纳西族传统的地震认知与应对

——基于东巴古籍的研究[①]

和六花

纳西族是分布在中国西南的少数民族，历史上创制过东巴文、哥巴文、阮可文和玛丽玛莎文4种文字，其中以东巴文撰写的存世典籍多达1000多种3万余册，亦有少量用哥巴文和阮可文书写的典籍，因主要由东巴教祭司"东巴"创造、传承，统称"东巴古籍"。东巴古籍是纳西族传统文化的重要载体，内容丰富，被誉为"纳西族古代社会的百科全书"。纳西族主要分布在云南丽江古城区、玉龙、永胜、宁蒗、维西、德钦、剑川、鹤庆、贡山，四川的木里、盐源、盐边、巴塘，西藏的芒康等地，其核心聚居区丽江市处于中甸—丽江—大理地震带。一个民族的文化是该民族对所处环境的适应性体系，纳西族分布区多处于地震带，地震灾害频仍，因而地震认知和应对是纳西族传统文化的重要组成部分，亦是东巴古籍的重要内容。学界对东巴古籍的研究方兴未艾，主要集中于对东巴古籍的抢救保护和翻译整

[①] 本文为国家社科基金重大项目"中国西南少数民族灾害文化数据库建设"（项目编号：17ZDA158）子课题"西南少数民族古籍中的灾害数据搜集与整理"阶段性成果。

理[1]，专题研究相对薄弱，对纳西族分布区的地震研究则集中于1996年丽江地震的成因、影响、抗震救灾、灾后重建等方面[2]。"所谓自然灾害，顾名思义，即是自然力量的异常变化给人类社会带来危害的事件或过程。如果只有自然力量的异常变化（成灾体）而没有人类社会（承灾体），也就无法形成一个完整的灾害过程。"[1]人类社会对地震灾害的认知和应对经历了一个漫长而曲折的历程，探寻不同区域社会、不同文化的地震认知和应对，总结其防灾减灾手段和思想，有着重要的理论价值和现实意义。有鉴于此，本文系统爬梳东巴古籍中的地震资料，阐释纳西族传统宇宙观影响下的地震成因认知及其变迁，以及东巴教解释体系下的地震应对观念，以此求教于方家。

一、东巴古籍中的地震、"崩神"释义

东巴文是一种以象形为主要造字法的文字，纳西语称"森究鲁究"，即见木画木、见石画石之意，形象描绘人们在生活中接触的物（实体）、事（动态）、意（概念）。东巴文总字数在1500字左右，包括天象、地理、植物、飞禽、走兽、虫鱼、人称、形体、服饰、饮

---

[1] 东巴古籍抢救保护、翻译整理工作以《纳西东巴古籍译注全集》（100卷）（云南人民出版社1999年版）为集大成者，按仪式属性分类收录了897部东巴古籍，逐一进行翻译、注释。此外，《中国少数民族古籍总目提要·纳西族卷》（中国大百科全书出版社2003年版）分书籍类、铭刻类、文书类、讲唱类4类著录1834部纳西族古籍条目；《云南少数民族古籍珍本集成》（云南人民出版社2003年版）以彩色影印方式收录东巴古籍珍本400余部；西南大学汉语言文献研究所的喻遂生、杨亦花、曾小鹏、李晓亮等一批学者围绕各自的研究旨趣开展了东巴古籍文献、纳西语言文字、学术史等方向研究；郭家骥、杨福泉、杨红、廖国强、李国文等学者的研究亦涉及纳西族传统生态思想的相关论述。

[2] 这方面研究较为丰富，如杨丽娥：《1996年云南丽江地震救灾研究》，《昆明学院学报》2015年第2期；王明东：《丽江地震灾害发生后文化恢复重建探析》，《云南民族大学学报》2009年第4期；保明东：《云南丽江地震民房恢复重建模式》，《中国减灾》2001年第1期；等等。

[1] 夏明方：《近世荆棘——生态变迁中的中国现代化进程》，中国人民大学出版社2012年版，第3—4页。

食、居住、器皿、行止、形状、数名、宗教和传说古人名号等属。①东巴文通常情况下以一字象一物或一事或一意,"地震"一词在为数不多的东巴文字中占有了一席之地,并呈现出一字多形、一字多音多义的情况。

"地震"一词在东巴文中较为常见的写法有4种:第一种写作"",从字形来看,下面的""是地,上面是一个闪折形的箭头,表示大地震动会毁坏地面上的人和物,实则形象表达了地上的电火轰毁了人和物之意;第二种写作"",中间是地,上下各有3条表示地面颤动状的波纹;第三种写作"";第四种写作""。第一种重在刻画地震的影响,而后3种写法较相似,突出表现地震时大地震动的情形。东巴文是纳西族人民经过对事物形状、性状、变化等的长期观察,选取最能表现该事物的特征加以形象化表达的一种方式。"地震"一词的东巴文造字,说明了地震在东巴文化所根植的环境中是一种显性存在,对社会生活造成了一定影响,促使文字创造者对此做出反应。东巴作为东巴教祭司,主持宗教祭仪特别是在人类处于非正常状态时,通过其"威力"达到沟通神灵、消灾禳福、预知吉凶的目的,地震灾害发生时人类处于非正常状态的时间点,东巴需要对此做出反应,记录自然变化,预测灾异吉凶,或举行仪式禳灾祈福。"地震"一词的东巴文造字,既是东巴群体对地震灾害的认知,亦是原初的应对——承认灾害的客观存在。此外,"地震"一词还具有一词多音多义的特点,在东巴古籍中主要有两种读法,一种读作[dy^{21}mbv^{21}],[dy^{21}]即大地、[mbv^{21}]即爆炸,形容地震时像大地爆炸了一样,引起大地震动和地上人、物的伤亡;另一种读作[rɯ^{21}mbv^{21}],是地面坍塌的意思,多指因久雨而造成的地面坍塌。第一种音读的释义更符合我们要讨论的地震灾害。在纳西族民间,"地震"较为通俗易懂地被读作[lee'liulliu],即大地震动之意。

---

①此分类参考方国瑜编、和志武参订:《纳西象形文字谱》,云南人民出版社1995年版。

东巴文是一种宗教经典用字，东巴是其主要的创造者和传承者，主要用途是撰写宗教经典，偶见少量用东巴文书写的信件、契约、账目、医书、文书等。东巴古籍中与地震相关的内容主要分布在两类古籍中，一类是东巴教祭天仪式、祭素神[1]仪式、祭村寨神仪式、祭胜利神仪式、延寿仪式、祭景崩仪式、禳垛鬼仪式古籍中祭崩神的内容；另一类是东巴教占卜类古籍，特别是星占、历占类古籍中地震卜的内容。东巴教根植于纳西族社会，受本土原生信仰、本教、藏传佛教、道教和印度教等多元宗教的影响，其教义教规、神灵系统既有其独立性，又彰显着多元化的特点。崩神作为东巴教本土神祇之一，其每次都和景神一起出现，《延寿仪式·神为穷家招富强》中说："祭高者则祭天，祭低矮者则祭地。左边则祭以地祇，右边则祭以天神，中间则祭以柏。祭景神和崩神，中间则祭美利董主。"[2]景、崩神各自拥有不同的形象，《祭胜利神仪式·祭景神和崩神》中说："位于右边的拉朗比孜崩神到来了。拉朗比孜崩神，穿着彩虹美衣，骑着白鬃的好马，手中拿着白铁的镰刀。崩神出来大地会动荡颠抖，崩神到处地会发出恐怖的轰鸣声。"[3]又，《祭景神崩神·献牲·献饭》载："左手边的拉朗敦孜崩，骑一匹白色的骡马，身上穿着火红的衣服，手里拿着白铁镰刀，出现在大地中央，从天背后降临来。崩神走到大山上，炸断大山上的绿树枝，走到山箐里，掀起山箐里的土块，这一切都是崩神所为。"[4]崩神，名叫"拉朗比孜"[5]，每次崩神"出来大地会动荡颠抖，崩神到处地会发出恐怖的轰鸣声"，和崩

---

[1] 素神即生命神，是寓于个体生命中的神灵，存在于人的形体内。
[2] 和即贵释读、李例芬翻译、习煜华校译：《延寿仪式·神为穷家招富强》，《纳西东巴古籍译注全集》第11卷，云南人民出版社1999年版，第36页。
[3] 和即贵释读、李例芬翻译、习煜华校译：《祭胜利神仪式·祭景神和崩神》，《纳西东巴古籍译注全集》第4卷，云南人民出版社1999年版，第429页。
[4] 和士成释读、和力民翻译、和发源校译：《祭景神崩神·献牲·献饭》，《纳西东巴古籍译注全集》第89卷，云南人民出版社1999年版，第174页。
[5] 崩神之名，有多个译法，如拉朗比孜、拉朗敦孜、拉来都之等。

神一起现身的景神则是"柯督班孜景骑着白尾巴的龙马，披挂着白铁铠甲，手里拿着白铁利斧，雷击、地震、天地颤抖地降临来，他施放出闪闪的电光，放出黄黄绿绿的彩虹"。①"景""崩"是音译，景神即雷神，对崩神则有两种不同的解释：一种认为是闪电神或电神，雷神是男性，电神是女性，与汉族民间信仰的"雷公电母"的性别观相同；②另一种认为是地震神，笔者认为此说更符合东巴古籍中对崩神的描述。首先，景神来自天，崩神来自地，分别代表天、地的两种具有破坏性的自然力，与天神、地神体现着对人类有益的自然力相区别。祭景崩仪式中一般都有祭柏的内容，与祭天仪式相类似，这也证明景神、崩神分别体现天、地令人畏惧的自然力，即天的电闪雷鸣和大地的地震。其次，上文列举的东巴古籍中对崩神威力的描述与地震现象一致，而对景神的描述已包含打雷、闪电两种自然现象，无须再另设一个电神。③

二、东巴教解释体系下的地震成因认知

地震即地面震动，有因地下岩石构造活动产生的构造地震和因火山喷发、岩洞崩塌、陨石撞击等引发的天然地震，有工业爆破、地下核爆炸等诱发的人工地震。④关于地震成因的探讨，不同学者从不同角度和案例提出"断层说""粘滑说""岩浆冲击说""相变说""温度应力说"等具有自然科学取向的假说。⑤随着地震研究的不断深入，可以肯定，地震成因甚或每一种自然灾害的成因都不是单一因素造成的，地震、洪水、干旱、台风、海啸等自然灾害的发生具

---

① 和士成释读、和力民翻译、和发源校译：《祭景神崩神·献牲·献饭》，《纳西东巴古籍译注全集》第89卷，云南人民出版社1999年版，第173页。
② 杨福泉：《东巴教通论》，中华书局2012年版，第273页。
③ 《纳西东巴古籍译注全集》中将崩神作地震神，在撰文过程中，笔者多次请教丽江市博物院木琛、和丽宝两位东巴，皆认为此说更可信。
④ 《辞海》，上海辞书出版社2010年版，第363页。
⑤ 沈新荣：《关于地震几个概念的阐释》，《地理教学》2015年第3期。

有偶发性、不确定性和地域性等特点，但从长时段、大区域来看，各种灾害之间存在"蝴蝶效应"。历史上诸多灾害实例也力证了这一点，如耿庆国分析了公元前231年到1971年间发生在华北及渤海地区的69次大地震，发现除1337年、1368年发生在河北、山西的2次地震外，其余67次地震都是"旱震"，震前都发生了大旱。①从环境史视域出发，灾害成因是自然过程和人类体系两种因素分合交错作用的产物，人类体系的因素在考察区域社会的灾害中显得尤为重要。

不同民族群体、不同文化背景的人群对于灾害成因的认知是一种具有群体标识的文化现象，是群体所认可并共享的思想结晶、判断和行为模式，处于变化之中。在人类社会早期，人类认识和改造自然的能力十分低下，其生产生活对自然的依赖度大，雷电、暴雨、山洪、地震、疫病等灾害时有发生，自然力攸关人类的生存，先民对未知的自然力充满恐惧和敬畏，认为有一种超自然力量掌控着物质世界之外的一切，自然灾害便是超自然力量所掌控的。为克服对自然力的恐惧，满足对万物创生的好奇感，与自然力崇拜相关的原始宗教观念应运而生。

依据东巴教创世史诗《崇般图》和《董术战争》的记述，在其宇宙观念中，大自然和人的生命物我同一、同出一源，皆源出于蛋卵。《董术战争》说："最初，从上面出现了原始的声音，从下面出现了原始的气体；原声和原气作变化，出现了一滴白露珠。白色露珠作变化，出现了木、火、铁、水、土五行。五行作变化，出现了五股白云和白风。白云和白风作变化，出现了白蛋、绿蛋、黑蛋、黄蛋、红蛋"②，然后五色蛋起变化，生成日月星辰、树木花草、虫鱼鸟兽、人类及其他万事万物。按东巴神话传说，纳西人是先祖崇仁利恩与天地之女衬恒褒白结婚所生儿子的后裔，所以纳西人把天奉为祖父，把

---

① 耿庆国：《中国旱震关系研究》，海洋出版社1985年版，第202—219页。
② 和士成释读、和力民翻译、和发源校译：《禳垛鬼仪式·董术战争》，《纳西东巴古籍译注全集》第25卷，云南人民出版社1999年版，第162—164页。

柏奉为衬恒褒白的舅舅。《祭天·远祖回归记》里便说:"天啊!是天爷爷的天……地啊,是那生育力旺盛的大地;是那乳房丰满、乳汁充盈的大地;是挂着墨玉珠串、带着绿松石项链的大地;是那名为衬恒衬孜的大地;是那衬恒祖母大地;是水大长流的大地;是那地下有成背黄金的大地;是那地上牛羊成群的大地;是那用金银作被盖的大地;是石缝中都生长着药草的大地;是那身材长得处处匀称、衣襟华美、双肩齐整的大地。福泽和吉祥、富裕和强盛、胜利和美好、能干和敏捷、长寿又延年,都要靠大地来保佑赐予。……人的舅舅是天,天的舅舅是柏。那在高崖上扎下深根的柏,成了天的舅舅。天门边有了郁郁葱葱的柏树,天大不动摇。大地上绿叶茂盛的杉,是地之祖母。地之门紧依杉树,大地稳固不震动。"[1]在纳西族的宇宙观里,自然和人类是有着生命血缘关系的物质实体,正是有这种稳定的亲缘关系,大地才能够"稳固不震动",并赐予人类"福泽和吉祥、富裕和强盛、胜利和美好、能干和敏捷、长寿又延年"。所以,在东巴教仪式中,"起先,祭献的第一个是天,祭献完天后祭献地,祭献完地以后就祭献柏。……地的门口杉来接,地大不震动了,向使大地不震动的柏敬献上美酒。巨柏长千丫、获得了千年的福寿,向获得千年福寿的柏敬献上美酒;绿柏长百丫、获得了百年的福寿,向获得百年福寿的柏敬献上美酒。天上打雷的日子,雷不打柏树,向不会被雷击的柏树献上美酒;地震的时候,柏树不会被震倒,向地震也震不倒的柏树敬献上美酒。"[2]通过祭天、祭地、祭柏神,给天、地、柏献上美食美酒,愉悦神灵,使杉树接着地门,让柏获得千年寿福,维系物我之间的结构平衡,大地就不会震动了。东巴教的宇宙观是纳西族自然观、生态观的基础,从物我起源伊始就认为自然万物和人类是同源的、同呼吸共命运的,人类唯有尊崇创世之初便缔结的物我关系,不

---

[1] 和开祥释读、李例芬翻译、和发源校译:《祭天·远祖回归记》,《纳西东巴古籍译注全集》第1卷,云南人民出版社1999年版,第8—11页。
[2] 和即贵释读、李例芬翻译、和发源校译:《祭天·奠酒》,《纳西东巴古籍译注全集》第1卷,云南人民出版社1999年版,第75页。

越轨、不逾矩，才能维护人与自然之间的和谐，避免地震的发生。

然而，东巴教维护物我关系的美好愿望并未能阻止地震的发生，雷击、地震等自然灾害还是威胁着人类的生存。源于对自然力的恐惧、敬畏，人们崇拜这些未知的自然力，并赋予其超自然的身份，东巴教的景神、崩神崇拜，即雷神和地震神崇拜由此产生。《大祭素神·为素神献饭》里说："柏之后是雷神和地震神。雷神啊，就是那居于左边的柯督班孜雷神。……居于雷神右边的是拉朗比孜地震神。她骑着黑土一般黑的马，手里拿着锋利的镰刀。地震神啊，她能使大地轰鸣晃动，能使山顶的绿树折断，能阻塞山谷的水流。期望的福泽吉祥、富裕强盛、胜利美好、长寿延年，得靠雷神和地震神来给予，要迎请雷神和地震神的素神。"①地震由地震神拉朗比孜掌管，"她骑着俊美的母马，带着那柏木的好锯子。她到山里会使树枝折断，到了山谷里，会使土塌石崩"②，拉朗比孜从土地崩裂处出来，就会引发地震，造成"大地轰鸣晃动""绿树折断""土塌石崩""阻塞山谷的水流"。地震直接影响人类安居乐业，"属于恩余铺督祭天群的这一家，想要得到幸福吉祥、富裕强盛、长寿延年，全要靠地震神来给予"③，"人要常胜不败就要带兵，能把仇人捕获、仇寨捣毁是位于右边的拉朗比孜崩神来促成的。主人这一家，不敬崩神，家屋不会宽敞；不敬奉崩神，门庭不会高大。福泽、吉祥、富裕、强盛、胜利、美好、能干、敏捷，崩神都会来给予"④。东巴教祭了天、地、柏之后，就要祭景神和崩神，"用那高原上的蜜糖、麦面、酥油给地震神供奉上天香。地震神也就获得了好名、盛名"⑤，"崩神前，祭

---

① 和即贵释读、李例芬翻译、习煜华校译：《大祭素神·为素神献饭》，《纳西东巴古籍译注全集》第2卷，云南人民出版社1999年版，第196页。
② 和士诚释读、李例芬翻译、习煜华校译：《祭村寨神仪式·烧天香》，《纳西东巴古籍译注全集》第3卷，云南人民出版社1999年版，第39页。
③ 和士诚释读、李例芬翻译、习煜华校译：《祭村寨神仪式·烧天香》，《纳西东巴古籍译注全集》第3卷，云南人民出版社1999年版，第40—41页。
④ 和即贵释读、李例芬翻译、习煜华校译：《祭景崩仪式·祭景神和崩神》，《纳西东巴古籍译注全集》第4卷，云南人民出版社1999年版，第429页。
⑤ 和士诚释读、李例芬翻译、习煜华校译：《祭村寨神仪式·烧天香》，《纳西东巴古籍译注全集》第3卷，云南人民出版社1999年版，第41页。

司来祭献上盛得多多的饭，堆得高高的肉，还有醇香的酒及鲜美的肉汤。拉朗比孜崩神，愿吃时吃个饱，喝时喝个醉。崩神的口有味了，崩神感到口中吃的洁净了，崩神自感口里也很舒服了。祭祀崩神的这一天，就会看到美好；祭祀崩神的这一天，将会看到丰足了"[1]。投其所好地取悦于崩神，让其享受该有的福分，不从土地崩裂处走出来，人们对雷电、地震等自然力的恐惧以及雷电、地震等自然灾害对传统纳西族社会的影响由此可见一斑。

　　东巴教将地震这一自然力当作神来崇拜，在祭天、迎请素神、祭村寨神、祭胜利神、禳垛鬼等仪式中，举行祭仪，献牲献饭，取悦崩神，按理，崩神应该安享福分，不会从土地裂缝中走出来。然而，地震还是发生了，那是什么原因使得崩神不悦了呢？东巴教也对此进行了解释，主要是两个方面的原因。其一，在原始的宗教逻辑中，有神便有鬼，有的地震便是恶神恶鬼施放的，是鬼神作祟。天上除了天神，还有恶神柯罗可兴，他会施放各种各样的灾祸，《祭胜利神仪式·在高处祭胜利神》中说："只将天上儿子柯罗可兴放下来的灾难和祸患顶回去。将晴朗天打来的雷顶回去，把会突发的地震灾祸顶回去。将会放下来的雷霆闪电顶回去。把会将树枝吹断叶吹落的狂风，会裹夹着冰雹的大雨、泥石流等灾祸顶回去。"[2]恶神柯罗可兴会施放雷电、地震、大雨、泥石流以及各种各样的传染病。除了恶神，还有恶鬼也会出来作祟捣乱，让大地猛烈摇晃震动。其二，人类的越轨逾矩、德行失范触怒神灵导致灾害发生。人类和自然之间有着密切的关系，自然发生异变，必然与同源共生的人类有着一定的关系。《禳垛鬼大仪式·人类起源和迁徙的来历》讲述了天地万物包括人类产生的过程和纳西族先祖崇仁利恩、衬恒褒白生病后请祭司做禳垛鬼仪式

---

[1] 和即贵释读、李例芬翻译、习煜华校译：《祭景崩仪式·祭景神和崩神》，《纳西东巴古籍译注全集》第4卷，云南人民出版社1999年版，第429页。

[2] 和云彩释读、李例芬翻译、习煜华校译：《祭胜利神仪式·在高处祭胜利神》，《纳西东巴古籍译注全集》第4卷，云南人民出版社1999年版，第192—193页。

的事宜,讲述了第一代人类产生后,出现了崇仁利恩五兄弟和姬命六姊妹,因为世上没有其他人类,"兄妹婚配产生的秽气污染了天和地,污染了日和月,污染了山丘和山坡,污染沃田和开荒地。大地也将朝夕不分了,日月也将昼夜不明了","到了第三天早晨,高上大山出现了崩裂震撼的现象,低下深壑出现了浊浪滔天的现象。上方出现了白色高山轰鸣、日月反常的现象。上面山林树尖上长满杂草,不是猛虎就不能把它扒开。下面树根旁到处被水淹,不是善游的水獭和鱼儿就不能游过"。①

东巴教构建的宇宙观是纳西族传统地震认知的基础,自然和人类是同源共生的,是具有血缘的物质实体关系,二者之间维持着一定的结构平衡。地震是一种强大的自然力,事关人类社会的生存,纳西族先民在有限的认知基础上对这种自然力加以崇拜,并构建了一整套以祭景神和崩神为主的祭仪,主动维持自然与人类之间的结构平衡。地震发生后,一方面将地震的成因归因于人类之外的鬼神作祟,慰藉处于灾害之中的人类;另一方面又反观灾害之中的物我关系,寻找人类自身的原因,这样一种灾害认知体系的构建,对纳西族传统社会的防灾减灾、生态伦理构建具有重要意义。

三、地震卜与地震认知和应对

现存世的东巴古籍中极难窥见纳西族传统社会生活和世俗文化的内容,更不用说对地震灾害的记录和描述。然东巴作为祭司,既是人神沟通的媒介、部落酋长的参谋,又是能知天晓地、善测祸福、镇鬼驱邪、求吉避灾的通灵之人,古时,纳西族又是一个长于占卜问事的民族,便产生了一定数量的占卜类古籍。占卜类东巴古籍内容丰富、卜法多样,有石卜、星卜、梦卜、贝卜、巴格卜、叶卜等,内容涉及

---

①和士成释读、和力民翻译、和发源校译:《禳垛鬼仪式·人类起源和迁徙的来历》,《纳西东巴古籍译注全集》第24卷,云南人民出版社1999年版,第146—147页。

婚丧嫁娶、起房盖屋、生老病死、天象变化等等，其中不乏有关地震的内容，如《以日子占凶吉》《以下雨、春雷、地震、日月蚀占卜决庄稼丰歉》《占异象卦辞》《用第一声春雷占卜以日月蚀及地震占卜·占放血日·占偷盗》等①，这些带着民间信仰色彩的古籍内容往往成为研究历史时期纳西族社会风貌、文化习俗的重要资料。

占卜是一门以阐释某些信号、前兆或迹象以预见未来的技艺。英国学者在《古代希腊社会生活》一书中将占卜分为人为占卜和自然占卜，"人为占卜所依据的是对动物、植物、目标或现象的外在观察，以及对于献祭牺牲的内在所进行的观察。……对于天象和天文现象的观察应用较广，比如闪电、日食与月食……"②人为占卜的前提是要对所处环境进行长期观察，寻找事物之间的联系和发展规律，纳西族文化体系内的其他知识，如天文历法、物候、征候等都会成为人为占卜的基础，人为占卜是人类认知发展到一定阶段的产物。东巴古籍中有关地震的人为占卜基本是通过日历、星象、天象等来预测灾异吉凶，其中也蕴含了纳西族丰富的天文历法、星占和物候知识。以《以日子占凶吉》为例，卜辞曰："八月里，日、月被娆吃了③，会发生天地震动，人心会发怒。会发生病灾。……牛日这一天，日、月被娆吃了，会发生地震。对白发老人是凶兆。会凶于牛马。虎日这一天，日、月被娆吃了，会发生地震。庄稼会好。不会发生病灾。后来会发生战争。会出现不吉祥的征兆。兔日这一天，日、月被娆吃了，会发生地震。不会有兵患。亦不会有病灾，但要祭祀神灵。"④这一占卜方法将纳西族十二属记日历法和日食、月食天象相联系，基于丰富

---

①本文引用纳西东巴古籍名称，参照《纳西东巴古籍译注全集》，为便于资料回溯，书名保留原样，未作规范。

②［英］莱斯莉·阿德金斯、［英］罗伊·阿德金斯：《古代希腊社会生活》，张强译，商务印书馆2016年版，第443—444页。

③娆，星名。古代纳西人认为，日食和月食是因太阳和月亮被娆这种星所食。据和云彩先生讲，日、月是两姐妹，月亮妹妹被娆吞食，太阳姐姐手提利刃赶来一刀砍在娆的脖子上，娆的脖子上开了个口，月亮妹妹从刀口里逃了出来。虽然两姐妹常被娆吞食，但是都从刀口里溜了出来。

④和开祥释读、王世英翻译、李静生校译：《以日子占凶吉》，《纳西东巴古籍译注全集》第92卷，云南人民出版社1999年版，第57—60页。

的知识积累和实践检验,总结归纳历法、天象变化、人类吉凶与地震间的关系和规律。这种地震成因认知已逐步跳出东巴教神灵体系的解释,观察自然环境的变化,并建立各种自然环境因子间的关联,地震灾害成因认知在迈向科学化。这种变化趋势在《以下雨、春雷、地震、日月蚀占卜决庄稼丰歉》《用第一声春雷占卜以日月蚀及地震占卜·占放血日·占偷盗》两部古籍中得到进一步深化,这两个地震卜结合纳西族二十八星宿知识和天象变化来预测地震吉凶。"在蕊鲁补星、布冒星、蕊夸星、司托夸星、庚盘吉孔星、涛构星、布铎星①这七宿当值的日子里,太阳和月亮被娆鬼吞食或发生地震的话,凶。人会贫穷,麦子会生锈病,凶。会降黑霜。会凶于村寨。在西方与狗居地(西北角)方向会发生吵架和争斗。有血的动物会生病。在谬许糯庚星、蕊江星、蕊齐星、蕊崩星、本补古星、本补满星当值的日子里,太阳和月亮被娆鬼吞食或发生地震的话,吉。天会下雨,庄稼好。树上的果子也好。有血的动物不会生病,心安,吉。"②《占异象卦辞》等古籍还观察记述了地震发生时,自然界中其他生物呈现的状态——"在司托垮星、司托古星、庚盘吉满星当值、蕊鲁古星当值、或在布昌星当值,蕊督星当值的日子里,发生太阳、月亮被娆鬼所吞食,或发生了地震,在西边,会发生山崩地裂,洪水冲天,人们会惊慌失措,冷得发抖,人将缺粮无饭吃。会发生豺狼吃羊群的事,大象会惊吓,白鹿会狂叫,水牛和马不会死。对于首领和长老则不是凶。"③此外,卜辞中提及的灾异吉凶情况——"会凶于牛马""人类不会遭到病灾""会发生兵患""会发大水""庄稼会歉收"等等,反映的则是纳西族对地震危害的认知,如地震会导致人口折损、财产损毁、发生疫病、引发社会动荡等等。

---

①蕊鲁补行、布冒星、蕊夸星、司托夸星、庚盘吉孔星、涛构星、布铎星等皆为二十八星宿星名。
②和开祥释读、王世英翻译、李静生校译:《以下雨、春雷、地震、日月蚀占卜决庄稼丰歉》,《纳西东巴古籍译注全集》第92卷,云南人民出版社1999年版,第194—195页。
③和云彩释读、王世英翻译、李静生校译:《占异象卦辞》,《纳西东巴古籍译注全集》第96卷,云南人民出版社1999年版,第70—78页。

对于灾害认知的研究,除了灾害的成因和影响外,灾害应对也是一个重要内容。在边疆民族地区,有关历史时期灾害应对的文献资料异常匮乏,在纳西族社会也不例外,不过东巴古籍给我们提供了一些零稀的资料。光绪十五年(1889)东恒东巴写的《占异象卦辞》中多次提到地震发生后"首领""头目"的应对态度:"在谬许糯庚星、柔正星、巴孔星、刷卡星、徐卡星、蕊亨星、蕊江星当值的日子里,发生了日食和月食,发生了地震,首领的心会想到好的和善的,会想办法增俄神与五谷、增六畜和诺神、增人丁和华神。主人家也会想到好的善的,心情会愉快。……在夫构星、蕊齐星、涛构星、蕊巴星、蕊督星当值的日子里,发生太阳或月亮被娆鬼所吞食,或发生了地震,老天会降下吉祥雨,地上的庄稼会好,是吉祥的。上边的头目会好好行善。像石上长青草,石上冒泉水,崖间森林茂一样,是吉祥的。人都能吃到肉和饭,是吉祥的。老天会降喜雨,地上的庄稼好,神会保佑人们。"[1]传统社会中灾后应对的主要责任在基层社会,基层社会管理阶层的灾害应对事关基层社会的长治久安,直接影响救灾的成效。"首领的心会想到好的和善的,会想办法增俄神与五谷、增六畜和诺神、增人丁和华神""上边的头目会好好行善",地震发生后也会是吉祥的,反之,若"首领的心里会感到不愉快,人们都会穷得眼里直流眼泪,还会有病痛,会山倒崖崩,老天不下雨,大地不发青"[2]。这种叙事的产生与东巴在纳西族传统社会中扮演的角色有着莫大的关联,东巴需要在社会非正常状态下为基层管理阶层树立良好的政治形象,维护其权威。同时,这种叙事也发挥了灾后心理重建和救灾引导的作用,让灾民相信首领和头目会发善心,会帮助灾民渡过难关。

民族地区传统社会中的原始宗教信仰和民间传统信仰,对社会风

---

[1] 和云彩释读、王世英翻译、李静生校译:《占异象卦辞》,《纳西东巴古籍译注全集》第96卷,云南人民出版社1999年版,第73—78页。
[2] 和即贵释读、王世英翻译、李静生校译:《用第一声春雷占卜以日月蚀及地震占卜·占放血日·占倫盗》,《纳西东巴古籍译注全集》第99卷,云南人民出版社1999年版,第94页。

尚的养成、道德观念的形成和认知体系的构建起着不可忽视的作用，民族文化展现于各民族生产生活的方方面面，并以文字或口耳相传的方式凝聚于各民族古籍之中传承、发扬。纳西族分布区地震灾害频仍，东巴古籍中为数不多的地震资料是我们揭开历史时期纳西族灾害认知和应对的重要资料。传统社会的灾害认知经历了一个曲折的发展过程，从原始宗教信仰迈向科学化，地震成因认知和应对中体现出来的人与自然同源共生、敬畏自然、规范人类行为等理念在今天仍有积极的意义。

（和六花，云南省少数民族古籍整理出版规划办公室副研究员，云南省文史研究馆文史特约研究员，主要研习西南环境史、云南民族古籍）

1925年云南大饥荒赈务研究

濮玉慧

云南是中国自然灾害发生频率较高的省份之一，民国时期的云南更是如此。据李文海统计，在1912年至1949年间，云南几乎无年不灾，并且经常是多种自然灾害并发。[1]据夏明方统计，在民国的38年间，云南发生了6次特大灾害，每次死亡人数均在1万人以上，平均每6年一次。[2]如此高频率的自然灾害对云南的历史发展影响是巨大的。目前，学界针对云南的灾荒有不少研究成果，但已有研究主要集中于对干旱、洪涝、地震等具体灾害[3]及明清云南荒政[4]的探讨，而对于民国时期云南赈灾的探讨仍较为薄弱。1925年，云南先后发生了大理等属地震火灾和三迤特大霜灾，并引发了灾后全省大

---

[1] 李文海:《中国近代十大灾荒·附录》，上海人民出版社1994年版，第333—349页。

[2] 夏明方:《民国时期自然灾害与乡村社会》，中华书局2000年版，第397—399页。

[3] 近20年来，近代云南灾荒研究主要集中于地震、洪涝、干旱等领域，具有代表性的研究成果有——王宁等:《云南农业灾害的主要类型及其对策初探》，《云南农业大学学报》（社会科学版）2012年第6期；曾桂林:《云南的地震灾害及社会应对1659—1949》，《中国地质大学学报》（社会科学版），2011年5月；肖雄:《清至民国时期云南地震及灾后赈济》，《云南民族大学学报》（哲学社会科学版）2009年第1期；皇甫岗等:《20世纪云南地震活动研究》，《地震学报》2007年第2期；刘祖荫等编著:《20世纪云南地震活动》，地震出版社2002年版；等等。

[4] 何云江:《明代云南灾荒研究》，硕士学位论文，云南大学，2021年；聂选华:《固本安边：清代云贵地区的灾荒赈济研究》，中国社会科学出版社2022年版。

饥荒。目前,学界对此关注较少。因此,本文聚焦于该次大饥荒的赈务活动,探究区域内典型赈灾的举措,以期发挥观照现实、有用于世的资政功能。

一、1925年云南大饥荒

云南省是中国自然环境最复杂的省份之一。从地质构造上来看,"东西部属于两大构造单元,构造类型和形成时代完全不同,境内大部分地区山高谷深,高差悬殊"①。同时,云南又处于低纬度高原上,与全国大部分地区受东亚亚热带季风气候影响不同,云南省处于东亚亚热带季风气候、南亚热带季风气候和青藏高原高寒气候的接合部位,3种气候的交互作用使云南的气候多变。特殊的地理和气候环境形成了云南省众多的自然灾害。这些自然灾害主要有地震、泥石流、水灾、旱灾、霜冻、雹灾、风灾、瘟疫等,其中地震、旱灾、霜冻是云南省主要的自然灾害。

1925年3—4月间,云南先后发生了大理等7县大地震和三迤37县霜灾。震、霜二灾都具有灾区广、灾情重的特点,是民国时期云南破坏性最大的两次灾害,其中大理震灾被认为是20世纪中国最大的地震火灾,②三迤霜灾被认为是云南历史上死亡人口最多的一次气象灾害。③

(一)大理等7县大地震

大理是最早的云南文化发祥地之一,也是云南开发较早的区域,是滇西重镇。大理处于滇西地震带上,"有规模宏大的江河大断裂带通过,活动断裂发育;还有一个典型的断陷湖盆,相对高差达2000米

---

①云南省地方志编纂委员会总纂、云南师范大学地理系等编纂:《云南省志·地理志》,云南人民出版社1998年版,第1页。
②罗荣联:《中国最大的地震火灾——1925年大理地震火灾》,《二十世纪中国重灾百年录》,上海人民出版社1999年版,第155页。
③刘德恭:《云南:30万人死于霜刀——1923—1925年滇东霜冻、低温灾》,《二十世纪中国重灾百年录》,上海人民出版社1999年版,第149页。

以上"①。历史上地震频发。

1925年3月15日、16日,云南迤西大理、凤仪、弥渡、祥云、宾川、邓川、蒙化县先后发生7级大地震,震中为北纬25.7度、东经100.2度,地震烈度9级,震数在百次以上,震时绵延30余日。灾区纵200余里,横600余里。②在发生地震的同时,大理、凤仪两属同时发生火灾、水灾,"全城精华半化焦土,海滨田庐多变沙丘",这是"云南空前未有之浩劫"。③各县受灾情形如下。

大理等6县灾情统计表④

县别	大理	凤仪	宾川	弥渡	祥云	邓川	合计	备注
压毙丁口(人)	3736	1215	745	129	21	1	5874	1.本表缺略各项未经县知事调查造报无从统计; 2.本表合计一栏依据李镇守使(即大理镇守使李选廷)所调查填写 3.本表压毙丁口、压伤丁口各栏依据各县知事之报告填写
压伤丁口(人)	7260	552	286	163	19	23	8303	
灾户(户)	39731	6421	2465	3460	906	48	53031	
房倒(间)	75963	18967	9306	10376	475	175	115262	
墙塌(堵)	96629	19659	7850		678			
压毙牲畜(头)	10113	2316	1245	2315	890	196	17075	
绝户(户)	47							
附记				墙倒数未详		墙倒数未详		

资料来源:云南全省赈务处编:《云南大理等属震灾报告·大理等属震灾汇录》,云南开智公司,1925年9月12日。

---

①云南省地方志编纂委员会总纂、云南省地震局编撰:《云南省志·地震志》,云南人民出版社1999年版,第150页。
②童振藻:《云南大理等属地震区域图说》,云南大理等属震灾筹赈事务所,1925,第1页。
③云南全省赈务处编:《云南大理等属震灾报告·大理等属震灾汇录》,云南开智公司,1925年,第1页。
④1925年大理等7县地震,但蒙化县受灾很轻,知事并未进行灾情统计,故没有相应的数据列入。

由上表可看出，在受灾6县中，以大理、凤仪受灾最重，宾川次之，祥云又次，邓川、蒙化最轻。大地震总计压毙丁口5874人，压伤丁口8303人，受灾户数达53031户，压死和压伤人口占灾区人口的2.6%，而大理、凤仪伤亡人数分别占13.1%、3.7%。房屋倒塌115262间，压毙牲口17075头，"至损失之资本、器具、籽种、破坏之田地，估计不下5000万元"①。本次大理等属地震，除震级高、烈度大外，还引发了一系列次生灾害——大理地震后引发火灾、水灾，凤仪地震后遭受火灾、水灾及瘟疫等灾害。

（二）三迤霜灾

1925年农历三月二十三至二十九日，云南发生了特大霜灾：晴天突变，气温骤降，严霜满地铺白，寒如隆冬。据载："四月中旬（公历），天时忽变，气温由华氏六十六、七度降至四十一、二度②，连夜降霜。"③霜灾发生前后伴有降雪和冰雹。据镇雄县灾情报告记载："阴历三月十六、七、八等日，连降大雪。二十四、五等日，夜间复降厚霜，气候严寒，俨如隆冬。二十八、九等日，加以冰雹……"④与此同时，兰坪、鹤庆两县发生雹灾，据统计："霜雹两灾共摧豆麦一百三十一万余千亩，灾民五十六万六千余户，共计丁口三百一十四万四千五百余人，死亡二十四万四千六百余十人，实近百年未有之奇灾也。"⑤

从时间上看，本次霜灾发生时，正值刚过完冬季的小春作物生长发育的"断乳"期。此时的小春作物抵抗严寒的能力大大减弱，遭此致命一击，农作物正常生长的环境遭到破坏，农作物的积温也随之变

---

①童振藻：《云南大理等属地震区域图说》，云南大理等属震灾筹赈事务所，1925年，第15页。
②华氏六十六七度约等于19摄氏度，华氏四十一二度约等于5摄氏度。
③云南全省赈务处编：《云南三迤各县荒灾报告·灾情总报告》，1925年，第3页。
④云南全省赈务处编：《云南三迤各县荒灾报告·灾情总报告》，1925年，第69页。
⑤云南全省赈务处编：《云南三迤各县荒灾报告·灾情总报告》，1925年，第2页。

化，从而影响了农作物的正常生长，"迨日出霜化，所有豆麦、秧苗、洋芋概行枯萎，将熟之粮，摧于一旦"①，不死者生长发育大受损伤，已不能发育成熟，因此造成禾稼大量损伤，粮食严重歉收。

从受灾区域上看，本次霜灾波及昭通、平彝、马龙、陆良、罗平、曲靖、沾益、寻甸等37县。在受灾的37县中，原有总田亩数为2171544千亩，受灾总田亩占原有总田亩的60.3%。②其中，历史上开发较早、人口稠密且以杂粮为主食的滇东地区的受灾区域和受灾程度明显高于滇西、滇西南等地区，有显著的地域性特征，如昭通、马龙、罗平、会泽、师宗、平彝、陆良、曲靖、富州、丘北10县田亩受灾面积占原有田亩的80%以上，而其他29县受灾田亩面积占原有田亩的60%及以下。③迤东地区"各属霜灾相继见告，十室九空，哀鸿遍野"④。

霜灾发生前滇省已连年受灾，呈现灾害链。以云县为例，"民国十年岁饥，灾情奇重"，"民国十三年大旱，七月阴霜杀禾，次年大饥……"，"民国十四年大霜，斤米银元四角，人相食"。⑤此外，本次霜灾发生前后亦有各种灾害发生。如前文所述，大理等地已发生地震、火灾，还有兰坪、鹤庆也发生特大雹灾。陆良县报灾公文云："聚贤乡年春又降巨霜，如是三朝……清宁乡本年阴雨连绵，海滨旱地杂粮数万亩，全部失收。……旧历二月初十，夜雨冰雹大降，逾时方止，损坏禾苗六千亩。"⑥此外，1924年云南还发生了30余县大水灾。

---

①云南全省赈务处编：《云南三迤各县荒灾报告·灾情总报告》，1925年，第25页。
②云南省志编纂委员会办公室编：《续云南通志长编》（中册），云南省志编纂委员会，1986年，第403页。
③见拙文《霜天与人文——1925年云南霜灾及社会应对》，硕士学位论文，云南大学，2011年，第44页。
④云南全省赈务处编：《云南三迤各县荒灾报告·灾情总报告》，1925年，第9页。
⑤（民国）云南省通志馆：《云南省通志馆征集云南各县蠲恤资料之云县》，1931—1934年抄本。
⑥《陆良县政府水灾呈文》，《云南档案史料》第四期，第11页。

（三）云南大饥荒情景

1921年以来，云南连年遭受水、旱、霜、雹等各种灾害。1925年1月之内云南又连遭两次巨灾，民间盖藏始空，民食顿绝。加之民国时期云南仓储因仓正管理不善、管员贪墨侵吞、匪患、过境军队提用等原因大多荒废，故震、霜灾发生后，粮食危机突显，引发全省大饥荒。

1.震灾区域饥荒情景

在受震灾的7县中，灾前就有多县已连年受灾，民众生活已极其困难，复遭此巨灾，物资、农田、牲畜毁于一旦。原来的富裕之家因灾致贫，而原来的贫困之户则更是无计可施，陷入生存危机。大理地震后洱海之滨村落、农田复遭水灾，"昔之青葱满目者，今已变一片沙丘矣，故此次地震沿海居民受灾尤惨，衣食住完全荡尽。所谓一贫如洗者非耶"①。凤仪县"近年来，迭被盗匪抢，虽稍有存积者，早已搜尽，十室九空。加以频年歉收，食众生寡，艰难疾苦，不问可知"②。本已极度贫困，"震后，湖水暴涨。豆麦全行淹没，竟有来城街乞食者"③。宾川县在遭灾的诸村中，"去岁水淹成灾，秋收顿减，今豆麦又欠，成熟为数无多。自遭此奇灾之后，所积粮秣概被淹埋。半寻草根、树皮为食，嗷嗷饥民将有坐以待毙之势"④。

2.霜灾区域饥荒情景

（1）大逃荒。在重大的自然灾害面前，无力应灾的民众往往会大规模离土迁徙或者说逃荒求生。1925年云南霜灾后，民食顿绝，出现了民国时期云南规模最大的民众大逃荒，主要逃往县城、省城或经济发达区域。在《云南三迤各县荒灾报告》中，受灾各县均有逃荒情形，逃荒人数视灾情而定。据平彝县呈报："自霜灾迄今不过两

---

①云南全省赈务处编：《云南大理等属震灾报告·大理等属震灾汇录》，1925年，第4页。
②云南全省赈务处编：《云南大理等属震灾报告·大理等属震灾汇录》，1925年，第17页。
③云南全省赈务处编：《云南大理等属震灾报告·大理等属震灾汇录》，1925年，第15页。
④云南全省赈务处编：《云南大理等属震灾报告·大理等属震灾汇录》，1925年，第20页。

月有余，饥饿而死者不下三千余百人，转徙就食者四千余百人。"①嵩明县知事报："各县灾民相率逃来就食，络绎于道，每日来者数以百计，沿途卧病死亡，惨不忍睹，尤属无法安插。"②镇雄县呈报："流离满道，接耳尽是妇叹儿啼，续无膏，触目类鸠形鹄而烟沉店舍，尸枕沟壑。"③曲靖县知事呈报："老弱扶携，充塞道路，乞丐、盗贼遍满城郊。"④据统计，昭通县流离人口达37842人，占原有人口的29.7%；罗平县流离人口达29648人，占原有人口的21.4%；建水县流离人口达38943人，占原有人口的15%。此次霜灾的流离人口达到464727人，还有1807285人在此次灾害中不知去向。⑤

（2）草木充饥致病致死。饥荒之中，灾民通常会就地搜罗草根、树皮、树叶、果实，甚至是石粉充饥。霜灾发生后，饥民四处搜食，"所有草根、树叶均已食尽"，不得已再流离他处乞讨。草木、树皮等是灾民在无奈情况下的食物选择，有的可以暂时充饥，但有的具有毒性，不能食用，饥肠辘辘的灾黎却不加分辨地食用，以致丧命。西畴县"暮春下旬，被霜成灾，生机断绝，乃发明各种山粮。一名山羊芋，一名山萝葡，一名山羊头，一名麻栗果，一名刺山药。初食稍堪糊口，再食即致腹胀，甚至凝结不下或腰足无力，衰弱者一周而死，少壮者半月而亡"⑥。饥荒时期，如能吃上一些粗粮已属奢望，有时连树皮、草根这样的大自然馈赠都是不能满足饥民的。由于此次灾害是霜灾，低温、冷害不仅严重摧毁了小春作物，而且对其

---

① 云南全省赈务处编：《云南三迤各县荒灾报告·灾情总报告》，1925年，第29页。
② 云南全省赈务处编：《云南三迤各县荒灾报告·灾情总报告》，1925年，第29页。
③ 云南全省赈务处编：《云南三迤各县荒灾报告·灾情总报告》，1925年，第69页。
④ 云南全省赈务处编：《云南三迤各县荒灾报告·灾情总报告》，1925年，第47页。
⑤ 云南省志编纂委员会办公室编：《续云南通志长编》（中册），云南省志编纂委员会，1986年，第405页。
⑥ 云南全省赈务处编：《云南三迤各县荒灾报告·灾情总报告》，1925年，第175页。

他草木也是一样的摧毁，导致草木凋零。据逃荒难民描述，"本年之霜，草茅几尽"。《云南三迤各县荒灾报告》中，随处可见草根、树皮、草芽等被饥民刨食殆尽的情况。泸西县"夜间严霜屡降，豆麦尽行枯萎，城乡人民仰天长叹，不数日间举烟火者，不过十之三四。而此三四成中，能获黍稷延残性命者，又仅二三户而已。因是松根草芽掘食几尽，糠秕、豆叶乞食无门"①。

（3）卖妻鬻子。卖妻鬻子在通常情况下是一种违反法律、道德的行为，会受到法律的惩罚和道德的谴责，但在灾荒面前，这种迫不得已的行为似乎具有了合理性，即与其让妻儿饥饿而死，不如将妻儿卖给富裕之家为奴，尚可延续生命。因此，在大灾荒之时，往往会看到这样令人辛酸的情景。据广通县呈报灾情：霜灾后"哀鸿遍野，一般穷黎罗雀则雀已尽，食鼠则鼠已亡，草根、树皮采食无遗，少壮者逃窜异乡，老弱者转死沟壑，群情汹汹，竟演变成鬻妻卖子之惨状"②。饥荒太严重时，即使低价卖妻鬻子亦无人问津。西畴县城内高老王之妻在霜灾后的大饥荒中鬻子购粮，无人承受，子母情急自尽。③

（4）弃幼老，人相食。在灾荒中，孩子和老人是弱势群体，因供养不足，更容易被抛弃。在霜灾发生后，弃儿弃女现象频繁。"童男幼女，父母不能抚养多委于市场，任其所之徘徊无归，乞求无获，因而饿死者，不知若干人。"④10岁以下的孩子多由父母带至城中痛哭一场，将孩儿遗弃，这些孩子徘徊街头，乞食无着，饿病而死。这种惨状以昭通、会泽、宣威、师宗、罗平、丘北、泸西等县为最多，

---

①云南全省赈务处编：《云南三迤各县荒灾报告·灾情总报告》，1925年，第138页。
②云南全省赈务处编：《云南三迤各县荒灾报告·灾情总报告》，1925年，第184页。
③云南全省赈务处编：《云南三迤各县荒灾报告·灾情总报告》，1925年，第175页。
④云南全省赈务处编：《云南三迤各县荒灾报告·灾情总报告》，1925年，第54页。

师宗、罗平一带被遗弃的孩童不下8000人。①会泽县又报："近日饿莩枕藉,抛孩儿于荒郊,用饱野兽之腹者,有之。弃老亲于破屋,僵卧在地无人收尸有之。"②抛弃老幼已属灾荒中的无奈选择,更有甚者出现易子而食、杀子而食等人相食的惨剧。这是灾荒中人们做出的反常举动,但它又真实存在,并被时人所记录。民国时期云南著名学者方树梅在《学山楼诗集》中即有这样的描述:

《曲靖霜灾,有杀小儿食者,以诗伤之》
三月廿三天大霜,菽枯麦萎树枝秃。
草根食尽掘粉泥,泥塞难咽相向哭。
杀儿聊缓须臾饿,生自吾身还吾腹。
于嗟太愚何太忍,不啻下咽自身肉。③

（5）人烟寂寥,野兽横行。在大饥荒中,灾民为了活命不得不逃荒。在大规模逃荒途中或因体力不支或因病等常常出现饿莩盈野、死亡枕藉之象。霜灾后,自昆明到阿迷数百里,随处可见成群结队的灾民。他们白天在山野采食野菜或在城乡乞讨,夜间落宿街头或桥下。昭通、会泽、师宗、罗平等多县,有的全村逃亡,断了人烟。④城市里"常陈饿莩,至于山野之民,流离死亡,惨不忍睹"⑤。由于尸体陈积,引来恶兽肆意游走吞食,"豺狼狐狸恣意吞食残肢剩体,狼藉道途,日出熏蒸,臭闻数里"⑥。随着死亡人数的增加,无人收尸,遂引发瘟疫。盐兴县呈报"近月以来时疫流行,死亡相继"⑦有

---

① 《民国间云南各地自然灾害史料之三》,《云南档案史料》第四期,民国三十三年至三十四年。
② 云南全省赈务处编:《云南三迤各县荒灾报告·灾情总报告》,1925年,第78页。
③ 段少林编:《学山楼诗集》,云南人民出版社2015年版,第29页。
④ 《民国间云南各地自然灾害史料之三》,《云南档案史料》第四期,民国三十三年至三十四年。
⑤ 云南全省赈务处编:《云南三迤各县荒灾报告·灾情总报告》,1925年,第38页。
⑥ 云南全省赈务处编:《云南三迤各县荒灾报告·灾情总报告》,1925年,第54页。
⑦ 云南全省赈务处编:《云南三迤各县荒灾报告·灾情总报告》,1925年,第195页。

些地区甚至出现逃荒无力，无法生存以致全家死绝的惨状。据寻甸县呈报"近日据各区报告每日饿死人数统计尚不下数十，有因穷迫无奈先杀妻、子而后自杀者。至于穷村僻壤常有全家死亡无人埋葬者"①。大量灾民逃荒及死亡，导致受灾乡村非常萧条。

二、大饥荒的赈济

云南地处边疆，经济发展落后。自民国肇造后，云南先后经历了护国运动、护法运动、顾品珍驱逐唐继尧、唐重掌滇政等一系列兵戈。长年的内外征战，远远超出了云南省经济的承载能力，早已掏空了云南省财政。面对惨重的灾情，云南省政府自然无力独立应灾，于是唐继尧曾多次致电中央段祺瑞政府，请求拨款赈济。中央段执政府接到电文后，仅拨款1万元赈济滇省，此后云南省虽多方请援，但再无款项拨来。面对中央执政府消极的救灾态度，云南省政府只能承担起赈灾的主角，通过广泛的社会动员，整合各方资源，共同救灾。

（一）成立云南全省赈务处统筹全省赈务

面对全省大饥荒，省政府即经省公署商议决定，设立专门的赈灾机构——云南全省赈务处，其附设于内务司处，宗旨是代表政府总揽全局，负责本次灾荒的赈灾、安抚和善后工作。云南全省赈务处成立的时间是民国十四年（1925）6月6日。②

1. 人员构成

云南全省赈务处设总办1员、会办若干员、坐办1员，均由省长任命。赈务处的主要负责人为：以内务司司长秦光第为总办；以省议会正副议长、财政、实业、交通司长、市政公所、商务总会会长等为会办，具体人物为吴琨、由云龙、董泽、张维翰、马鉁、缪嘉寿、赵士

---

①云南全省赈务处编：《云南三迤各县荒灾报告·灾情总报告》，1925年，第53页。

②云南全省赈务处编：《云南三迤各县荒灾报告·重要文电汇编》，1925年，第9页。

铭、张士麟、张荫后、李相家；坐办为叶大林。其中，总办总理全处事务，会办襄办全处事务，坐办主办全处事务。

2. 办赈举措

云南全省赈务处成立后，组织了一系列赈灾措施，主要包括以下内容。

（1）查灾。赈务处成立以前，各县已经着手呈报灾情，但大部分灾情介绍很简略。赈务处成立后，即于6月18日通令各地方官调查灾情，依照统一制定的表式填写并附上灾情照片，限10日内交到赈务处汇办。为加大宣传募捐，要求"所摄影片，务期触目惊心，足动阅者悲悯之念，若虑时过境迁无从办理尽可向民间征集"[1]。各县呈报的灾情报告在赈务处的统领下，被编成《云南三迤各县荒灾报告》，成为向外募捐的宣传材料，也成为记载本次大饥荒的珍贵资料。

（2）划分灾区，设立赈务分处。赈务处成立后，根据各县呈报灾情轻重，将全省划分为6股灾区，具体分为：迤东两股，昭通、曲靖等属各一股，分设赈务分处，分派官员担任赈务分处总办；迤西两股，由滇西镇守使负责；迤南一股，由蒙自道尹负责；云武一股，由省会廉价售粥处负责。经赈务处组织召开全体成员及三迤士绅代表会议议决：筹获赈款，凡未经指定者，均按6股平均分配。

（3）急赈。震灾后，云南省政府先后两次由富滇银行下关分行向大理等属拨款6万元用于急赈。赈务处成立后，针对灾情重的县份，报灾时即发1000元赈济，迤东昭通、曲靖等灾情较重，先各拨5万元赶办急赈。据《云南全省赈务处报告书》[2]统计：省府共拨发急赈赈款合计滇币12.1万元。

（4）购越米，平粮价。震、霜灾后，米价上涨并一路攀升，

---

[1] 云南全省赈务处编：《云南三迤各县荒灾报告·重要文电汇编》，1925年，第9页。
[2] 《云南全省赈务处报告书》（民国），《云南省建设厅》卷宗，1077-001-01509-002，云南省图书馆藏。该报告为云南省大饥荒赈济结束后，由赈务处于1926年10月编写，详细记载了赈务处赈灾情形。

此后一直居高不下。如师宗县灾前每一斤米9仙，灾后每一斤米5角余①，米价涨了5倍多。由于商户大量囤积粮食，以致每遇运米入市，立即抢买一空，甚有持银到市无米可购的情况。据当时调查，"省、市不能举火者达七千余之多，而阖门服毒自尽，或相率扑河而死者或抢米，日有所闻"②。由于粮价奇高，且粮食数量有限，不能满足人民的消费，于是赈务处决定组织采购越米，平抑粮价。省政府先拨款30万元到越南购米，经滇越铁路运回滇省平粜、办粥厂。总计官商先后所办进口越米在8000余车，价值1800余万元。③

赈务处除因地制宜施粥、开办临时防疫事务所、掩埋尸体、收养孤儿外，还协同公米局、民食救济会、平粜事务所、廉价售粥厂等政府、民间机构共同赈济。

（二）引入华洋义赈会云南分会

近代意义上的义赈产生于光绪初年，但主要集中在上海、北京等较发达的大城市，较落后的地区还是以传统的慈善救济为主。民国初年的云南，民间救济主要依靠传统慈善团体，而1925年云南的大饥荒则催生了云南新兴民间赈灾力量——华洋义赈会云南分会。

1. 华洋义赈会云南分会缘起

1925年云南大饥荒，云南省政府迫于救灾压力，通电国内各慈善团体，寻求募捐赈济。当时最具影响力的新兴民间义赈组织——华洋义赈会，便成了云南省政府争取援助的对象。震、霜灾后，云南赈务处曾多次致电上海的中国华洋义赈总会，请求救援。此外，旅京滇人王人文、赵鹤龄、张耀曾了解到——"北京华洋义赈救灾总会，由海关附捐项下积存现款尚有二三百万元，力量雄厚。该总会虽注重工

---

①云南全省赈务处编：《云南三迤各县荒灾报告·灾情总报告》，第130页。
②（民国）云南省通志馆编：《续云南通志长编》（中册），《民政六·赈济》，第401页。
③云南全省赈务处编：《云南三迤各县灾荒报告·灾情总报告》，1925年，第17页。

赈,但遇灾情特别重大时,仍可酌拨若干举办急赈。"[1]在旅京滇人的指导下,华洋义赈会云南分会于1926年1月正式成立。[2]

2. 华洋义赈会云南分会对云南饥荒的赈济

华洋义赈会云南分会成立后,于"民国15年,承总会拨发赈款国币295000元,汇兑为滇币728280元。定为工赈六成、急赈四成,而可以以一成为伸缩"[3],用于赈济云南大饥荒。

华洋义赈会的赈灾主要分为两种:急赈与工赈。华洋义赈会救灾思想认为,"为一时救急计,则以急赈为宜,若为增进社会生产力及铲除灾源并筹各地永久福利计,则工赈实为当务之急"[4]。华洋义赈会云南分会成立时,急赈时间已过,遂制订工赈计划,办理工赈,并从总会指派工程师来滇襄办。初期,华洋义赈会云南分会"预定修浚昆湖,经工程师测勘,绘具图说征求政府,未得同意,遂改为兴修迤东汽车路"[5]。由于工程较大,华洋义赈会云南分会组织了路工办事处专门负责修建迤东公路的相关事宜。后华洋义赈总会派总工程师塔得复两度来滇进行工程测量、设计,并确定了施工标准,制定了施工规范等。对于工程所需的材料及工时等,总会派遣了技师彭禄炳专司其职。迤东公路第一阶段项目始于1926年12月,兴修路段自城东盐行街至大板桥外龙泉寺止,长40多公里,宽1丈6尺,内筑6个桥梁、65个涵洞,迁移坟冢30多座,竣工于1929年2月,共耗滇币170000元。与此同时,应昆明市政府的请求,铺设了万寿宫至重关碎石路暨改建

---

[1]云南全省赈务处编:《云南三迤各县荒灾报告·重要文电汇编》,1925年,第53页。
[2]正式挂牌成立时间为1926年1月,实际进行救济活动的安排和筹备始于1925年11月。详情参见(民国)云南省通志馆编:《续云南通志长编》(中册),《民政六·赈济》,第389页。
[3](民国)云南省通志馆编:《云南省通志馆征集云南各县赈灾资料》,1931—1934年手抄本。
[4]华北救灾协济会编:《救灾周刊》,1921年12月,第33—34页。
[5](民国)云南省通志馆编:《云南省通志馆征集云南各县赈灾资料》,1931—1934手抄本。

桂林桥，费滇币165000元。两项工程共耗资335000元。①

华洋义赈会云南分会以本次霜灾为契机，强势介入云南赈灾体系中。此后，1929年昆明火药爆灾，1930年阿迷县东山火灾，1933年昆明市水灾及河口火灾等均拨款赈济。华洋义赈会云南分会在总会的指导下，与云南本土救灾机构及旅沪、旅京同乡会协作，成长为云南民间赈灾的一支重要新兴力量。

3. 加强旅外同乡组织的联系

1925年云南大饥荒中出现了一些新型救灾组织，除华洋义赈会云南分会外还有旅沪、旅京同乡会以及旅沪云南赈济会、北京震灾协济会等旅外同乡组织。这些组织进行了积极的募捐活动，对于灾后的赈济及重建都起到了一定的作用。在这些旅外同乡组织中，作用最显著的是由旅京同乡会成立的云南震灾协济会。

震灾后，由于灾情严重，云南省政府和大理镇使李选廷分别于4月4日及4月18日致电云南旅京同乡会，②请求广为募捐。此后，云南省议会、云南大理等属震灾事务所、大理震灾筹赈会迭电请代为募捐。在王人文、张耀曾和赵鹤龄的主导下，旅京云南同乡会筹设了云南震灾协济会，地点设在宣武门外校场头条云南会馆。

北京云南震灾协济会因大理等属震灾而成立，在震、霜灾后的灾荒赈济中也发挥着重要作用，具体如下。

（1）指导编写灾情报告。要成功获得募捐，不仅要加大宣传力度，更重要的是宣传要打动人心，引起人们的怜悯，人们才能慷慨解囊相助。协济会成立后，除了收到滇省各机关迭电报告灾情外，还曾从大理等属震灾事务所编写的《云南大理等属地震区域图说》中了解到受震灾各县的灾情，但该书成书于震灾后1个月，成书时间仓促，内容简略。因此，协济会为了更好地向外募捐，曾对滇省灾情报告编写做出了指导："滇省僻远，交通梗塞，宣传既迟而调查报告描写惨

---

①云南省志编纂委员会办公室编：《续云南通志长编》（中册），《民政六·赈济》，第300页。
②北京云南震灾协济会编：《云南震灾协济会征信录》，第5页。

状多不详尽,旷日持久,国人或将忘之。观之于中央命令,仅恤万元,可见一斑。是以同人拙见,应该请执事派员将灾区酷惨情状,详悉印照,加以说明,寄京愈多愈好,以凭宣传,唤起慈善家注意,则筹款自较易耳。"①此后,云南全省赈务处又编写了更详细的震灾报告,用于募捐。

（2）竭力募捐。协济会成立后,曾通电各界请代为募捐并寄送募捐册,并致旅居各省军、政、商、同乡商办募捐事宜,请各省同乡会派员竭力募捐。协济会还致函各慈善团体借助其影响力代为募捐。但由于云南地处边疆,信息传播渠道不畅,虽遭此奇灾,但国人对灾情并不了解,从而影响了募捐的效果。故协济会选派代表至各报馆、通讯社申诉灾情,"（云南）地处边隅,道路修阻,所有奇惨情状,未能详尽宣传于仁人君子之前。故自警电纷传,中外震骇,何尝不动色相告,心存拯济,固不乏人捐款惠施"②,请求代为宣传。此后,《大公报》《东方杂志》《申报》等当时最具影响力的各大报刊均对云南灾情进行了报道。

（3）请中央政府将云南列入灾区,从优分配赈款。北洋政府时期,中央政府每年向全国受灾区域分配赈款,并成为惯例。云南地处边陲,民国初年虽然灾害频发,但很少向中央呈报,所以至1925年大理等属地灾害发生前,云南一直未被中央列入灾区,亦无人呈请加入,以致历年来中央分配赈款并未惠及云南灾民。震灾后,北京云南震灾协济会一方面向内务部、赈务公署面呈灾情,一面恳请将大理各属列为灾区,后请求中央从优分配赈款并获中央批准。滇省霜灾后,协济会仍然向内务部和赈务公署呈请将云南霜灾受灾区域列为灾区。协济会申请函阐述"滇省本贫瘠之区,入春以来,受此两大灾害,实属开辟未闻,灾情如此浩大,杯水车薪,又岂本省

---

①北京云南震灾协济会编:《大理震灾协济会征信录》,1926年,第10页。
②北京云南震灾协济会编:《大理震灾协济会征信录》,1926年,第17页。

财力所能济。应请就近代表三迤人民，呈请政府列入特别灾区，于现存赈款项下及将来海关附捐项下特别分摊，俾活灾黎"①。在北京云南震灾协济会的运作下，中央政府将云南列为一等灾区，优厚分配赈款。

（4）对滇省赈灾建言献策。协济会成立后，与大理等属震灾筹赈事务所、大理等属震灾筹赈会、云南全省赈务处、云南省公署等均保持联系。首先，对即将分获的海关赈款，建议云南省政府"支配赈款悉根据各灾区之报告为标准，而报告尤以慈善团体者为可恃"②。其次，为滇省向中央申请赈款献策。云南省政府在震、霜二灾后，先后致电协济会，委托该会向执政府呈报灾情，申请赈款，但收效甚微。因此，协济会致电唐继尧："敝会前此曾电请由省直接报部职是故耳。顷奉铣电，业经遵嘱呈请赈务署特别拨款赈济，并派代表参与该署会议，据实力争。不过敝会愚见：仍以由省中各界多发报告，较为妥也。"③另外，大理等属震灾后，执政府承诺拨款1万元赈济，但一直未兑现。协济会曾多次代省府向执政府催索赈款。

综上，协济会虽为一个民间组织，但它利用在京的地缘和信息优势获取了申请更多赈款的途径和方法，并指导云南省政府向中央申请赈款。可见，该组织虽为一个临时成立的民间赈灾组织，但承担了多重角色，在1925年的灾荒赈济中发挥了重要作用。

---

① 北京云南震灾协济会编：《大理震灾协济会征信录》，1926年，第26页。
② 北京云南震灾协济会编：《大理震灾协济会征信录》，1926年，第24页。
③ 北京云南震灾协济会编：《大理震灾协济会征信录》，1926年，第24页。

三、1925年云南大饥荒赈济的反思

1925年,云南省大饥荒保守估算总共死亡人数应超过25万人。[1]然而,如此惨重的一次大饥荒却逐渐隐匿在历史的尘埃中,今人对其知之甚少,方志中亦只留只言片语。但对本次大饥荒及赈务活动的研究,依然可以引发诸多思考。

第一,诸多重大灾难并非偶然出现,而是各种灾害累积叠加后的呈现。严重的灾荒在留给世人惨痛的教训和难以磨灭的记忆的同时,也警醒着世人。自入民国以来,云南省自然灾害频发,特别是1925年云南遭遇了地震、霜灾两次"奇灾",引发了全省大饥荒,这对云南省的政治、经济、文化和社会等各方面产生了深远的影响。

1925年云南大饥荒引发的历史教训是深刻的。尽管众多自然灾害的发生不以人的意志力为转移,但人类肆无忌惮地破坏环境、掠取资源,将必然使自身受到更大的惩罚。云南多山地,适宜耕作的土地少。明清以后,随着高产作物玉米、马铃薯、番薯等引种,大量原来不适宜耕种的山地、荒地被开垦了出来,破坏了原有的生态平衡;加之明清以后滇省矿业开采的推进等,导致云南境内植被不断退化,涵养水源能力下降;此外,因政府财政窘迫,水利失修等,亦使生态保护工作无法开展。因此,1925年云南大饥荒不仅仅是因为遭遇震、霜两次巨灾所致,还是长期生态环境破坏后各种灾害累积叠加后的呈现。

第二,农业是国民经济不可动摇的基础。在引发1925年大饥荒的诸多因素中,云南1920年广种鸦片,挤占农田,导致农作物种植减少,粮食储备不足,这是重要因素之一。我国是农业大国,传统中国以农立国,尽管我国在由农业国向工业国转变的过程中,农业

---

[1] 其中,地震中受伤者达8303人,这些受伤人员在震灾后饥寒交迫的环境中必然有一定数量的人口死亡。霜灾后,据1925年10月编印的《云南三迤各县荒灾报告》统计,各县死亡人口24万余人,后续死亡人口并无记载,但应该还有一定数量的人口死亡。此外,有众多流民在逃荒过程中死亡,数量并不能完全统计。因此,保守估计1925年云南大饥荒死亡人数应该超过25万人。

在国内生产总值中的比重在下降，但是无论什么时候，都务必确保农业在国民经济中的基础地位，确保粮食安全，这样才能真正做到"手中有粮，心中不慌"。

第三，政府是赈灾的主体，在赈灾中发挥着不可或缺的作用。民国时期是近代中国社会转型的重要时期。民国肇造后，伴随着清王朝崩溃的是中央权威的弱化，尽管北洋政府时期北京政府是名义上的中央政府，但其对地方的管理和控制已大不如原来的王朝垂直管理体系，其对地方的赈灾态度逐渐淡漠，救灾职能呈现弱化态势。在1925年的云南大饥荒赈济中，中央执政府的作用微乎其微，因此云南地方政府只能充当赈灾的主体。尽管本次饥荒赈济不尽如人意，但可以看到，省政府不仅设立了专门化、组织化的赈灾机构——赈务处统筹全省赈务，而且进行了广泛的社会动员，引入华洋义赈会云南分会参与救灾，还加强了同旅外同乡组织的联系，拓展了赈灾路径。正是省政府承担起了政府的赈灾职能，才让如此巨灾得以有序赈济。当然，我们也应该看到，由于云南省地处边疆，经济落后，财政空虚，以地方一己之力来应对如此巨灾的确是力不从心。因此，面对重灾，国家力量的参与是必不可少的。

第四，培育民间赈灾力量，形成赈灾中政府与民间的良性互动。在1925年的大饥荒赈济中，省政府因无力独立应灾，故进行了广泛的社会动员，并让渡出了一定的赈灾空间。因此，涌现出了众多临时性或常设性的民间赈灾组织，如大理等属震灾事务所、大理等属震灾筹赈会、北京云南震灾协济会、民食救济会、华洋义赈会云南分会等，这些赈灾组织大部分是在省政府引导下成立的。这些组织的出现，无论是在赈款募集还是具体的赈灾实施方面，都与政府形成了良性互动，有力地配合了省政府的饥荒赈济。由此，观照当今，在目前国家居于赈灾绝对主导地位下，社会救助力量依然非常重要，不可忽视。如何更好地发挥民间力量来协助政府救灾，形成赈灾有机整体，还有很多值得我们去探究的空间。

综上所述，1925年的大饥荒对滇省来说是一场巨大的浩劫。然而，如此巨灾对近代云南赈灾体系的建设和运作也是机遇与挑战并存，对于政府和灾民在灾后抗灾能力的建设有重要的影响。本次大饥荒的赈济对近代边疆民族地区区域赈灾提供了新范式，对当今的灾害应对依然具有启发意义。

（濮玉慧，云南民族大学马克思主义学院讲师，博士，主要从事西南灾荒史及中国近现代史研究）

"学术研究是文化的先导"

——五华学院的学术追求与学术活动述论

沙文涛

五华学院，全称"私立五华文理学院"，是抗战胜利后云南文化教育界致力于推动本土高等教育发展的产物，也是云南本土创办的第一所私立大学。五华学院既是一所民办高等教育机构，又是一所致力于推动学术研究的学术机构。学院以"发展西南文化，推进科学研究"为办学宗旨①，坚持教学与科研并重，立足云南边疆本土实际情况，以复兴和发展滇学为己任。目前学术界对五华学院的研究取得了

---

①五华学院的办学宗旨，前后三变。发起时以"发展西南文化，推进科学研究"为办学宗旨；第一次创立会通过的办学宗旨是"发扬中国文化，推进科学研究"（云南省档案馆编：《私立五华文理学院档案资料汇编》，云南大学出版社2009年版，第150—151页）；1950年1月31日，董事会召开第八次会议，决议将学院办学宗旨改为"发扬民族文化，推进科学研究"（云南省档案馆编：《私立五华文理学院档案资料汇编》，云南大学出版社2009年版，第425页）。

一些成果①，不过也存在明显局限性。目前的研究主要集中于介绍五华学院的历史演变和办学情况，对于其在推动学术研究方面的努力和成就、对边疆学学科建设与人才培养等方面的探索和成绩则缺乏系统、全面的梳理和总结。有鉴于此，笔者不揣浅陋，试加以论述。

一、以继承和发扬滇学为旨归

抗战胜利后，云南百废待兴，急需地方建设的各方面人才。但由于西南联大等高校回迁内地，云南高等教育事业顿显冷清，云南高中毕业生升学深造机会减少。为了解决这些问题，在热心于教育事业的昆明学人于乃仁②、于乃义③兄弟的运筹下，1946年8月，私立五华文理学院被发起成立。发起人有全国知名的政治、教育、学术各界人士和云南地方名流，如李根源、于右任、周钟岳、陈果夫、翁文灏、卢汉、梅贻琦、熊庆来、陈寅恪、钱穆、罗庸、姜亮夫、秦光玉、由云龙等，学院的发起得到了社会各界的广泛支持。

五华学院的自我定位具有明显的继承和发扬五华书院朴实学风的

---

① 关于五华学院办学方面的研究成果，有党亭军的《民国私立大学办学活动的个案研究——云南"五华学院"兴亡启示录》[《河北科技大学学报》（社会科学版）2013年第2期]；白亚辉的《南天兴学：云南私立五华文理学院的创建》（《昆明学院学报》2018年第4期）和《南天兴学——云南私立五华文理学院研究》（云南大学硕士论文，2018年）等。关于五华学院学术研究和学科建设方面的情况，笔者进行过初步探索，发表了《构建边疆学科的一次尝试——私立五华文理学院边疆文化学系述略》（见林文勋、邢广程主编：《国际化视野下的中国西南边疆：历史与现状》，人民出版社2013年版）和《〈五华〉月刊述评》（见《西南古籍研究》，云南大学出版社2015年版），但研究并不全面。

② 于乃仁（1913—1975），字伯安，昆明市人，出身书香门第，毕业于云南法政专门学校，曾供职于云南省禁毒局，后以办实业积累了丰厚资产，遂与其胞弟于乃义捐资创办五华学院，任院长。

③ 于乃义（1915—1980），字仲值，昆明市人，出身书香门第，毕业于云南法政专门学校，后先后供职于云南省立昆华图书馆、云南省政府参事、昆华中学等机构，1946年与其胞兄于乃仁捐资创办五华学院，任学院教务长。早年师从秦璞安、袁嘉谷等名师，国学基础深厚，精于佛学，对云南地方文献的编辑整理多有贡献。

意图。五华书院创于明嘉靖初年,是云南省创办较早、历史最悠久、层次最高、影响最大的一所书院,培育出了不少著名学者。五华学院的命名便源于五华书院。在其发起书《五华学院缘起》中称:"昆明五华山,前清五华书院遗址在焉。……今兹命名,亦期所以步前贤之芳躅,树朴实之学风,探求真理,冀稍有发现,贡献于国家世界。"[①]在《私立五华学院筹组方案》的总则中明确申明:"本院为继承五华书院之研究学风,定名为私立五华学院";"本院以发展西南文化、推进科学研究为宗旨"。[②]由此可见,在五华学院的创始人看来,五华学院是为了继承五华书院的传统而发起的,与五华书院有承继关系。

五华学院创始人于乃仁、于乃义所作的《五华学院筹备概述》对五华学院继承前人学术传统的动机做了更详尽的说明:"本院创办的动机,鉴于学术研究是文化的先导。以云南言,在过去,老师硕儒,很多人把研究学术当做终身的事业,以此自勉,也以此勖人。前清五华、经正两书院,蔚为朴实的学风,盛极一时。"但五华学院毕竟在现代办学,时代不同了,不可能完全沿袭五华书院的做法,需要变通。五华学院的创始人也意识到了这个问题。他们指出:"在这科学进步、一日千里的时代,学校的基本知识,如何能适应现实的需要呢?尤其是以云南自然人文为对象,应该有整个的系统的研究,这一点,更为学人之所迫望。……抗战八年以来,西南联合大学迁在云南;中央、北平两研究院和其他大学研(究)机关,也相继移来,这对于学术研究,形成空前的盛况。……战事结束了,各学校与学术机关,次第复员,也还有留一部分工作站继续工作的,但是和实际需要已不而(能)配合。我们感觉到这个问题的重要,禀承于周惺甫、秦璞安先生,也以为学术研究是建国的始基,应该合力共举,所以才有

---

①云南省档案馆编:《私立五华文理学院档案资料汇编》,云南大学出版社2009年版,第2页。
②云南省档案馆编:《私立五华文理学院档案资料汇编》,云南大学出版社2009年版,第3页。

发起创办五华学院的提议。"①由此可见，五华学院的自我定位实际上是学术研究机构，其创办目的主要是继承五华书院的朴实学风和致力于学术研究的传统；而学术研究侧重于"以云南自然人文为对象"，继承和发扬滇学的意图十分明显。

五华学院发起之初，社会上对其寄予了很大的期望，各界人士对五华学院提出了各种要求和期许，其中一个重要希望是加强对云南本土文化的研究，以发扬滇学。当时的《云南日报》曾发表评论："本省地处偏僻，文化落后，自属事实。抗战军兴，西南联合大学及其他学术机关，迁来省会，年来于本省学术教育，多所影响。现各学术机关，相继复员，本省人士理应自办各项文化事业，以为继续。五华学院当即应是需要而产生者。为本省文化教育之进步以及西南文物之研究、经济建设之发展，吾人对该学院实具有莫大之希望。"②国民党元老、云南政坛名宿、文化名流李根源身在滇西，遥寄一文，"爰将云南文化之源流，略述梗概，及所希望本院者，与同仁共勉焉"。李根源在历数滇文化的4种类型后，提出自己的希望："今作学术研究，自云南始，博后周谘，矜慎从事。不以言取人，不以人废言，一例考据，辞章经世，四者无所偏废。"他还认为："整理国故，探求新知，此物此志，吾人理智之所需要，亦生命之所需要。"③李根源是五华学院的发起人之一，也是滇学研究的重要推动者，他本人即是滇学的旗帜性人物，因此对五华学院的办学方向具较大影响。

五华学院在实际办校过程中特别重视滇学人才的发掘和培养，也体现了其对学术研究特别是对滇学研究的重视。五华学院是在外来文教机关和文教人士相继离开云南之时开办的，因此五华学院的师资力量以留守云南的知名学者和云南本土地方文教力量为主，少数由省外

---

①云南省档案馆编：《私立五华文理学院档案资料汇编》，云南大学出版社2009年版，第34页。

②云南省档案馆编：《私立五华文理学院档案资料汇编》，云南大学出版社2009年版，第39页。

③李根源：《论云南文化与五华院之希望》，《正义报》1946年8月1日副刊《五华学院特刊》。

聘请，如钱穆，还有部分学者由原西南联大留昆教授聘任，如罗庸。云南地方不少饱学硕儒、知名教育界人士，都参与到了五华学院的办学中，院方也不惜重金聘请一流师资授课，以求造就一流人才。五华学院发起人中云南籍的学者有李根源、周钟岳、熊庆来、秦光玉、由云龙、姜亮夫、于乃仁、于乃义等；延聘来授课或主持讲座的名师有钱穆、雷海宗、贺麟、刘文典、白寿彝、罗庸、姜亮夫、由云龙、秦光玉、俞德浚、蔡希陶、王灿、陈一得、方国瑜、徐嘉瑞、夏光南、白之瀚、张凤岐、李希泌、李埏等，均为国内或本省学养深厚的著名学者。以上这些学者中，有不少是滇学研究的代表人物，如五华学院的创办人、五华学院董事长周钟岳，本身就是饱学硕儒，他对于推动五华学院的滇学传承起了重要作用。①五华学院的实际创办人——于乃仁、于乃义兄弟，论家学渊源，实为滇学传承人，其他如李根源、周钟岳、秦光玉、由云龙、姜亮夫、王灿、陈一得、方国瑜、徐嘉瑞、缪鸾和、夏光南、白之瀚、张凤岐、李希泌等，都是滇学代表性人物。可以说，五华学院延聘了云南省主要滇学研究力量，实现了云南省学术力量暨滇学研究人才的一次大汇聚。众多学者的加盟，为五华学院的滇学研究奠定了坚实的基础。

二、学术活动的开展

五华学院发起成立后，尚未取得招生资格，于是计划先开展学术研究，为此组建一"会"两所，即文史研究会和文科研究所、植物研究所。

发起成立文史研究会是五华学院创办初期开展的一项重要工作。五华学院遵照当时政府规定，为五华文史研究会申请了"人民团体"资格，于1946年7月5日获得昆明市政府颁发的人民团体立案证书，获准正式成立。其简章称"本会为纪念五华书院之历史意义，定名为五

---

①吴棠：《白族著名学者周钟岳与云南耆宿对传承"滇学"的贡献》，《大理文化》2007年第5期。

华文史研究会"，"本会以研究文史学科、整理西南文献、养成朴实学风为宗旨"。五华文史研究会以周钟岳为理事长，秦光玉、罗庸、于乃义为常务理事，李埏、李希泌、李为衡、方国瑜、于乃仁、陈秉仁、曹钟瑜、虞籍、王七舞为理事，周均、缪尔纾、周锡年、张学智为候补理事，李根源为常务监事，周毓煊为候补监事。[①]五华文史研究会实行会员制，发起人为基本会员，新会员必须由两名基本会员介绍；会员必须做专题研究，每6个月为一期，所著论文可选登于学院期刊或编印集刊、丛书。五华文史研究会还聘请导师指导研究工作，并定期举办学术演讲会，由会长、导师做专题演讲。

五华文史研究会成立后，主要工作是组织学术演讲会，即邀请本会的导师或外聘专家学者做专题演讲。在有资料可查的1946年8月到1947年1月，五华文史研究会（1946年11月以后改为讲习会[②]）共举办了演讲会49讲，其中演讲主题与滇学相关的有5讲，分别为李家瑞所作的"滇西火葬坟墓之研究"、由云龙所作的"清季滇越兵事之始末"、于乃义所作的"云南文献与文化"、夏光南所作的"古代之中印缅交通"、方国瑜所作的"汉晋时期中国治理云南概要"。1947年1月以后陆续有学术演讲举办，如7月15日和22日连续请方国瑜教授举

[①] 云南省档案馆编：《私立五华文理学院档案资料汇编》，云南大学出版社2009年版，第69页。[五华学院最先为申请文史研究会立案而呈报给昆明市政府的理、监事名单，以周钟岳为理事长，秦光玉为副理事长，常务理事有李希泌、于乃仁、于乃义、张凤岐、李埏，理事有为衡、方国瑜、曹钟瑜、虞籍、缪鸾和、王七舞、周均、陈秉仁，监事长为李根源，监事有周毓煊、缪尔纾、周锡年、张学智，名誉会长为罗庸，会长为徐嘉瑞，副会长有李埏、李希泌。（见云南省档案馆编：《私立五华文理学院档案资料汇编》，云南大学出版社2009年版，第64页）昆明市市长以所报章程内容有缺漏及机构设置与有关规定不符为由发还重报。修改后的理、监事名单即上述正文所列名单，且不再设正、副会长。但后来有关文史研究会的报道里出现过"罗会长膺中""五华文史研究会会长徐嘉瑞"等表述，表明名义上还是保留了"会长"的头衔。笔者曾在《〈五华〉月刊述评》一文中称："五华文史研究会以周钟岳为理事长，秦光玉为副理事长，名誉会长罗庸，会长徐嘉瑞，副会长李埏、李希泌。"（《西南古籍研究》，云南大学出版社2015年版，第365页）表述明显有误，特此说明。]

[②] 自1946年11月起，五华文史研究会仿章太炎在苏州设讲习会的办法，请各教授作专书或学术系统之讲授。（参见《正义报》1946年11月1日。）

办了两场讲座,题目分别为"唐宋时期云南之中原移民"和"唐宋时期云南之儒学与佛教"。[①]

五华文史研究会创设之初,曾确定系统研究工作3项:一是云南年表及云南编年史之编纂,二是咸同滇乱史料之整理,三是《云南备征志》之重订。由会员分部门进行研究。[②]由此可知,五华文史研究会的研究规划以滇学研究为主。一年后,研究工作取得了初步成果。据报道,五华学院推出的文史丛书,"第一种《屏山学案》已印成,第二种《续云南备征志》为秦璞安先生积数十年之功所纂成,收集云南史地要籍数十种,即将复印流通云"[③]。《屏山学案》乃袁嘉谷(号屏山居士)学案,为于乃仁、于乃义昆仲所编。于氏昆仲为袁嘉谷晚年所收弟子,对袁嘉谷人品学问十分敬重,在袁嘉谷逝世后,于氏兄弟编写了《屏山学案》(1947由五华学院印行),对袁嘉谷的学术源流、诗文和史学成就及其品德进行了全面总结。至于秦光玉的《续云南备征志》,目前的材料看,并未由五华学院出版印行。

1946年11月,五华学院在文史研究会的基础上成立文科研究所,聘请著名学者钱穆为文科研究所所长。不久设立人文科学研究班。钱穆抵昆后,"开《中国思想史》一课,系钱公拟在滇完成的一部巨著,并布置研究室,选定研究员,指导作系统研究。各人研究结果,每周轮流报告"[④]。钱穆带领五华学院同人进一步开展文史研究,并受邀在五华文史研究会发表学术讲演。钱穆还撰写了《中国文化新生与云南》(刊于《五华》月刊第4期)一文,对云南文化的发展寄予厚望。

创办《五华》月刊是五华学院开展学术活动的另一个重要举措。《五华》月刊是五华学院的院刊,于1947年创刊,"专载五华学院各

[①] 云南省档案馆编:《私立五华文理学院档案资料汇编》,云南大学出版社2009年版,第115—116页。(方先生举办的这两场讲座已经是五华学院学术演讲的第七十和七十一讲。第四十九讲至第七十讲之间的讲座情况不详,引以为憾。)
[②]《正义报》1946年8月5日第四版。
[③]《正义报》1947年9月24日第四版。
[④]《文讯》,《五华》月刊1947年第1期。

部门研究论文及报告，并登其他有关文史稿件"，属于文史类学术杂志。不过，《五华》月刊实际刊文的题材和内容较为广泛，并不完全刊载研究型的学术论文，刊文范围包括文史研究论文、文史讲座的讲演稿、云南史料、文艺创作、文坛通讯等多种题材。

《五华》月刊是依托五华学院的师资力量来办刊的，杂志的作者大多是五华学院的发起人、专任和兼任教师，还有一些是五华文史研究会的会员。其他如著名哲学家贺麟也是杂志的作者，他曾受邀为五华文史研究会做讲座，其讲稿刊于《五华》月刊；著名语言学家罗常培、著名戏曲研究家赵景深虽不是五华学院教授，但也有文章刊发于《五华》月刊；文化界名流马一浮、季镇淮等的诗词也出现于《五华》月刊。其他作者还有云南著名的气象学家陈一得、云南大学教授王灿、云南大学副教授吴乾就、龙云的幕僚马子华等。

从《五华》月刊刊载的文章来看，五华学院在某些领域的研究水平是相当高的，达到了全国先进水平，如钱穆的中国思想史研究、罗庸的中国文学史研究。钱穆在五华学院主要研究和讲授中国思想史，其讲稿在《五华》月刊随讲随登。在此之前，钱穆著有《刘向歆父子年谱》《先秦诸子系年》《中国近三百年学术史》《国史大纲》等影响巨大的作品，但并没有系统撰著或讲授过中国思想史。因此，钱穆在五华学院的讲演可以说是他系统建构其中国思想史体系的开端，而其构思的最初成果就是刊载于《五华》月刊的"中国思想史"系列文章。罗庸在五华文史研究会主讲"中国文学史导论"，部分讲稿刊载于《五华》月刊第2、4、5、6期。后来罗庸英年早逝（1950年病逝于重庆北碚），没有来得及单独出版《中国文学史导论》，因而刊载于《五华》月刊的"中国文学史导论"系列文章成为他在中国文学史研究中的代表作之一，具有重要文本意义。

三、边疆学研究与学科建设方面的探索

云南地处祖国的西南边疆，随着近代西南边疆危机的加剧，对边

疆问题的关注和研究成为近代以来云南学术界的一个重要传统。边疆问题很早就受到以方国瑜为代表的云南本地学者的重视。早在1938年10月，方国瑜联合内迁来滇的学者凌纯声等创办《西南边疆》杂志，有力地推动了西南边疆研究。1942年7月，国立云南大学创建西南文化研究室，在方国瑜的领导下，先后出版了"西南研究丛书"10种，极大地推进了中国西南边疆研究的发展。五华学院成立后，方国瑜、李埏等许多云南大学的文史教授兼任五华学院的教师，而云南边疆问题研究专家、五华学院教授张凤岐，既是云南大学兼任教授，同时也是方国瑜主持的云南大学西南文化研究室的特约编辑员（一年后改为特约研究员）[1]。可以说，五华学院继承了云南本土学者边疆研究的传统。

云南解放后，百废待兴，包括边疆开发与建设在内的各项事业亟待开展，但了解边疆和建设边疆的人才却颇为缺乏，身处云南的学者对此深有体会。在一次座谈会上，五华学院教授张凤岐曾提到一件事，他说："我有一学生，几次来找我，他要做一张少数民族区域图，因为西南民族事务委员会需要，我到高教会出席时，重庆好几位也表示过，现在少数民族的研究材料很缺乏，因此，在本省边疆文化的发展，是很切合需要的。"[2]有鉴于此，五华学院在院系建设上，为加强对边疆文化和边区民族等问题的专门研究，将原有的人文科学研究班改为云南边疆文化学系，以云南边疆问题专家张凤岐为系主任。五华学院同人认为："依照新民主主义文教政策为民族的、科学的、大众的文化教育，对于发展边疆文化和边区民族等问题的专门研究是必要的。本院原设有人文科学研究班，范围似属广泛，原来设置的意义，本来以研究本省史地和自然、民族、社会、语言等等问题

---

[1] 参见娄贵品：《方国瑜与中国西南边疆研究》，人民出版社2014年版，第203、205页。
[2] 《私立五华文理学院董事会欢迎西南文教部陈处长、文教界先进座谈会纪录》，云南省档案馆编《私立五华文理学院档案资料汇编》，云南大学出版社2009年版，第443页。

为对象，现在决定使它名实相符，拟改为云南边疆文化学系……"①边疆文化学系于1950年8月实现了首次招生，计录取新生50名（内21名为试读生），同期五华学院录取的中文系新生58名（含试读生19名）、历史系新生48名（含试读生20名）。②由于报名手续方面的一些问题，1950年9月还有第三批补录的新生，其中边疆文化学系录取正式生3名、试读生2名。③从1950年12月制定的《私立五华文理学院学生人数调查表》来看，边疆文化学系实际有学生46人，分属3个年级，其中一年级28人、二年级0人、三年级5人、四年级13人。④

边疆文化学系的主要任务是培养建设边疆和服务边疆的人才。按五华同人的说法，就是"本系的任务在培养学生充分掌握人文科学研究与对边疆或民族了解的能力，在民族平等的原则下为人民服务的思想，使成为边疆工作干部扶殖［植］少数民族及开发处女地等工作的人员"，另外还"受政府及国内学术文化团体的委托，研究并调查与西南边疆有关的专门问题或搜集文物资料"。⑤

由于经费困难、学生风潮以及其私立学校的性质等原因，五华学院在1950年底陷于停顿，而边疆文化学系也随之星散。虽然边疆文化学系存在的时间不长，但开创了设立专门的学科单位以培养边疆学人才的传统，具有一定探索意义。

---

①《云南边疆文化学系课程和教学法的议拟意见》，云南省档案馆编《私立五华文理学院档案资料汇编》，云南大学出版社2009年版，第373页。
②《昆明高等学校1950年度联合招考新生录取名单》，《正义报》1950年8月31日第二版。
③云南省档案馆编：《私立五华文理学院档案资料汇编》，云南大学出版社2009年版，第556页。
④云南省档案馆编：《私立五华文理学院档案资料汇编》，云南大学出版社2009年版，第566页。
⑤《私立五华文理学院1950年秋季起各学系课程改革草案》，云南省档案馆编《私立五华文理学院档案资料汇编》，云南大学出版社2009年版，第392页。

结语

新中国成立前夕，五华学院是云南仅有的4所高等学府之一。在它存在的6年（1946—1951）时间里，共有2000多名学子前来求学，为云南省培养了众多各行各业的人才，在云南教育文化界产生了重要影响，被誉为"新中国成立前云南高等教育的殿军"。在学术研究方面，五华学院努力推动学术研究，延揽了省内外著名学者前来讲学或兼课，组建了文史研究会，举办了文史研究讲座，创办了综合性学术杂志《五华》月刊，出版了一部滇学研究著作，在学术研究方面取得了较为显著的成果，也培养了一批学术研究人才。五华学院在云南近代教育史、学术史上占有一定的地位，其学术活动也呈现出自身的特点——

第一，培养人才与学术研究相结合。五华学院继承了五华书院重视学术研究的传统，把人才培养与学术研究相结合，其办学精神值得弘扬。

第二，学校与社会互动。五华学院成立文史研究会，面向社会和公众定期开展学术讲座，有助于普及学术知识，对于沟通学校与社会具有积极意义。

第三，学术为时代服务。五华学院吸收了云南本地的边疆研究力量，继承和发展了云南本地学者重视边疆史地、文化和民族问题研究的传统，在新时期结合国家及社会需要，顺应时代的呼唤而创建边疆文化学系，可以说是与时俱进之举。五华学院创办边疆文化学系的一些经验和教训，对我们当今发展边疆学学科仍有一定的借鉴意义。

（沙文涛，历史学博士，云南大学历史与档案学院副教授，主要研究中国近现代史和西南边疆史）

云南陆军讲武堂的精髓

——晚清云南陆军讲武堂章程概说

周立英

近代中国处于由王朝国家向民族国家过渡的转型期，这一时期，军队力量曾起到重要作用，中国近代三大著名军事院校的出现说明了这一点。而办学章程是一所学校的灵魂和核心，它决定了学校的办学风格和实际效果。云南陆军讲武堂是中国近代三大著名军事院校之一，这里的教官和学生曾做出彪炳史册的业绩，而学界对这所学校章程的研究却较为有限。目前，辛亥革命以前云南陆军讲武堂的两个章程——《云南陆军讲武堂试办章程》（以下简称《试办章程》）、《云南陆军讲武堂改订章程》（以下简称《改订章程》）[1]已引起学者的注意，常引用其内容介绍讲武堂的办学特色，[2]但却没有专门介绍这两个章程的成果问世。办学章程是学校的宗旨和精髓，云南陆军讲武堂之所以能够成为近代中国一所著名的军事院校，与上述两个章程的制定、实施不无关系。因此，本文以云南陆军讲武堂的办学章程

---

[1] 以下涉及云南陆军讲武堂章程具体规定的资料均来源于《云南陆军讲武堂试办章程》（宣统元年七月，日本陆军教练处铅印所铅印本）、《云南陆军讲武堂改订章程》（清末石印本），恕不一一出注。另，《云南陆军讲武堂改订章程》封面作《改订云南陆军讲武堂章程》。

[2] 例如吴达德研究留日学生与云南陆军讲武堂的一系列成果——《留日学生与云南陆军讲武堂》（云南省社会科学院研究生部：《云南省社会科学院研究生论文选》，1987年）、《论云南陆军讲武堂》（上、下）[《四川理工学院学报》（社会科学版）2004年第1、2期]等。

为切入点，探讨辛亥革命以前《试办章程》和《改订章程》的来源、内容与特点，并与同期的讲武堂章程做一对比，以期推进学界对云南陆军讲武堂的认识。

一

在晚清"新政"的推动下，清王朝的军队建设取得较大的进步，编练了新式陆军36个镇。然而，"新军甫立，恒苦乏才"[1]，由于当时各省军官虽多由行伍出身，阅历既深，于新法新理却未能洞悉，因而在编练新军的同时，清政府非常重视军事学堂的开办，除开设正规学制的军事学校外，还举办了各类暂时性的培训机构，其中就有陆军讲武堂。

光绪三十年（1904）八月三日，练兵处兵部奏《筹拟陆军学堂办法章程折》，内涉讲武堂的设立，要求各省于省垣设立讲武堂一所，作为带兵者研究武学之所。[2]各省随即根据这个纲领兴办讲武堂。"惟是讲武堂各省虽多设立，而定章尚未颁行，所有该堂经费、课程必须厘定简章暂行遵守。"[3]因而各省讲武堂成立之初，都制定了章程，且章程的内容大都遵照《筹拟陆军学堂办法章程折》的相关规定。

《筹拟陆军学堂办法章程折》对讲武堂责任人与教习、堂内开设各班、招收学员类型、学习期限、课程设置等内容大致规定为：

　　十三　……（讲武堂）内分上级下级两等讲堂，上级自

---

[1] 龙云、卢汉修，周钟岳等纂：《新纂云南通志》卷一百三十《军制考四》，1949年铅印本。
[2] 罗尔纲：《罗尔纲全集》第15卷，社会科学文献出版社2011年版，第400页；《练兵处新定陆军学堂办法二十条》，上海商务印书馆编译所编纂，韩君玲、王健、闫晓君点校《大清新法令（1901—1911）》第三卷，商务印书馆2011年版，第569页。
[3] 《附奏东三省讲武堂折》，徐世昌撰《东三省政略》卷四"军学篇"，李毓澍主编"中国边疆丛书"，（台湾）文海出版社1965年版，第22页，总第2986页。

营官以上至统将,下级自营佐以下至官长,全省带队各官均须分班轮流到堂讲习武备各学,此为带兵官实验之地,其课程参照直隶、湖北将弁学堂办法,一切闲散武员均不得入。

十四 ……上级讲堂日所讲习皆兵事之大纲,备指挥操纵之用,外场操演但须稔知,其利弊所在,无庸入操亲习。下级讲堂,则内堂、外场均宜演习。

十五 各省讲武堂应由各省将军督抚督率办理,奏委大员总其事,优予事权,以资约束。其教习均用学堂出身,熟谙武备之员,亦可另聘外国教习一员,以资各员研习讲贯。

十六 各省在营将弁,除有军务时不能遽行离差外,其平时各处营官将弁,均须讲学,每一年为一轮,一年中分为三期,每一期计四月,除歇伏度岁及往返程期,实在讲堂学习,必满三月,至三期届满,一营官弁轮转已周,次年为第二轮,仍入讲武堂如前学习,其原有之差,不必开去。如统将离差由裨将或营官兼理,如营官离差则督队官兼理。其余以此类推。

十七 各省应于全省队伍中择其操练最精者,调步队一二营,马炮工程队各一二哨,久住省垣,专备讲武堂各将弁考求操法、演习调度之用。

十八 讲武堂所授课目及所习操法,统由练兵处、兵部发给规则,并派员随时抽查。①

考各省讲武堂章程,均遵此折而订。

同时,由于北洋陆军讲武堂开办时间居全国第一(1906年6月,袁世凯设立于天津韩家墅),且颇具规模,所以《北洋陆军讲武堂试办章程》②成为各省制定讲武堂章程所依据的模板。例如南洋陆军讲

---

① 《练兵处新定陆军学堂办法二十条》,《东方杂志》1904年第12期,第278—279页。
② 《北洋陆军讲武堂试办章程》,《北洋设立陆军讲武堂学兵营拟订试办章程折》附件,天津图书馆、天津社科院历史研究所编,廖一中、罗真容整理《袁世凯奏议》下,天津古籍出版社1987年版,第1330—1333页。

武堂"参仿北洋办法，分立研究所、补习所、教导队三部，责令认真讲习"①，江西陆军讲武堂"参照南北洋办法酌定章程，遴派总办、教习各员，择期开办"②，甚至同为近代3所著名军事院校之一的东北陆军讲武堂（也称东三省陆军讲武堂，1907年八月徐世昌创设于奉天）在《附奏设东三省讲武堂折》内也明确表示："伏查讲武堂由北洋首先遵章设立，规模有可取材，并陆军部所定他项学堂章程亦可用为比拟，谨督饬在事各员拟定《东三省讲武堂暂行章程》三十六条，缮具清单，恭呈御览。"③通过对照《北洋陆军讲武堂试办章程》与《云南陆军讲武堂试办章程》，两者的体例、行文、内容大为相似。因此可以断言，《云南陆军讲武堂试办章程》是遵照练兵处兵部颁布的《筹拟陆军学堂办法章程折》、仿照《北洋陆军讲武堂试办章程》而制定的。

二

云南陆军讲武堂初办于光绪三十三年（1907）末，由于缺乏合格的师资及管理不善，很快就停办了，后于宣统元年（1909）八月复办。《试办章程》就是在云南陆军讲武堂复办之初制定的，于宣统元

---

① 《军机处录副档》，中国社会科学院近代研究所中华民国史组编《中华民国史资料丛稿·专题资料选辑》第2辑《清末新军编练沿革》，中华书局1978年版，第324页。
② 《军机处录副档》，中国社会科学院近代研究所中华民国史组编《中华民国史资料丛稿·专题资料选辑》第2辑《清末新军编练沿革》，中华书局1978年版，第326页。
③ 《附奏设东三省讲武堂折》，徐世昌撰《东三省政略》卷四"军学篇"，李毓澍主编"中国边疆丛书"，（台湾）文海出版社1965年版，第22页，总第2986页。

年（1909）七月由日本陆军教练处铅印所印。①其内容较为简略，为便于与前后内容对照，兹采录其主要内容于下。

《云南陆军讲武堂试办章程》

一、教育

第一条　遵照奏定《陆军学堂办法》第十三条，设立陆军讲武堂，为新军及防营现任军官研究武学之所，以期学术画一，其学堂地址仍就承华圃。

第二条　堂内学员分作甲乙丙三班，甲班学员由陆军调充，乙班学员由防营调充，丙班学生由地方招考。

第三条　陆军官长学期每半年轮换一次，额定八十乃至一百名，自统带至司务长，均应轮流入堂研究。但官长中有毕业日本士官学校及军官学堂者，暂时不在此例。

第四条　防营学员每营至少选送一名，暂额定八十名，自管带至哨长每半年轮换一次，调取入堂研究，以年在三十岁以内，文理通顺、品行端方者为合格。

第五条　堂内附设丙班学生一百名，考选十六岁至二十二岁之学生，以品行端方、文理清顺、身体强健者为合格。三年毕业备充下级军官之用。

第六条　讲武堂课程分为学科、术科两项，均以实事实地研究合于实用为主。

第七条　学术科目如左：

---

①关于《试办章程》的执笔人，归国云南留日学生、云南陆军讲武堂教员李鸿祥在回忆录中说，执笔人是他和讲武堂总办韩建铎、督练公所参谋处总办胡景伊。（李鸿祥：《云南辛亥革命回忆录》，政协云南省委员会文史资料委员会编《云南文史资料选辑——重九风云》第58辑，2001年，第21页）一些研究者也沿用了这一观点。但方国瑜认为李鸿祥口述的资料未必可信，并立据为证。（方国瑜《云南史料目录概说》中册，中华书局2013年版，第595页）笔者认为，方先生所说更为可靠，因而未采用李鸿祥所述资料。

学科：战术学、军制学、兵器学、地形学、测绘学、筑城学、交通学、军人卫生学、马学、服务提要、军用文书法式。

术科：教练、体操、剑术、马术、射击。

第八条 甲乙班学科应按学员程度、阶级分别浅深，教称其职。

第九条 甲乙班术科以野外演习教练为主，马术、体操、剑术等项为副。

第十条 丙班第一年教普通学及浅易兵事学，第二、三年分科专教军事学。

第十一条 讲武堂内自分科教员以上均应身为模范，俾各学员于无形之中养成忠勇信义、方廉诚悫之精神，庶于教育化导之功完全无憾。

第十二条 仿照《江南讲武堂章程》，凡省城附近各军队得由本堂会商统制，随时调集，以备演习之用。

第十三条 堂内须准备乘马捌拾匹，以备各兵科操练骑马之用。

第十四条 各学员演习及射击所用枪械子弹由军械局领取。

第十五条 所用图书及印刷各件由陆军教练处办理。

二、编制

总办一员 监督一员 提调一员

步兵科教习六员 马兵科教习二员 炮兵科教习二员 工兵科教习三员

辎重兵科教习一员 普通教习四员 体操助教四员

执事官一员 军需长一员 军医长一员 二等书记官二员 司事生二名 司书生六名

医兵三名 号兵四名 差弁六名 护兵八名

厨夫二十名　茶房二名　水火夫二名　杂役三十名　马夫二十名

三、职务

第一条　讲武堂总办隶于督练处督办，总理全堂事务。

第二条　监督禀承总办，指挥各教习，厘订画一功课，稽查学员行为勤惰，并任学术进步之责。

第三条　提调禀承总办整理全堂庶务，监察诸规则之实施与否。

第四条　各科教习各任本科学术教育进步之责，并承监督指挥译定各项功课。

第五条　执事官禀承提调掌管全堂庶务，并指挥各司事弁目管束弁兵夫役。

第六条　军需长会计款项掌管本堂薪饷、衣粮、柴炭等事，并经理一切帐目。

第七条　军医长任全堂卫生等事，并疗治一切疾病。

第八条　书记官掌治文牍，管理案卷，并修饰各项功课，督饬司书生缮写等事。

四、办事

第一条　学员人数及入堂日期由督练处督办酌定，札饬云南各军队选派造具名册，限于入堂十五日以前送堂考试，以定去留。

第二条　讲武堂教员由总办遴选陆军毕业军官品学最优者调用。

第三条　讲武堂之内务按《军队内务书》斟酌施行。

第四条　学员及学生不得自请退学，非有大故亦不准请假。

第五条　学员及学生因患疾病不能随班毕业者，饬令回队或退学。

第六条 学期届满由总办禀请督练处督办派员会同考试，评定优劣，榜示后造具成绩表呈报督练处督办，听候升调。

第七条 教员于课务暇时亦可入附近军队考查，以资印证。

第八条 学员期满归队后如学术优长，则将名次提前，遇有应升缺出，尽先提补在堂，如有惰学犯规等事，则分别停升或降革及记过罚薪。

第九条 堂内学员均以级高资深者为领袖，除讲堂外有督率考查之责。

第十条 本堂员司弁役薪饷及杂支各款，均由陆军粮饷局按月支领。

第十一条 修理房舍、制办寝室、办公室、讲堂、械库、饭厅、厨房、会议室、体操场、浴室、马厩等应需器具及学生服装，并采购马匹各项，由陆军粮饷局办理。

第十二条 添置各班文具及丙班学生缮费，均由堂领款备办。

第十三条 陆军学员伙食、服装均须自备，或缴款备办。

第十四条 防营学员薪水无多，除服装自备外，每月伙食由堂发给，以示体恤。

第十五条 学员及学生被枕毡毯均由堂发给，以期整齐。

第十六条 额支、杂支各款每月终由堂造册呈报督练处督办批局核销。

第十七条 本堂章程于实行后，如有未尽事宜，由本堂总办随时酌改，倘事关重要则禀请督练处督办核定施行，以期尽善。

五、经费（从略）

宣统元年七月
由陆军教练处铅印所印

三

与《试办章程》不同，《改订章程》的版本则尚未确定者甚多，其成书时间、制定者、出版单位均不能确知。如关于其成书时间，众说纷纭，莫衷一是。①笔者根据该《改订章程》的行文，认为该书成书时间应在宣统二年（1910）七月至宣统三年（1911）八月之间。②

仔细对照两个章程，我们发现《试办章程》与《改订章程》一脉相承，后者是在前者基础上修订而成，两个章程具有明显的延续性。现就以下方面对两个章程做一比较。

---

①关于《改订章程》的成书时间，云南省图书馆著录的版本为"清末石印"，没有明确的时间。有的学者认为是宣统元年（1909），如云南省新闻出版局编《云南出版事略》（云南科技出版社2001年版，第38页）、方国瑜的《云南史料目录概说》中册（中华书局2013年版，第742页）；有的学者认为是李根源接任总办后（即1910年四月后），如吴达德的《留日学生与云南陆军讲武堂》（云南省社会科学院研究生部《云南省社会科学院研究生论文选》，1987年，第159—160页），但李根源（继高尔登担任云南陆军讲武堂总办，影响颇大）的文集、回忆录中，也无涉及两章程的内容。

②《改订章程》"开办原委"载："除挑特别班学生一百名、开除十九名外，余丙班学生二百三十一名"，而制定《改订章程》时的学生数恰好为二百三十一名（"第二章　编制"），也就是说，此时的学生数是除去特别班人数和被开除人数之后剩余的人数。而特别班成立于宣统二年（1910）七月，预定于宣统三年（1911）八月毕业，此时特别班学生尚未毕业，所以笔者认为《改订章程》的成书时间应为宣统二年（1910）七月至宣统三年（1911）八月之间。另外，据《试办章程》《改订章程》载，讲武堂甲乙丙班开办于宣统元年（1909）八月，甲乙班学员每半年轮换一次，至拟订《改订章程》时甲乙班已停办。查李根源《云南承华圃陆军讲武堂同人录》，甲乙班各办了两期，也就是说，甲乙班至少开办一年后即至宣统二年（1910）八月才停办，这也与笔者所推断的《改订章程》制定时限相符。

（一）体例的延续

《试办章程》由教育（《改订章程》称"开办原委"）、编制、职务、办事、经费5个部分组成。《改订章程》共8章，在前者基础上将"学术科目"抽出，单列为"学术科科目"一章，并增加了值星规则、考试规则两章，其余5章与《试办章程》完全相同。"学术科科目"列举了基本军士学科、应用军士学科及各兵科学科、术科的科目名称。"值星规则"颇类似于值日制度，规定了值星教练官、值星助教官、值星军士、值星学生的任职及相关职责；"考试规则"则对讲武堂考试的种类、成绩的评定与奖惩、考试纪律做出规定。

（二）内容的延续

1. 相同体例内容的延续

《试办章程》与《改订章程》都有教育（或开办原委）、编制、职务、办事、经费5部分，其中除教育（或开办原委）外，其余4个部分《改订章程》均为在《试办章程》基础上的修改与加强。

例如，在"编制"方面，两个章程都设有总办、监督、各科教习、执事官、军需长、军医长、二等书记官、司事生、司书生及各差役兵弁，只是《改订章程》在《试办章程》的基础上裁减了"提调"一职，增设了各科科长、助教官、查马长、各科军士等职，对各差役兵弁的数量也有所调整。又如，在"军官佐职务"（即军官佐职责）方面，《试办章程》对每一官员职责的规定仅以一句话概括之，而《改订章程》则将其细化为数条，并新增了助教官、军马管理员、查马长、各兵科军士、司事生、司书生职责共6条细则。以教习为例，《试办章程》仅规定了各科教习的职责是"各任本科学术教育进步之责，并承监督指挥译定各项功课"，《改订章程》则细分为"各科科长"与"各科教练官职务"两类，每一类都列举了数条细则，如：

第三条　各科科长

一　禀承总办、商承监督、率同各该科教练官分担训育本科学生之学术，各科长尤注重养成学生严守纪律、尊君亲上、奉公守法、力尽责任之精神等，均该科长自为模范，力任其责。

二 关于本兵科学生之学术，力负教育进步之责。

三 商承监督编定教程规定、本兵科各期教育计划及实施之方案。

四 协同本兵科教练官规定学术之进度及技术之次序，并详记学生学术科之成绩，于每月末送由监督转呈查核。

五 督率助教、军士随时考查本队学生之优劣勤惰、所领用武器、被服保存之良否及整顿一切内务。

六 训制本兵科学生之考科表，详记学生之品行，评定其优劣，每三月汇办一次，送由监督转呈查核。

七 缮记教育日志，随时将教育上之情形及意见送由监督转呈查考。

第四条 各科教练官职务

一 各科教练官商承监督暨本科科长担任各本兵科学生学术之训育，各科教练官尤须热心从事，自为表率，一举一动无不为学生之善良模范，俾学生耳濡目染，日起于实事求是之途，以期他日带队练兵亦以各教练官所授于学生者转授于目兵军队，改良始基于是。

二 负本兵科学术教育进步之责。

三 编译教程。

四 评记本兵科学生学术试验之成绩，随时送由监督转呈查核。

五 缮记教育日志并随时将教育上情形及意见送由监督转呈查核。

与《试办章程》相较而言，《改订章程》不仅细化了科长与教练官的职务，而且各职务的职责也更加明确。

2. 对同一内容规定的延续

关于招收学员和分班的情况，两章程都做出了相应的规定。其中，《试办章程》规定：

> 第二条 堂内学员分作甲乙丙三班，甲班学员由陆军调充，乙班学员由防营调充，丙班学生由地方招考。
>
> 第三条 陆军官长学期每半年轮换一次，额定八十乃至一百名，自统带至司务长，均应轮流入堂研究。但官长中有毕业日本士官学校及军官学堂者，暂时不在此例。
>
> 第四条 防营学员每营至少选送一名，暂额定八十名，自管带至哨长每半年轮换一次，调取入堂研究，以年在三十岁以内、文理通顺、品行端方者为合格。
>
> 第五条 堂内附设丙班学生一百名，考选十六岁至二十二岁之学生，以品行端方、文理清顺、身体强健者为合格。三年毕业备充下级军官之用。

也就是说，云南陆军讲武堂复办之初共有甲、乙、丙3个班，3个班的生源、名额、学期、学生毕业后的去向各不相同。其中，丙班学生100人，学期3年，毕业后充任下级军官。

与此相应的是，《改订章程》规定：

> 第一条 查讲武堂遵奏订《陆军学堂办法》第十三条①，设立调选陆军军官及巡防队军官为甲乙班学员，专授军事各学。现讲武堂照章停止此项学员，不再续调。
>
> 第二条 宣统元年遵督办宪饬堂招考体格强壮、文理通顺学生壹百伍拾名，附属讲武堂教育，为丙班学生，预定三

---

① 第十三条，《改订章程》作"第十二条"，依据上下文及相关文献改。

年毕业，系为养成多数下级军官以备军队扩张及补充之用。讲武堂未开办前，陆军第十九镇曾禀设随营学堂一所，陆军学生贰百名，于是年奉督办宪札饬将此项学生归并讲武堂，合入丙班，以期教育统一，免致纷歧。丙班学生共三百五十名，由堂先授数、理、化、普通诸学，以及头目以下之军事学术，俟普通学毕业后再分科教授军官军事学术。

第三条 滇省军官缺乏，急待补充，于宣统二年七月遵奉督办宪札由丙班学生中挑选普通学较优之学生一百名，酌分兵科专授军事学，为特别班学生，预定宣统三年八月毕业，毕业后以学习员阶级发镇候差。除挑特别班学生一百名、开除十九名外，余丙班学生二百三十一名，仍续授普通学。

第四条 丙班学生普通学于宣统三年六月毕业，遵奉督办宪批准，详案量分兵科予补兵额，于六月十五日发镇充入伍生，三个半月期满回堂，再授军官军事学。预定宣统四年十二（月）毕业，毕业后以学习员阶级发镇候差，讲武堂即行停止，不再续办。

《改订章程》中规定甲、乙班停招，丙班在原有基础上增加随营学堂陆军学生200名，加之丙班原有的150名学生，共350名学生。宣统二年（1910）七月，从丙班生350人中挑选普通学较优的100人组成特别班。剩下的250人，除去被开除者19名外，余下的231名学生为丙班生。特别班学生与丙班学生的学习时间、毕业时间、毕业后的去向也不尽相同。特别班"酌分兵科专授军事学"，学期为1年，毕业后以学习员阶级发镇候差。丙班生先在学堂接受普通学的学习，普通学毕业后派发至19镇充入伍生，3个半月期满后回到学堂，再接受军官军事学术的学习，学期为1年有余，毕业后以学习员阶级发镇候差。

其他如"编制"中的各岗位、人数，"经费"中的额支、杂支、特别杂支款额，《改订章程》也据《试办章程》略有改动。

四

九一八事变发生后，李烈钧曾赋诗两首来感怀清末民初活跃于西南政治舞台上的一群风云人物，如唐继尧、李根源、朱德等人："金碧驰驱忆昔年，滇黔鼙鼓上云天，义声远播幽燕功，那得唐刘再戍边。""昔年鼙鼓震南天，此际贼氛漫北并，若使滇黔诸将在，同心御寇定争先。"[1]李烈钧认为，如果辛亥革命时期西南边疆的那群风云人物还健在，那么20多年后的20世纪三四十年代日寇不会如此猖獗，国事不致这样艰难。可见，当年那群西南风云人物的影响力有多么巨大！而云南陆军讲武堂正是那群风云人物培养、发展、积蓄力量之所在，因此分析、认识这所军事学校的核心、宗旨、办学章程，将有助于我们进一步了解这所学校和这群风云人物。

通过上述对《试办章程》来源的分析、《试办章程》与《改订章程》的对比可以看出，《试办章程》是遵照练兵处兵部颁布的《筹拟陆军学堂办法章程折》、仿照《北洋陆军讲武堂试办章程》而制定的。《试办章程》与《改订章程》有渊源、有继承，前者简略，后者详细，后者是在前者的基础上修订而成，显得更为规范、完善。《试办章程》对复办初期的云南陆军讲武堂有积极的指导意义，使其办学、培训皆有章可循，不仅达到了用新式军事理论轮训在职军官的目的，还培养了大批具有革命精神的军人，他们与清王朝势不两立，成为辛亥革命云南起义的重要力量。后又对其进行修改、补充，因而有了《改订章程》的问世，显示出这所学校不拘泥于陈规、与时俱进的精神风貌。两个章程对民国时期制定的《云南陆军讲武学校章程》也

---

[1] 李烈钧：《云南首义纪念日》，1932年12月25日；《七绝》，1936年12月25日，见张镜渊《"昔年鼙鼓震南天"——李烈钧与"云南起义"》，《云南文献》第27期，台北市云南省同乡会，1997年12月，第8—9页。（按：唐指唐继尧，刘指刘显世。）

产生了一定影响。①

罗尔纲先生说："各省讲武堂章程都根据自上述练兵处奏定的纲领办理,虽有因各地情形不同而略有变通,但大体上没有多少差别。"②换言之,各省讲武堂章程大同小异。诚然,与同期其他省的讲武堂章程如《北洋陆军讲武堂试办章程》《东三省讲武堂章程》相比,云南陆军讲武堂的《试办章程》《改订章程》有类似之处,如都遵章规定设立上级、下级两等讲堂,上级自营官以上至统将,下级自营佐以下至官长均分班轮流到讲武堂学习,学期为半年或1年;学科、术科课程设置均参照直隶、湖北将弁学生办法;学员毕业时均禀请督抚考查成绩,按成绩高低分列等次,奖惩分明;等等。③但也有云南的特点,如丙班、特别班的开办。丙班由地方招考,面向社会招生,考选16—22岁之间、品行端方、文理清顺、身体强健的学生,3年毕业后充下级军官之用。通过这一途径,云南陆军讲武堂招徕了大批优秀生源。后又挑选丙班生中最优秀的学员组成特别班,成为尖子中的尖子,成就了不少日后为人们所称道的风云人物,如朱德、范石生、金汉鼎、唐淮源、朱培德等。正是具有了这样切合云南实际的办学章程,加之留日教官和时代的影响,才使云南陆军讲武堂从众多的讲武堂中脱颖而出,成为军校界一颗耀眼的明珠。

当然,两个章程在执行过程中也出现了与定章不尽相符之处。如《试办章程》规定,甲班生由陆军官长调充,额定80—100名,每半年轮换1次;乙班生由防营学员调充,额定80名,每半年轮换一次;特别班学期为1年。而研究者多称甲班120人、乙班100人,

---

①主要表现在学科、术科科目的设置方面。参见(民国)《云南陆军讲武学校章程》。

②罗尔纲:《罗尔纲全集》第15卷,社会科学文献出版社2011年版,第401页。

③参见《东三省陆军讲武堂暂行章程》,徐世昌撰《东三省政略》卷四"军学篇",李毓澍主编"中国边疆丛书",(台湾)文海出版社1965年版,第23—27页;《北洋陆军讲武堂试办章程》,《北洋设立陆军讲武堂学兵营拟订试办章程折》附件一,天津图书馆、天津社科院历史研究所编,廖一中、罗真容整理《袁世凯奏议》下,天津古籍出版社1987年版,第1330—1332页。

学习期限"甲班一年,乙班一年,特别班为二年半"①,查《云南承华圃陆军讲武堂同人录》②,甲班生第一期66人、第二期49人,乙班生第一期61人、第二期33人,各班人数与修学期限均与《试办章程》所载不符。

(周立英,云南大学副教授,博士,硕士生导师,主要从事近代中国民族史、云南地方史的研究)

---

①如素庵、适生:《云南陆军讲武堂的概况》,中国科学院历史研究所第三所编辑《云南贵州辛亥革命资料》,科学出版社1959年版,第15页。

②李根源:《云南承华圃陆军讲武堂同人录》,《曲石文录》,沈云龙主编"近代中国史料丛刊续编第三辑",(台湾)文海出版社1982年版,第59、64页。

萧瑞麟《乌蒙纪年》及其学术史意义

陈彦军

萧瑞麟是清末民国时期活跃于云南政界、学界、教育界的知名人物。其在史志编纂和推动云南新式教育发展方面均有所建树,在近代云南历史上具有一定的影响力。作为官员,萧瑞麟曾先后担任众议院议员、四川彰明县知事、云南顺宁县知事,并官至普洱道尹兼思茅关监督、普防警备司令,统辖一方且多有政绩;作为学者,萧瑞麟曾与当时云南的著名学者袁嘉谷、周钟岳、由云龙、秦光玉等人交往频繁,并一起参与了《新纂云南通志》的编纂,同时留下了大量的著述,如《新纂云南通志·土司志》《乌蒙纪年》《榴花馆诗存》《日本留学参观记》《随军笔记》《昭通学堂创始记》等,这些著作对于研究云南地方历史文化及教育发展情况等都具有重要的学术价值。教育方面,萧瑞麟曾长期执教于云南各地,并东渡日本学习新式教育,归国后积极参与创办新式学堂,在推动近代云南教育由旧学向新学的转变过程中发挥了重要作用,对昭通近现代教育更是具有开创性的贡献。如此一位兼顾官员与学者双重身份、著述丰富且对云南近现代教育做出过重要贡献的人物,学界对他的研究却呈现出冷寂的状态,让人难免遗憾。因此,笔者在此以萧瑞麟先生的史学代表作《乌蒙纪年》一书为主要研究对象,考察其内容、特点、版本等基本情况,并从学术史的角度来探讨该书在云南地方史研究中的重要价值和意义,同时对萧瑞麟其人其事进行一定的梳理,既企为引玉之砖,引起学界对萧瑞麟学术成就的关注，又求教于方家，若能为云南地方史研究有所增益，自是荣焉。

一、萧瑞麟生平及其家世

萧瑞麟（1868—1939），字石斋，部分方志中也记为肖瑞麟、肖石斋[①]，云南昭通人。原籍江西安福县，乾隆年间，其高祖萧正士因经商从江西来到昭通，并定居昭通，即"清乾隆年间，有讳正士者，以经商留居昭通，遂为昭通人，府君之高祖也"，"曾祖名天才，字德徵。祖父名凤翔，字翼然，号五峯，府学生，教读里中，乡人私谥端肃先生。其父名维祺，字锡之，号嘏亭，贡生，曾任昭通育英书院山长，课读终身"。[②]

清同治七年（1868）八月十五日酉时，萧瑞麟生于昭通郡城先生里之榴花馆旧宅。[③]纵观萧瑞麟的一生，其经历大致可分为求学、执教、从政和专事著述4个时期。

（一）求学时期

萧氏家学深厚，以教读为业。萧瑞麟先生自幼便跟随父亲在家塾学习儒家经典，即周钟岳所谓："自幼趋廷，矻矻力学，淹通经籍。"[④]1871年，先生4岁，开始跟随父亲学写方字。1872年，其父锡之公移学馆于家，先生正式入家塾与诸生共读。[⑤]1876年，先生

[①]（民国）云南通志馆编《续云南通志长编》（云南省志编纂委员会办公室，1985年）、方树梅《续滇南碑集传校补》（云南民族出版社1993年版）、昭通地区地方志编纂委员会编《昭通地区志》（云南人民出版社1997年版）记萧瑞麟为肖石斋、肖瑞麟。

[②]萧家仁：《先府君萧公石斋年谱》，（民国）香港集大庄铅印本，第2页，北京图书馆藏本。

[③]萧家仁：《先府君萧公石斋年谱》，（民国）香港集大庄铅印本，第3页，北京图书馆藏本。

[④]（民国）云南通志馆编：《续云南通志长编》（下册），云南省志编纂委员会办公室，1985年，第817页。

[⑤]当时与萧瑞麟先生一起跟随其父学习的有后来的国史馆协修谢崇基、孝廉周镜熙等。

"四书"、《毛诗》依次毕业。1878年,《尚书》《周易》毕业。1881年,先生读朱熹《四书章句集注》毕业,开始学写八股文。1886年,先生19岁,得以补为恩安县学生员。1891年,入昆明五华书院攻读"经、史、子、集",同学有袁嘉谷、周钟岳等人。1892年,先生考入昆明经正书院继续深造,师从许印芳、朱庭珍等知名学者,并与各地高材生如袁嘉谷、钱用中、秦光玉等为同学。良师益友,切磋琢磨,先生诗赋、经世之学、考据义理都有长足进步。此后数年,先生忙于科举考试和执教书院。

1904年10月,云南省响应清政府号召选送日本留学师范生。萧瑞麟目睹世变日新,非自觉觉民,不能挽救危局。乃辞山长职,至省府应征,以学识和名望当选。[1]后与唐继尧、李根源、顾品珍等人一起东渡日本求学,入东京巢鸭宏文书院速成师范科学习。在日留学期间,先生利用闲暇时间赴东京各个学校参观,考察日本新式教育实施状况,写成《宏文书院读书日记》1卷、《日本留学参观记》3卷。1905年冬,先生自日本宏文书院毕业归国。1910年,各省奉清廷令,考选经科生入京师大学堂学习。先生因习《左传》有成,复辞职应试入选。翌年1月举家北上,3月抵京,入京师大学堂跟随教员夏震武学习经科。"鼓箧横经,昕夕无间,尤遂于史鉴之学,而志存经世,深明治体,不为迂阔无用之谈。"[2]期间,先生著有《左微》3卷、《通鉴小志》2卷。

萧瑞麟的求学生涯前后共计30年。其从小跟随父亲学习传统儒家经典,打下了扎实的经学、史学基础;稍长则入书院学习,在学习古学的同时,开始关注时务,注重经世致用;其后则赴日本留学,研习师范和考察日本新式教育,并学以致用,归国后积极参与云南新式学堂的创办。

---

[1] 萧家仁:《先府君萧公石斋年谱》,(民国)香港集大庄铅印本,第5页,北京图书馆藏本。

[2] (民国)云南通志馆编:《续云南通志长编》(下册),云南省志编纂委员会办公室,1985年,第817页。

（二）执教时期

1892年，萧瑞麟受恩安县令许子衡聘请，教读县署，这是先生执教生涯的开始。1896年，被郡守林绍年聘为恩安县凤池书院山长[①]。先生取"中学为体，西学为用"之意，改凤池书院为"体用学堂"。1897年，先生辞凤池书院山长职，重入经正书院求学。1898年，先生赴京参加会试，因"戊戌变法"罢归。变法失败后，先生有诗言："漫天云翳不可拨，黑入太阴红日隤。拨本芟株经荼毒，观者咽泪煎兹怀。"可见他对当时政治的失望。1900年，先生受聘为永善县雾基玉笋书院山长，他怀着隐居的心态来到雾基。在教学之余，他静心写作，在此期间留下了37首赞咏雾基风光的诗歌。1901年，因其妻廖氏病重，先生辞玉笋书院山长职，设馆于家；7月，原配廖氏以伤寒卒；8月，母杨太夫人相继卒。同年，昭通汉孟孝琚碑出土，萧瑞麟亲赴考察，得到部分拓片。1902年，其父锡之公卒。1903年，先生合葬其父母于后冲（今昭阳区布嘎乡饮水村后冲），其夫人廖氏墓祔焉。先生亲督工匠修治墓道，及秋告成。1904年1月，先生被昭通郡守龙沛然复聘为昭通凤池书院山长；10月，先生赴日本留学，在东京宏文书院速成师范科学习。

1905年冬，自日本宏文书院毕业归国后，先生积极参与云南新式学堂的创办。1906年，萧瑞麟携滇省教育用品百余箱，自沪溯江由蜀还昭；3月，先生与留日同学胡祥樾一起创办了昭通五属师范传习所，附设两所小学堂。是年冬，传习所师范生毕业，分别派往旧府属各地兴办小学，为昭郡有现代学校之始。[②]自此，昭通"师资渐广，各属小学借以勃兴"[③]。1908年春，先生调赴昆明任两级师范学堂讲师。纵观先生的教育事业，不仅在昭通、昆明两地书院和学堂长期执

[①] 凤池书院，今昭通一中凤池中学前身，始建于清雍正八年（1730），是昭通创办最早的书院，魏定一、吕清、萧瑞麟、谢崇基等人曾先后担任"山长"。

[②] 萧家仁：《先府君萧公石斋年谱》，（民国）香港集大庄铅印本，第6页，北京图书馆藏本。

[③] （民国）云南通志馆编：《续云南通志长编》（下册），云南省志编纂委员会办公室，1985年，第817页。

教，还积极参与云南新式学堂的创办。在推动近代云南教育由旧学向新学转变的过程中发挥了重要作用，对昭通近现代教育更是具有开创性的贡献。

（三）从政时期

科举制度，自隋唐后成为传统中国最主要的人才选拔制度。科举考试也成为读书人最重要的入仕途径，受儒家"修齐治平"和"学而优则仕"思想的影响，无数读书人把做官作为读书的最终目的，萧瑞麟亦是如此。1891年，先生在昆明五华书院求学时即考中乡试副榜。1893年，先生乡试中举，名列第14名，此后多次赴京参加会试均未中。1911年春，先生应礼部截取考试，得一等，以知县签分四川补用。

1912年，先生携家人南下回昭通，同年当选为众议院议员。1913年春，赴京入众议院任职，未几议会解散。1914年，先生以旧资得免县知事考试，以县知事分发四川，携家人入蜀。1915年春，抵达成都，奉命署理彰明县（今江油市南部）事。在此期间，先生因剿匪护城有功，得叙五等文虎章。①1918年3月，先生赴毕节入唐继尧幕府；10月，赴顺宁县任。1921年5月，卸任顺宁县事，奉唐继尧命由缅甸至香港，入唐幕府；冬，随唐继尧取道粤桂回滇。1922年4月，荐升普洱道尹兼思茅关监督、普防警备司令。先生以"边区僻陋，治化未开，锐欲有所设施，厄于时议，未竟厥志"②。1924年，在普洱任上，是年为其父编纂成《锡之公年谱》③。1925年，次子萧家骥由日本东京大学法学科请假回滇，赴普洱探望先生，归途染疾殁于昆明，先生恸之甚，遂于次年辞职。

（四）专事著述时期

萧瑞麟先生早年在求学和执教时便开始写诗、日记、游记和考察

---

①《四川督军罗佩金呈大总统知事萧瑞麟赵宗瀚保障地方著有劳勩恳请给予勋章文》，《政府公报》第469号，1917年5月2日，第30页。
②（民国）云南通志馆编：《续云南通志长编》（下册），云南省志编纂委员会办公室，1985年，第817页。
③萧瑞麟著，今仅见其名，不见其书，可能已亡佚。

笔记等。1926年，引病辞职后，先生赋闲在家，开始专事著述。1930年，先生被聘为云南通志馆顾问。1931年，先生64岁，据多年搜集的有关昭通历史资料著成编年体史书《乌蒙纪年》4卷、《乌蒙遗事》1卷①。同年，先生被聘为云南通志馆分纂，参与《新纂云南通志》的修纂，专事"土司"部分，成书一卷余②。关于《新纂云南通志·土司志》中萧瑞麟具体所编纂篇目内容今已不知，但据1935年入通志馆参与省志编纂工作的张渤所言，萧瑞麟原编《土司考》，后由于乃义和陈延整理补正。③可知，今《新纂云南通志·土司志》的初稿应是由萧瑞麟编纂完成的。于乃义和陈延在萧稿的基础上对《土司志》进行了整理、补正工作。1932年，萧瑞麟先生加入南雅诗社④。1939年10月14日，先生以微疾卒于宜良可保村别墅，终年72岁。龙云派人护送其灵柩回昭通，其家人遵其遗愿归葬昭通后冲萧氏祖茔。⑤

二、《乌蒙纪年》的内容及其成书背景

（一）内容概述

作为私人编纂的编年体地方史书，萧瑞麟先生的《乌蒙纪年》对昭通西汉至清的重要史事史料进行了辑录。该书史料丰富、记录翔

---

①萧瑞麟著，今仅见其名，不见其书，可能已亡佚。
②萧瑞麟自1930年云南省政府决定成立通志馆筹备处时即被聘为筹备处顾问。1931年云南通志馆成立，被聘为编纂，开始"土司"部分资料搜集工作。1932年开始编纂《新纂云南通志·土司志》，1935年完成初稿。萧瑞麟原编《土司考》，因其去世，后由于乃义和陈延整理补正。另关于萧瑞麟《新纂云南通志·土司志》的成书卷数，周钟岳在《续云南通志长编·肖石斋传》中记为1卷余，萧家仁在《先府君萧公石斋年谱》中记为24卷。
③参见张渤：《解放前云南最后一部省志》，《云南文史资料选辑》第35辑，云南人民出版社1989年版，第163页。
④南雅诗社，民国二十一年（1932），由云龙在昆明发起成立的诗社，成员有萧瑞麟、袁嘉谷、周钟岳等一大批云南当时的知名诗人，每月集社两次。萧瑞麟在南雅诗社作有多首诗歌，有集录社员所作的诗歌集《南雅社吟稿》1卷传世。
⑤龙云早年在昭通读书时曾入萧瑞麟创办的私塾学习，故两人有师生关系。

实,共4卷内容。

卷一记西汉至东汉史事。其中,西汉部分以西汉王朝在昭通的设置沿革为主要内容,并对夜郎国、僰侯国、犍为郡、朱提县、僰道县的范围和关系进行了交代和史料辑录。东汉部分,主要介绍了在昭通出土的朱提堂狼造洗和孟孝琚碑等文物的相关情况,其中尤以对"孟孝琚碑"的记载最为详细,包括碑刻的出土时间、碑文内容、国内学者对该碑的研究情况等。在这一部分,先生还对孟孝琚碑的年代、碑上缺失的文字内容等进行了考证,其所援引史料之丰富、考证之精细,令人叹服。

卷二记蜀汉至宋史事。其中,蜀汉部分以诸葛亮征讨南中地区事件为主;晋代部分,以宁州的设置为主要内容,包括宁州与当时昭通地区郡县的隶属关系;南齐时期,以南齐武帝永明五年(487)朱提郡的设立为主要内容;隋朝时期,以史万岁征讨宁州时取道昭通"石门"的事迹为主;唐代时期,则以"乌蒙朝觐唐王朝"、唐王朝与南诏之间遣使往来途经昭通地区的事迹为主,以袁滋题记摩崖石刻记载为详。

卷三记元至明史事。其中,元代部分以元王朝在昭通地区的设置开发和"乌蒙部"的降叛事迹为主,包括乌蒙路的设置、至元十九年(1282)乌蒙民众反叛等相关事件;明代部分则以"乌蒙卫指挥使司"的设立和"乌蒙、乌撒、芒部等地区土司、土民的降叛事件"等为主要内容。

卷四为清史事。当时,乌蒙地区因改土归流定而复叛,又再平,事迹较多。因此,萧瑞麟对清代昭通相关史事的记载和史料辑录最为详尽,内容占到了该书篇幅的一半多。这一部分记清代昭通史事起至康熙三年(1664)吴三桂派兵自乌蒙进兵征讨水西,终于雍正十年(1732)昭通城的修筑。其核心事件是"鄂尔泰在滇东北地区的改土归流",萧瑞麟对这一事件的经过、过程、结果,云贵总督鄂尔泰、高其倬上给朝廷的奏折,雍正帝的批示,以及当地土司土民的反抗等都进行了详细的记述和史料收集,对于研究这一时期的滇东北历史具有重要的参考价值。总的来说,《乌蒙纪年》记事从汉武帝建元六年（前135）至清雍正十年（1732），共计1867年，辑录了有关昭通历史的46件大事，其中以西汉孟孝琚碑和清雍正年间滇东北改土归流二事记载最为详细。

（二）成书背景

《乌蒙纪年》的成书有其特殊的时代背景。1927年，国民政府确立了在全国的统治后不久，即着手倡修地方志书。1929年12月，国民政府中央内政部向各省颁发《修志事例概要》，下令各省撰修通志。①随后，云南省政府在龙云、周钟岳等人的倡导下，决定纂修一部新的"云南通志"。1930年，云南省政府成立通志馆筹备处，即聘萧瑞麟为筹备处顾问。1931年，云南通志馆成立后又聘其为编纂。省府下令征集全省相关古籍、档案、图册等资料，并派方树梅等人出省至全国各地广泛搜集相关滇事资料。萧瑞麟因职务之便，得以广泛阅览各种资料，从而辑录了大量有关昭通史事的资料，于民国二十年（1931）著成编年体史书《乌蒙纪年》。②当然，《乌蒙纪年》的问世还得益于萧瑞麟浓烈的爱乡情怀及其对家乡文史的关注。昭通历史悠久，而专门性的史志资料却极少。一直以来，有关昭通历史的文献资料，载籍零散、语焉不详，稽考困难，致使研究云南地方史者鲜有涉及。有感于此，萧瑞麟很早便开始留意对昭通历史资料的搜集。正如其在《乌蒙纪年》卷一开头所写的那样："邛竹蒟酱，绝地天通……特历年旷邈，文献无征。载籍搜寻，事实略具。参以金石，稽之史乘，创为《纪年》，昭兹来许。"可见，萧瑞麟很早就开始了对昭通相关史料的搜集。只是长期以来，萧瑞麟忙于从政和执教，没有时间和精力对这些资料加以整理。直至20世纪30年代，先生辞职在家专事著述，才得以静下心来整理这些资料。加之在通志馆参修《新纂

---

① 张志纯：《国民党甘肃省政府附发内政部：〈修志事例概要〉的指令》，《档案》1987年第2期，第32页。
② 萧家仁：《先府君萧公石斋年谱》，（民国）香港集大庄铅印本，第9页，北京图书馆藏本。

云南通志》，萧瑞麟得以阅览各种罕见资料，增补有关昭通史料，乃编成《乌蒙纪年》。

（三）版本流传

关于《乌蒙纪年》的版本，按照今传世情况和相关记载可知，《乌蒙纪年》在民国时期应有两个版本刊行：一为石印本，一为铅印本。关于石印本，据周勇主编的《中国抗战大后方出版史》记载："1937年，《乌蒙纪年》在昆明石印刊行。"[1]该版本今传世已极少。另一个版本则为铅印本，由其长子萧寿民在香港代为编辑整理出版，今未见相关资料记载其出版时间和出版机构。该版本今存世也已不多，笔者所知唯有中国国家图书馆、昭通市博物馆、萧瑞麟部分后人以及一些图书收藏者和机构藏有。因不知铅印本出版时间，故对这两个版本的先后情况不详，但从传世情况来看，铅印本较多，石印本较少。另有胡祥樾注《乌蒙纪年》本，对萧氏《乌蒙纪年》中的一些重大事件的时间进行了纠正，对地名进行了补证，对篇幅取舍、资料用排也有所评议。《乌蒙纪年》在民国时期的版本今存世已不多，可喜的是近年来对该书的整理工作取得了一些进展。2006年，昭通旧志汇编委员会在胡注本的基础上，由聂顺荣点校、李正清审校，整理出版了萧瑞麟的《乌蒙纪年》，收录于《昭通旧志汇编》第六册中。《乌蒙纪年》原版为传统线装直排繁体字版，无句读，聂顺荣首次对《乌蒙纪年》进行了点校，并对一些错字进行了纠正，为我们学习和研究该书提供了方便。2014年，昭通知名学者周天忠和黄吉昌对萧瑞麟的两部代表作品《榴花馆诗存》和《乌蒙纪年》进行了现代汉语翻译，收《乌蒙纪年》于《萧瑞麟诗文选译》下册中，《乌蒙纪年》得以现代汉语的形式问世，方便了人们的阅读。上述整理工作对于推进人们对《乌蒙纪年》及其学术价值的认识大有裨益。

---

[1] 周勇主编：《中国抗战大后方出版史》，重庆出版社2015年版，第154页。

三、《乌蒙纪年》的特点

（一）以时间为经、昭通大事为纬

历来由政府主导的地方志书编修有其严格的要求和统一的体例，而《乌蒙纪年》作为萧瑞麟私人编撰的史书，未受这些要求和体例的限制。在体例和内容上，均有别于同为民国时期编纂的《昭通志稿》和《民国昭通县志稿》。具体表现为：《昭通志稿》《民国昭通县志稿》记事分"食货""政典""人物""艺文""物产"各门专记相关史事，而《乌蒙纪年》作为编年体地方史书，则是以时间为经、史事为纬来记录史事。《乌蒙纪年》以关系昭通政治、经济、文化、社会等重大历史事件为纲，旁征博引，逐年编纂；引录相关史书记载，并对这些引录的史料进行比对，相互参证，进而辑录和探讨相关昭通地方史事。在论述昭通历史时，萧瑞麟在每篇开头先注明其朝代，①接着辑录这一时期有关昭通重大历史事件的各种史料，并对这些史料的出处进行交代。这种做法不仅体现了作者对前人研究成果的尊重，同时也方便后人在阅读该书时能快速准确地找到书中相关史料记载的出处。当然，与地方志简单地罗列史料不同，萧瑞麟还对这些史料进行相互比对和参证研究，通过对这些史料的解读并结合近人相关研究和自己的学识，进而发表自己对一些重大史事的看法和见解。

（二）列史料于前，"按"语解释于后

《乌蒙纪年》将有关昭通大事的史料以编年体的形式，按历史事件发展的先后排列。对于同一史事的不同记载，萧瑞麟都搜罗殆尽，先后罗列，然后以传统的"按"语阐发自己对史料的认识和理解。他对于自己怀疑的文献、史料，不是一味地删除或弃之，而是结合其他各种相关史料记载进行比较分析，然后以"按"语的形式阐述自己的观点。纵观《乌蒙纪年》，书中多处出现"瑞麟按"3个字，并在"按"语后面阐述了自己对于相关事件和问题的看法，如第一卷在考

---

① 在此需要强调的是，《乌蒙纪年》各篇虽以朝代称号为标题，但主要用作时间顺序，并不表明王朝体系。

证孟孝琚碑时就多次出现"瑞麟按"。在考释"孟孝琚"名字"琁"的读音应同"瓊"（即琼）字时，萧瑞麟先引录《说文解字》中"瓊或从琁省"的记载，认为孟广改名为琁，字孝琚，是取《毛诗》中"琼琚"或《韩诗》"琁琚"之语。最后，萧瑞麟用小于正文的字体书写自己的"按"语。瑞麟按："齐鲁诗（即毛诗）久亡，《韩诗》则宋以前尚存。其异字之见于诸书可考者，大约《毛》多古字，《韩》多今字。有时必互相证而后可以得《毛》义也。此为仪征阮氏说，见《毛诗注疏校勘记序》。"①在这里，萧瑞麟通过"按"语的形式，对《毛诗》和《韩诗》的流传情况以及它们的特点进行了补充和说明。在考据碑文中的"百离"即"百罹"时，萧瑞麟也是先罗列《毛诗》和《经典诗文》中关于"离"就是"罹"的记载，从而证明"百离"就是"百罹"。同时，在"按"语中，萧瑞麟进一步补充《四库全书提要》中"宋朝娄机《汉隶字源》引用《马江碑》遭罹也就是遭离"的记载，进而说明了"罹""离"二字在汉代就已通用的情况。书中诸如此类的"按"语不胜枚举，在此不予赘述。《乌蒙纪年》列史料于前，"按"语解释于后，不仅体现了作者治学态度的严谨，也显示了作者学识的渊博。

（三）正史为主，野史兼采

《乌蒙纪年》所参考和引用的史料十分丰富。其所征引的史料典籍有正史、野史、地方志等数十种。史料内容有史实记述、大臣奏折、个人传记、考古资料等，该书在史料使用方面呈现出"正史为主，野史兼采"的特点。笔者以为，《乌蒙纪年》之所以会呈现这样的特点，主要原因有两点。一是古代正史记载中昭通历史资料匮乏，使得萧瑞麟在辑录有关昭通史事时不得不借助于一些相对可靠的野史资料来补充有关史事记载。二是萧瑞麟包容开阔的史观。以往治史者常奉正史为信史，而对野史不予重视，忽略了野史的史料价值，而萧瑞麟重视正史在历史研究中的重要参考价值，同时也看重野史的价

----
①萧瑞麟著，周天忠、黄吉昌译：《乌蒙纪年》，云南昭通新侨彩印有限公司，2014年，第31页。

值。在对待野史资料时,他并没有一味地否定而弃之不用,而是采取开阔包容的历史观,重视野史资料在地方历史记载中的重要作用。因此,在《乌蒙纪年》中,他除了辑录《史记》《汉书》《后汉书》《三国志》《隋书》《南齐书》《宋史》《资治通鉴》《元史》《明史》等官修正史中有关昭通史事、人物的记载外,在记述相关史事时,还大量辑录和引用野史资料,如常璩的《华阳国志》、樊绰的《蛮书》、师范的《滇系》以及《南诏野史》等。如:第一卷,在记载西汉武帝建元六年(前135)置犍为郡,领僰道至朱提、堂琅这一史事时,萧瑞麟先辑录正史《史记·西南夷列传》《汉书·地理志》《元史》《明史》中关于犍为郡、僰道、朱提等地的记载,将它们之间的关系进行梳理,由于史官记录史料时很多时候只取其大概,对地方记载常有缺失,因此萧瑞麟接着又引录了野史《华阳国志》《地理风俗记》《滇系》《临安府志》《马边县志》等史料中的相关记载,这些野史中有许多关于犍为郡、僰道、朱提等地的记载,并且还涉及生活在这些地区的僰人的生活习俗、经济形态等重要内容,很好地弥补了正史记载的缺失。

四、《乌蒙纪年》的学术史意义

(一)昭通第一部史料集成

清以前,昭通无专门的方志。有关昭通的史事散载于历代官修史书和地方志书如常璩的《华阳国志·南中志》、樊绰的《蛮书》、李京的《云南志略》、景泰《云南图经志书》等书中。清代乾隆年间编纂的《恩安县志》是为昭通地方志之始。此后继有《乾隆镇雄州志》《光绪镇雄州志》等。民国时期,在萧瑞麟《乌蒙纪年》之前则有《昭通志稿》和《民国昭通县志稿》。自清始,昭通虽然出现了专门的地方志书,但囿于方志固定的体例,有关昭通的重大政治、军事、文化等事件资料仍散载于各门,不方便人们整体把握和研究昭通历史。而萧瑞麟搜集前人记载昭通史事资料而编成的《乌蒙纪年》,则以编年体的形式，对昭通自汉武帝建元六年（前135）至清雍正十年（1732）共计1867年间的重大历史事件的史料进行了系统的辑录和整理，将昭通重大历史事件及相关资料专门辑录出来，以方便人们检索和查阅昭通相关史事和史料，同时使资料辑录从地方志的附庸地位中独立了出来。因此，可以说《乌蒙纪年》是昭通第一部史料集成。

萧瑞麟所做的史料辑录工作，对于我们了解和研究昭通历史具有重要的参考价值。《乌蒙纪年》以时间为经、重大历史事件为纬，以事系年，对昭通西汉至清的历史资料进行了辑录。其所辑录的昭通历史事件以政治事件为主，同时兼重经济文化、民情风俗、地方掌故的记述和考订。《乌蒙纪年》以历代王朝在昭通的政区建置沿革和重大政治事件为核心，对昭通西汉至清的政区沿革进行了很好的梳理。自西汉建元六年至唐天宝年间，昭通以"朱提"冠名，或为县治，或为郡治，或为犍为南部、犍为属国都尉治所，前后达800余年。关于这一时期中央王朝在今昭通地区的建置沿革，《乌蒙纪年》按时间顺序进行了翔实的记录。有"武帝建元六年丙午置犍为郡，领僰道至朱提、堂琅""献帝建安二十年乙未，改犍为朱提县为朱提郡，领堂螂""（晋）武帝太始七年辛卯八月，置宁州郡领朱提县""（齐）武帝永明五年丁卯，置南朱提郡"等多条记载。之后则有"（唐）德宗建中元年庚申八月，东爨乌蒙守来朝""世祖至元十三年丙子（宋恭宗德佑二年），乌蒙降""世祖至元十五年戊寅五月乙未，以乌蒙路隶云南行省""（明）太祖洪武十五年壬戌四月，置乌蒙卫指挥使司""（清）世宗雍正九年辛亥，易乌蒙府为昭通府"等记载。综上所述，汉武帝建元六年（前135），西汉王朝在今昭通市设朱提县，昭通首次被纳入中央政权的管理之下。此后，昭通历史大致经历了朱提、乌蒙、昭通3个历史时期。《乌蒙纪年》对这3个时期中央王朝在昭通的政区设置都进行了记叙和史料辑录，并对其中的重要史事进行了梳理和考证。当然在对各个时期的史料进行辑录时，也大量涉及了经济、文化和民情风俗等方面的内容，这些史料辑录工作对于后人了解昭通历史、编写昭通史和昭通地方志以及开展昭通地方史的研究都大有裨益。同时，萧瑞麟作为昭通第一位独立撰写昭通历史的学者，还开私人撰写和辑录昭通历史之先河，此后继有李正清《昭通史编年》问世。

（二）昭通第一部编年体通史

昭通旧无专门的地方史志，至清乾隆四十年（1775），马龙州牧戴芳率昭通贡生马洲、李其泰纂修《恩安县志》，是为昭通方志之始。此后相继有《乾隆镇雄州志》《光绪镇雄州志》等书问世。民国时期，昭通地方志书的修纂在数量和质量上较清代都有了长足的进步。1924年，由滇中镇守使龙云、会泽镇守副使陈铎、云南省立第二中学校长姜思敏等发起，原昭通县知事符廷铨和参议院议员蒋应澍任总纂，杨履乾、姜思孝等任编辑，合众人之力仿《新平县志》体例编纂了《昭通志稿》①，是为民国时期昭通地区的第一部志书。民国时期修纂的昭通地方志还有《民国昭通县志稿》《民国巧家县志》《民国盐津县志》《民国大关县志》等。然而，无论是清修的《恩安县志》《乾隆镇雄州志》《光绪镇雄州志》，还是民国时期的以《昭通志稿》为代表的几部方志，它们都有固定体例，内容繁杂，记有关昭通的重要史事均散载于各门，仍然缺乏对昭通重要史事进行专门辑录的专著。有感于此，1931年，萧瑞麟编纂完成《乌蒙纪年》一书。目前，昭通现存世的15部旧志及地情资料有"《乌蒙纪年》《恩安县志》《乾隆镇雄州志》《光绪镇雄州志》《民国巧家县志》《民国盐津县志》《民国绥江县志稿》《昭通志稿》《民国昭通县志稿》《大关县志稿》《民国大关县志》《永善县志略》《昭通等八县图说》《昭鲁水利工程志》《鲁甸民国地志资料》"②。除《乌蒙纪年》为编年体史书外，其余14部均为方志，或为县志，或为专志。萧瑞麟的《乌蒙纪年》以史系年，在体裁上属编年体，因此它也是昭通第一部

---

①龙云修，符廷铨、杨履乾等纂：《昭通志稿》，北京图书馆藏本，1924年，第17页。
②唐靖：《改革开放四十年来昭通地方史研究评述》，《昭通学院学报》2019年第1期，第17页。

编年体通史专著。《乌蒙纪年》记昭通史事，上启汉武帝建元六年（前135），下止于清雍正十年（1732），前后贯通1867年。所记昭通史事虽以政治事件为主，但对于关系昭通经济、文化、社会等的重大历史事件同样加以记载和史料辑录，内容涉及昭通政治、经济、文化、教育、民族、民俗、自然、灾害等诸多方面。无论从记事时间还是从记事内容上看，《乌蒙纪年》都是昭通第一部记录翔实的编年体通史专著。

（三）研究昭通历史的珍贵资料

历史研究需根基于史料。昭通历史文化底蕴深厚，而相关史志资料却相对匮乏。一直以来，有关昭通历史的文献资料载籍零散、语焉不详，稽考困难，致使研究云南地方史者鲜有涉及。一地文史之兴盛，除了当地的文史积淀外，还有赖于地方学者的推动。萧瑞麟先生搜罗历代古籍中有关昭通的记载、参阅考古发掘文物及近人著述编成的《乌蒙纪年》，作为昭通第一部史料集成和编年体史书，史料详备、记录翔实，对于研究昭通地方历史具有非常重要的学术参考价值。

从文献价值方面来看，《乌蒙纪年》对于涉及昭通西汉至清的历史资料可谓搜罗殆尽，包括了正史、野史、地方志等数十种。萧瑞麟所辑录的各种资料，如《汉书·地理志》《宋史·外国列传》《明史·土司传》等历代官修史书，常璩的《华阳国志·南中志》、师范的《滇系》、杨升庵的《南诏野史》等野史，以及地方志《光绪云南通志》《恩安县志》等，都是研究昭通的古代地方历史的重要典籍。因此，该书在辑录上述资料中有关昭通史料时，也为我们研究昭通地方历史提供了许多参考文献。

从史料价值方面来看，《乌蒙纪年》记录了昭通自西汉建元六年（前135）至清雍正十年（1732）共计1867年间的史事，内容涉及昭通的政治、经济、文化、军事、社会、人物、城址、民风民俗、自然灾害等诸多方面，所记史事翔实而全面，对于研究昭通地方历史具有重要的参考价值。如：第四卷在记录清雍正时期鄂尔泰在昭通地区的改土归流一事时，萧瑞麟引用了《东华录》《满汉名臣传》中的相关记载以及当时主事官员鄂尔泰、高其倬的大量奏折资料，详细地记载了鄂尔泰、张耀祖、哈元生等人在滇东北地区的改土归流过程。从将领的任命、进军路线的选择、具体的战争事件经过到战后的赏罚等，在该书中均有翔实的记载。

从学术研究方面来看，《乌蒙纪年》以其记录翔实的特点及其学术价值日益受到学者们的关注。部分学者在学术研究中涉及昭通史事时常援引其中的相关记载。如：方国瑜先生的《云南史料丛刊》《云南民族史讲义》①，潘先林教授的《民国云南彝族统治集团研究》②《试析民国彝族上层统治集团崛起的历史根源》③，邓培基、陇兆麟的《古芒彝族的源和流》④，王文泉的《昭通是彝族族源地略探》⑤等等。另外，昭通地区的方志编写均参考和引用了《乌蒙纪年》中的相关史事记载，肯定了《乌蒙纪年》的学术价值。昭通知名学者黄吉昌认为："萧瑞麟老先生的《乌蒙纪年》，记录了有关昭通历史的四十六件大事，时间跨度从汉武帝建元六年到清朝雍正年间。搜集的史料典籍有正史、野史、地方志数十种。史料的内容有史实记述、大臣奏章、个人传记、考古资料等等，考察了昭通各民族的历史渊源及发展，材料丰富，记录翔实，是研究昭通历史的第一手资料。"⑥

此外，由于昭通位于滇、川、黔三省交界处，与四川西南部、贵

---

①方国瑜编《云南史料丛刊》（第8卷），在魏源《雍正西南夷改流记》概说中有提及《乌蒙纪年》对"雍正时期西南改土归流"事件的记载。另外，在《云南民族史讲义》中，方国瑜先生在论述"鄂尔泰在滇东北地区的改土归流"事件时也提到了《乌蒙纪年》。

②潘先林：《民国云南彝族统治集团研究》，云南大学出版社1999年版，第280页。

③潘先林：《试析民国彝族上层统治集团崛起的历史根源》，云南大学历史系编《史学论丛》（第六辑），1997年，第154—167页。

④邓培基、陇兆麟：《古芒彝族的源和流》，贵州彝学研究会编《贵州彝学》，贵州民族出版社2000年版，第63—78页。

⑤王永泉：《昭通是彝族族源地略探》，马立三主编《云南彝学研究》（第6辑），云南民族出版社2009年版，第335—347页。

⑥萧瑞麟著，周天钟、黄吉昌译：《乌蒙纪年》，云南昭通新侨彩印有限公司，2014年，第179页。

州西北部、云南的曲靖和东川等地毗邻,地理位置特殊。因此,《乌蒙纪年》中也大量涉及了这些地区的相关史事。如:第四卷在记载清初吴三桂平定水西土司叛乱时,即有多条资料涉及这些地区——"顺治十五年,水西宣慰使安坤与李定国之伪舆宁伯王兴,迎三桂于桐梓,降焉。十六年六月,川南投诚,叙州、马湖悉定,乌撒军民土知府安重圣相继降""圣祖康熙三年甲辰十一月,平西王吴三桂遣总兵官李世耀等自乌蒙进兵征水西,擒其酋安坤于法地屯,诛之,定蛮方""圣祖康熙四年乙巳,水西土司安坤妻率所属奔乌蒙""世宗雍正四年,乌蒙土司禄万钟扰东川。总督鄂尔泰命威宁镇标游击哈元生会四川军讨平之"等等。可见,《乌蒙纪年》在记述有关昭通史事时,其记事范围和内容还常常涉及与昭通临近的川南、黔西北及滇东北地区。因此,《乌蒙纪年》对于研究滇川黔交界地带的区域史也有一定的参考价值。

五、结语

萧瑞麟搜罗历代古籍中有关昭通的史事记载、参阅考古发掘文物及近人著述所编成的《乌蒙纪年》,以编年体的体裁,以事系年,记录了昭通自汉武帝建元六年(前135)至清雍正十年(1732)共计1867年间有关昭通历史的46件大事。作为昭通第一部编年体史书和史料集成,《乌蒙纪年》以其史料丰富、记录翔实的特点,成为研究昭通历史的珍贵资料,在昭通学术史上具有重要的地位和价值。同时,该书还涉及与昭通临近的川南、黔西北及滇东北地区曲靖、东川等地的大量史事,对于研究这些地区的历史、社会、文化也具有一定的参考价值,值得我们重视。但是,我们也应该注意到《乌蒙纪年》的一些缺憾与不足。

首先,从记事内容来看,《乌蒙纪年》虽然记录了昭通自西汉至清的史事,但其中对于南诏大理国时期有关昭通的史事和史料却并未进行记载和辑录,对西汉之前以及清雍正十年(1732)以后的昭通历史也未涉及，在一定程度上是不完整的。其次，作为私人著述，该书在体例上也不完备，未对其所记史事进行分类，政治、文化、经济各类杂记，一会儿记政事，一会儿记民事，在史料方面也并未严格按照时间顺序辑录，常常在记后代史事时又穿插记载前代之事，给人以杂乱无序之感。另外，该书系萧瑞麟高龄时所作，且受时代条件等客观因素的限制，史料搜集仍有缺漏，书中也常有错字、漏字、时间错误等情况。《乌蒙纪年》在记事时限和史料丰富完整程度上，远不及后来李正清编著的《昭通史编年》。尽管如此，《乌蒙纪年》作为昭通今存的几部旧史志之一，对于研究昭通历史和云南地方史仍然具有重要的学术价值和史料价值。

（本文在写作和修改过程中得到潘先林、周立英老师的悉心指导和朱强博士的大力帮助，在此致以感谢。）

（陈彦军，云南大学历史与档案学院中国边疆学专业博士研究生，研究方向为西南民族史、云南地方史）

云南省图书馆藏陈荣昌拓本文献述略

王先安

陈荣昌是云南历史上著名的教育家、诗人和书画家,其书法享誉云南书法界,被称为"滇南第一大手笔"。云南省图书馆收藏有陈荣昌碑刻拓本文献17件27张,包括撰文1件、撰并书6件、书丹9件、题额1件,内容涉及政治、教育、人物等,是研究云南地方史、家族史及陈荣昌书法的重要资料。

一、云南省图书馆藏陈荣昌拓本文献

陈荣昌(1860—1935),字筱圃,号虚斋,又号铁人、盾农、困叟、桐村,云南昆明人。同治十二年(1873)昆明应试头名秀才;光绪八年(1882)乡试以榜首中解元,九年(1883)中进士并授翰林院庶吉士,十二年(1886)授翰林院编修,十四年(1888)调任贵州提学使,二十三年(1897)主讲经正书院,二十八年(1902)任云南高等学堂总教习,三十一年(1905)到日本考察学政并再任贵州提学使;宣统元年(1909)任云南教育总会会长,二年(1910)任山东提学使;民国十一年(1922)任云南国学专修馆馆长。陈荣昌晚年隐居昆明,不远游,闭门潜心著述,他一生编著达数十种,已经刊印的有《虚斋文集》《虚斋诗集》《桐村骈文》《滇诗拾遗》《东游日记》《老易通》《周训》《经正书院科艺》等,未刊印的有《骚涕集》

《砚食录》《虚斋词》《明夷子读易记》等。

云南省图书馆藏陈荣昌拓本文献17件27张，整体保存状况良好，无虫蛀、破损、粘连等损坏情况，且拓本齐整、文字整洁、字口清晰，云南省图书馆现已完成馆藏陈荣昌拓本的数字化工作，为其拓片文献的保护、存储、传输及使用提供了极大的便利，且精度到600DPI，读者通过查阅高精度的数字化电子文件就能够实现对其作品的欣赏及深入的研究。

从拓本文献的撰文与书丹等创作上可以将云南省图书馆所藏陈荣昌拓本文献分为撰文、撰文并书丹、书丹、篆额四大类。一块碑刻作品往往由多个责任者共同完成，他们对其内容撰写、书丹、篆刻等均负有不同的责任，现存的许多碑刻为多位名家一起完成，具有较高文学、文献、书法、篆刻等价值。

（一）云南省图书馆藏陈荣昌撰文拓本文献

碑刻撰文者指碑刻内容的创作者。"撰文者在所有责任者中所起的作用最为重要。没有撰文，也就谈不上其他的责任方式。"[1]云南省图书馆藏陈荣昌撰文的拓本文献有《重修孙南村先生墓记》。

孙南村，即孙鹏，字图南、乘九、铁山，号南村，云南昆明人。"康熙戊子举人，山东泗水知县，负奇气与世龃龉，去官归幕，游以终老。"[2]辞官还乡后笔耕度日。"学诗于户部侍郎吕新安[3]。以古文诗词著称于世界。诗风崇唐轻宋，多写山川风光和田园景色。短文言辞犀利，长于理论，颇有韩愈遗风。今存《少华集》二卷、《锦川

---

[1]郭茂育：《墓志拓片著录初探》，《河南图书馆学刊》2003年第6期，第56页。

[2]陈荣昌撰文、张鑫书丹、李玉珍镌石：《重修孙南村先生墓记》，云南省图书馆历史文献部藏拓本。

[3]吕新安（1650—1719），即吕履恒，字元素，河南新安人，清初诗人，戏剧家。康熙三十三年（1694）进士，四十二年（1703）拜广西道监察御史，四十七年（1708）授湖南溆浦知县，四十八年（1709）升宗人府府丞，再迁都察院御史，五十三年（1714）任户部侍郎，五十四年（1715）转户部右侍郎，五十七年（1718）罢官归乡。著有《梦月岩诗集》20卷、《冶古堂文集》5卷、《洛神庙》2卷。

集》二卷、《松韵集》四卷。另有《南村文集》未刊。"①

宣统辛亥年（1911），李根源得《南村诗集》8卷抄本，随即付梓，孙鹏五世孙孙永安②见之，出家藏《南村行乐图》由陈荣昌题识以酬谢李根源。清末孙永安曾与李根源同在日本振武学校和日本陆军士官学校学习，又曾从陈荣昌游。因此，民国十三年（1924），孙永安在修孙鹏墓时嘱托陈荣昌撰写墓记，才有了陈荣昌撰文的《重修孙南村先生墓记》。

（二）云南省图书馆藏陈荣昌书丹拓本文献

碑刻的书丹即将撰文内容书写于碑石上，书丹对于碑刻及拓本的品相非常重要，一篇上乘的书法作品与碑文珠联璧合，不仅有较高的研究价值，也会给人们带来艺术美感。云南省图书馆藏陈荣昌书丹的拓本文献有《重修孙清愍公墓记》《田母许老安人百岁纪庆题字》《皇清诰封奉政大夫翰林院庶吉士李府君墓志铭》《云南会城护国门碑记》《清忠义石屏张竹轩先生衣冠墓》《云南按察使贵阳陈公建设经正书院纪念碑》《云南私立求实小学记》《第九届全国教育会联合会记》。

1.《重修孙清愍公墓记》

孙清愍（1499—1549），即孙继鲁，字道甫，云南昆明人。嘉靖二年（1523）进士，历任澧州知州、卫辉知府、淮安知府、湖广提学副使、山西按察使、陕西右布政使、右副都御史、山西巡抚等职。知淮安府时，"织造中官过淮，大肆威虐，继鲁与之忤，被诬。逮至京，大学士夏言救免"③。嘉靖二十七年（1548）任山西巡抚，二十八年（1549）在山西边防上与总督都御史翁万达意见相左，嘉靖

---

① 铁木尔·达瓦买提主编：《中国少数民族文化大辞典·西北地区卷》，民族出版社1999年版，第320页。
② 孙永安（1886—？），字竹卿，别号竹安，云南昆明人。1905年获官费保送日本留学，先后入日本振武学校、日本陆军士官学校学习，1907年11月毕业。1908年回滇，历任云南陆军讲武堂军事学教官、步兵科科长、滇军总司令部参谋长等职。
③ 万斯同撰：《明史》卷二百九十四《列传》一百四十五《孙继鲁》，清钞本。嘉靖

皇帝已同意翁万达"撤山西内边之兵，并力守大同外边"的建议，孙继鲁抗争"言：紫荆、居庸、山海诸关，东枕溟渤；雁门、宁武、偏头诸关，西据黄河。天设重险，以藩卫国家，岂可聚师旷野，洞开重门以延敌。夫紫荆诸关之拱护京师，与雁门诸关之屏蔽全晋，一也。今议者不撤紫荆以守宣府，岂可独撤雁门以守大同耶？……近年寇不敢犯山西内郡者，以三关备严故也。使三关将士远离堡戍，欲其不侵犯难矣。全师在外，强寇内侵，即紫荆、倒马诸关不将徒守哉！"①万达闻之不悦，帝亦"怒继鲁腾播私书，引往事议君上"②。朝中亦有恶继鲁者，遂被逮下狱，数月后含冤病死狱中。穆宗即位后得以平冤昭雪，赠兵部左侍郎，赐祭葬，给谥"清愍"。

孙继鲁是云南历史上耿直清廉的著名官吏之一，袁嘉谷称："滇中士风朴厚，虽贵显不改其质如公者，洵文质君子，可以表滇人，可以范古今矣。"③民国十三年（1924），孙继鲁十二世孙国玺率子永安等重修其墓，孙永安曾出家藏《南村行乐图》让陈荣昌题识以答谢李根源；又曾从游陈荣昌，重修孙继鲁墓时请袁嘉谷撰文、陈荣昌书丹。

2.《云南按察使贵阳陈公建设经正书院纪念碑》

贵阳陈公，即陈灿，字昆山，贵州贵阳人。光绪三年（1877）进士，历任吏部主事，云南、澄江、楚雄、顺宁知府，云南按察使、布政使等职。陈灿宦滇28年，袁嘉谷称："内政具举，外交协宜。内政最注重学校，先后创建经正、道成、宏远等书院，惟经正书院建在省城，三迤人士咸荟萃焉。"④光绪三十三年（1907），调甘肃布政使。辛亥（1911）后辞官回籍，民国十二年（1923）卒于贵阳。著有

---

①张廷玉等撰：《明史》卷二百四《列传》九十二《孙继鲁》，中华书局1974年版，第5385页。
②张廷玉等撰：《明史》卷二百四《列传》九十二《孙继鲁》，中华书局1974年版，第5385页。
③袁嘉谷撰文、陈荣昌书丹、李玉珍镌石：《重修孙清愍公墓记》，云南省图书馆历史文献部藏拓本。
④袁嘉谷撰文、陈荣昌书丹、陈度篆额：《云南按察使贵阳陈公建设经正书院碑》，云南省图书馆历史文献部藏拓本。

《宦滇存稿》5卷、《知足知不足斋文存》2卷。

经正书院，光绪十五年（1889）由时为盐法道的陈灿提议，经总督王文韶、巡抚谭钧培奏请，清廷批准建立。"主持开办该书院者，以盐法道陈昆山为最出力。一面筹建书院，一面查访延聘滇中名士、'品端学粹之儒'以讲席；一面参照五华、育才两书院的章程，设置监院一人，并设置了相应的人员职工；一面四处购置图书以备士子之用。"①光绪十七年（1891）书院建成，光绪帝御赐"滇池植秀"匾。

经正书院曾是云南规模最大的学府，"高材生肄业正额二十四，副额十二。当此时代，保已往之国粹，开来者之新机，萃三迤学者，出入递嬗，将近百人，后此供职京曹，服官各省及于役桑梓学务者，时亦间出其中"②，如袁嘉谷、秦光玉、李坤、张学智等皆由此出。陈荣昌光绪二十三年（1897）任教于经正书院，光绪二十六年（1900）任经正书院山长。清末新学兴起，光绪二十九年（1903）经正书院改为校士馆。光绪三十二年（1906），书院已改，陈灿离滇，"同人追前事，立石纪念，固其所宜"③，因而有了袁嘉谷撰文、陈荣昌书丹、陈度篆额的《云南按察使贵阳陈公建设经正书院碑》。

3.《皇清诰封奉政大夫翰林院庶吉士李府君墓志铭》

李府君，即李迎春（？—1908），字锦堂，云南昆明人。其子李坤，字厚安，一字栎生，号雪园、雪道人，经正书院高材生，光绪二十九年（1903）进士，官授翰林院编修。因清廷广施恩德，李迎春得封"奉政大夫翰林院庶吉士"。

辛亥革命后李坤回滇，任云南师范学校及政法学校国文教员、云南高等学堂教务长等职。民国二年（1913），"唐督倡导成立辑刻

---

① 温梁华：《云南经正书院及其几位著名人物》，《昆明师专学报》（哲学社会科学版）1986年第4期，第109页。
② 袁嘉谷撰文、陈荣昌书丹、陈度篆额：《云南按察使贵阳陈公建设经正书院碑》，云南省图书馆历史文献部藏拓本。
③ 袁嘉谷撰文、陈荣昌书丹、陈度篆额：《云南按察使贵阳陈公建设经正书院碑》，云南省图书馆历史文献部藏拓本。

《云南丛书》处,聘请陈荣昌为名誉总纂,赵藩为总纂,李坤、袁嘉谷等10人为编纂审查员,致力于云南文献的收集整理编辑工作"[①]。李坤是云南近代著名诗人,著有《思亭诗文钞》《滇诗拾遗补》《雪园文钞》等。"朱庭珍评:'真而能腴,朴而能雅,高而有韵,秀而有骨。如太华秋晓,苍翠横空;滇池春晴,烟波澄练。'王灿谓:'其诗清俊绝俗,温雅有情,择言既精,寄意弥远。'袁嘉毅评:'取材富,拓境宏,出入义山遗山间,品格隽逸,成一家言,谓之滇中诗雄可,谓之翰苑诗雄可,谓之光宣诗雄可。'"同时,李坤还工鉴别与书画,《滇南书画录》称其"工行草书,入松雪之室"。

李坤为经正书院高才生,而陈荣昌曾为经正书院山长,两人既有师生之谊,又同任过翰林院编修。因此,李坤在光绪三十四年(1908)得以请陈荣昌为其父墓志铭书丹。

4.《云南会城护国门碑记》

民国四年(1915),袁世凯称帝,云南都督唐继尧等发起"护国讨袁"运动,袁世凯在全国人民的一致声讨下被迫取消帝制。"云南是这次护国起义的发源地,云南人民为推翻袁世凯复辟封建帝制做出了很大贡献。云南人民特在昆明城墙东南隅打通一门,取名为'护国门',以表纪念。"[②]民国八年(1919)十二月,护国门修筑完成,由云南一状元二进士共同完成《云南会城护国门碑记》,即袁嘉谷撰写碑文、陈荣昌书丹、陈度篆额。

护国门原址在今昆明市东风路与护国路交叉口,后因道路扩修等多次移挪,现放置在庆云街、南昌街和护国路交会的小广场上,但碑记早已被毁坏。其铭曰:"天南一隅,支拄中原。兴师仗义,劳哉滇人。乃巩国基,乃辟垣门。来者勿忘,亿万斯年。"[③]

[①] 李景煜主编:《云南省志》卷八十卷《人物志·李坤》,云南人民出版社2002年版,第648页。
[②] 张维:《袁嘉谷传》,云南教育出版社2001年版,第236页。
[③] 袁嘉谷撰文、陈荣昌书丹、陈度篆额:《云南会城护国门碑记》,云南省图书馆历史文献部藏拓本。

5.《清忠义石屏张竹轩先生衣冠墓》

张竹轩即张舜琴，号竹轩，云南石屏人。光绪丙子（1876）孝廉，宦昆明县训导、顺宁府教授、经正书院监院、女子师范校长等。辛亥后殉清。著有《不冷堂遗集》2卷、《制艺》1卷、《联》1卷。

袁嘉谷撰《张竹轩先生神道碑》称："明之亡也，滇人薛大观，以秀才殉明。《明史》列之忠义传。读史者咸惊异，以为大臣不死，亲臣不死，仅仅一秀才死。先生广文耳，世多轻其官。鼎革之际，盖无一责先生以死者。而先生竟死，视大观之忠义，殆无愧色。"①陈荣昌与张舜琴曾共事经正书院，张舜琴辞世后，陈荣昌为其题写"清忠义石屏张竹轩先生衣冠墓"碑文及墓表。

6.《田母许老安人百岁纪庆题字》

民国十一年（1922），田母许氏百岁纪庆，由陈荣昌书"永锡难老"，为唐继尧所赠。不知田氏并其母许氏为何人。"永锡难老"出自《诗经·鲁颂·駉之什·泮水》，为万寿无疆之意。

7.《云南私立求实小学记》

云南私立求实小学创立于民国九年（1920），即今昆明市第十中学的前身。由云南教育家苏鸿纲起意，其"见学龄儿童省立县立各小学校不能容纳，故欲以私人能力创立小学"②。补官立公立之不足，得到了李壬林、赵树人、李仲选、周汝为、刘庆福、徐嘉瑞、何作楫、武士敏等人的认可并一同创办，为便于学童往来上学，小学不可设于僻远之地，因而求实小学借拨文庙内名宦、乡贤两祠为校址，随着学生增多，学校也得到了扩修。经费来源有学费、发起人捐助、昆明劝学所补助、庙会补助、财政司补助、校董会募捐等，经费充裕，学校循序推广。云南私立求实小学创设之时众推秦光玉撰文、陈荣昌书丹、毕钟镌石，以记。

---

①袁嘉谷：《袁嘉谷文集》一，云南人民出版社2001年版，第479页。
②秦光玉撰文、陈荣昌书丹、毕钟镌石：《云南私立求实小学记》，云南省图书馆历史文献部藏拓本。

8.《第九届全国教育联合会记》

全国教育联合会是民国时期颇具影响力的教育团体之一，于1915年成立，"由各省教育会及特别行政区教育会组成，定名为全国教育会联合会。以体察国内教育状况，并应世界趋势，讨论全国教育事宜，共同进行为宗旨"[1]。全国教育联合会每年集会1次，会期为两周，最多可延长1周。该会对民国十一年（1922）北洋政府颁布的"壬戌学制"起到了极大的推动作用，曾在天津、北京、杭州、上海、太原、广州、济南等地召开。民国十二年（1923）十月，第九届全国教育联合会在昆明召开，"开会十一日，议决案三十，各省区教育代表，直隶王凤岐、吉林王希禹、山东范子遂、河南文缉熙、山西李尚仁、李贵德、江苏袁希涛、黄炎培，安徽史毓琨，江西段育华，浙江许宝根，湖北彭绍燮，湖南唐启虞、甘肃王尊先、张文蔚，广东金曾澄、王仁宇，广西黄尚钦，贵州陈廷纲、田景奇、黄炎培兼代表菲律宾华侨教育会，云南则由云龙、王用予、吴琨也"[2]。

《第九届全国教育联合会记》记载了参会的各省区与其参会代表、会议的议决案、当时昆明市的就学率及该会在云南举行所受到的重视。第九届全国教育联合会是民国时期第一次在云南召开的全国性的教育会，对改良云南教育、推动云南教育事业的发展具有重要影响，还打破了国人对云南的认知局限，使人们更多地了解云南，加强了内地与边疆的联系。

（三）陈荣昌撰文并书丹的拓本文献

碑刻的撰文并书丹指碑文撰写人和书于碑石上的责任人为同一人，能够体现作者的文学和书法艺术修养。云南省图书馆藏陈荣昌撰文并书丹的拓本文献有《张宜人墓表》《朱敬之先生墓表》《经正书院对联》《兰止菴先生祠堂碑记》《皇清诰授荣禄大夫花翎二品顶戴

---

[1]朱有瓛等编：《教育行政机构及教育团体》，上海教育出版社2007年版，第199页。
[2]陈荣昌书丹：《第九届全国教育联合会记》，云南省图书馆历史文献部藏拓本。

候选道虹溪王君墓表》《长歌行赠别方臞仙》《温泉对联》。

1.《张宜人墓表》

张宜人，即徐嘉瑞之女、陈福昌之妻。徐嘉瑞，云南昆明人，曾留学日本，任教于暨南大学、复旦大学等，历任昆明市立中学校长、民众日报社社长、云南大学文史系主任、云南教育厅厅长等职。陈福昌，字少畴，号竹痴，昆明人。家世行医，以医自给。

陈福昌初为儒士，为门庭光宠，有意入仕。张宜人则曰："得一衿以持亲欢，斯已矣，宦海之险，乘风破浪者几人，若一不济，转贻亲尤。君家自有世业，能活人利物，以彼易此，窃为君不敢也。"[1]福昌韪其言，以医术隐于市。同时张宜人"事舅姑孝，教子严，待媳宽，遇仆婢，有且处乡邻有惠，治家有法，其庸行良足称焉"[2]。民国九年（1920）四月，张宜人卒，陈荣昌"以其有异人，故乐为之表"[3]。

2.《朱敬之先生墓表》

朱敬之，即朱学恭（1852—1928），字敬之，云南龙陵人。幼聪慧，喜读书。杜文秀举事，三迤骚然，朱学恭与家人弃乡里，逃山泽。乱靖返乡，庐舍为墟，"遂弃简编而经营货殖，并勠力田亩之间，居久之，复其旧业，家有子弟，更都教之，以延诗书之泽"[4]。有子五，长子伦、三子皆，居家力农；次子杰，缅甸经商，早卒；四子旭，字晓东，云南陆军讲武学堂毕业，曾任陆军第九十九师师长、盐运使、省政府委员；五子晃，任永importing禁烟检查员，黑井盐场长。

民国十七年（1928），朱学恭逝世。民国二十一年（1932），其子朱旭请陈荣昌撰文表墓。陈荣昌称其"始而儒，继而农而商，既复

---

[1]陈荣昌撰并书、毕钟镌石：《张宜人墓表》，云南省图书馆历史文献部藏拓本。

[2]陈荣昌撰并书、毕钟镌石：《张宜人墓表》，云南省图书馆历史文献部藏拓本。

[3]陈荣昌撰并书、毕钟镌石：《张宜人墓表》，云南省图书馆历史文献部藏拓本。

[4]陈荣昌撰并书：《朱敬之先生墓表》，云南省图书馆历史文献部藏拓本。

其家故业，又使其子孙从事缥湘，能通其变而不失其常。晚而邂逅沧桑，则杜门自守，而不问人间事，泄泄闲闲，高尚其志。比于古之遗民，庶几无愧。余故乐为书之以昭告于后世"①。

3.《经正书院对联》

陈荣昌作为云南有名的书法家，又是社会名士，参加了许多社会活动并题有翰墨。今云南省图书馆仍藏有陈荣昌"愿士夫希圣贤，读古书当明古谊；识时务为俊杰，居今世不薄今人"②的对联。

关于该对联为谁而作，李东平先生在《云南国学专修馆概略》一文中说，1922年云南国学专修馆成立，陈荣昌为开学典礼致训词，强调读古书不是一般浅人所谓的"复古"，所贵者是"识古通今"，特举陈老先生为五华书院所题的一副对联作为训词的总结，即"愿士夫希圣贤，读古书当明古谊；识时务为俊杰，居今世不薄今人"③。如此，李东平先生认为该对联是陈荣昌为五华书院所题。于希贤《书由心生——钱南园刚健清正的书法艺术》一文载，原云南文化的大本营——云南翠湖图书博物馆挂着该联。④宣统三年（1911），云南博物馆在云图书馆内成立，图书馆改名为云南图书博物馆，其在经正书院旧址。于希贤又在《松梅竹菊颂》中叙述其求学经历，抗战后因其叔父（即于乃义）是翠湖图书馆的主任，他得以与祖母、叔父居住在图书馆，其言："走进图书馆府，四方的天井开阔，迎面是王字体的'藏书楼'三大字。楼为砖木结构，高二层，上藏书下为'阅览室'。两边有黑底金子的一副颜体楷书对联：愿士夫希圣贤，读古书当明古谊；识时务为俊杰，居今世不薄今人。"⑤从于希贤的经历与

---

①陈荣昌撰并书：《朱敬之先生墓表》，云南省图书馆历史文献部藏拓本。
②陈荣昌撰并书：《经正书院对联》，云南省图书馆历史文献部藏拓本。
③中国人民政治协商会议云南省昆明市委员会编：《昆明文史资料集萃》第1卷，云南科技出版社2009年版，第165页。
④何宣主编：《钱南园研究文集》，云南民族出版社2007年版，第265页。
⑤尚淳、李源主编：《安身立命之道：为学与为人》，中国致公出版社1999年版，第124页。

回忆可推测此联是陈荣昌为经正书院题写，而不是五华书院。

4.《兰止庵先生祠堂碑记》

兰止庵，即兰茂（1397—1470），字廷秀，号止庵、和光道人、洞天风月子等，著有《滇南本草》影响较大。《兰止庵先生祠堂碑记》记载了宜良人张佺将其在昆明荃蔴巷的住宅捐作止庵先生祠堂的事迹。"今愿将此住屋全院当同嗣子张体元及亲友诸人，言明捐作止庵先生祠堂，永无更易，并屋内所供圣神及牌位香炉花瓶，一切应用器具皆曲山手置，一概捐入祠堂，其契内已批明，当众交与嗣子张体元收执，其房屋永远不能杜卖典押，其圣神器具不能迁移偷卖，只能保存，所有族人、亲友不能妄自干涉矣。"①因而特作此碑记，永以为据。由张曲山自撰此文，陈荣昌书丹。

5.《皇清诰授荣禄大夫花翎二品顶戴候选道虹溪王君墓表》

虹溪王君，即王炽（1835—1903），字昌国，一字兴斋，云南泸西人。善于经营货殖，十年而富，二十年而大富。除了兴学、修义仓、建义渡、拯灾恤难外，在光绪九年（1883），法攻越，军饷不济，王炽以资。经大府屡次推荐，以道员候选，恩赏花翎二品顶戴并赐三代一品封典。光绪二十九年（1903），病卒于省第。其子王鸿图，州廪生，恐其父行谊久而埋没不章，请陈荣昌撰文表于墓。陈荣昌称："时方多艰而君已没，缅维前烈，今人感慨，欹歔而不置，故举君生平所行有关天下国家之大者，直揭以表诸阡，俾后之过君墓者，视觉而称愿之，以发其爱国之思云。"②

6.《长歌行赠别方臞仙》

方臞仙，即方树梅（1881—1968），字臞仙，号盘龙山人，云南晋宁人。方树梅是云南文献学家、藏书家，以毕生精力搜集、整理云南地方文献，著述丰硕，对云南地方历史文化研究有巨大贡献。民国

---

①张曲山撰文、陈荣昌书丹：《兰止菴先生祠堂碑记》，云南省图书馆历史文献部藏拓本。

②陈荣昌撰并书：《皇清诰授荣禄大夫花翎二品顶戴候选道虹溪王君墓表》，云南省图书馆历史文献部藏拓本。

二十三年（1934），周钟岳为方树梅从财政厅争取津贴600元，又自己节约得800元，于是定于该年十月份出省游南北各省，访求搜罗文献。陈荣昌、秦光玉、袁嘉谷于图书馆"自在香室"为其饯行，皆赠予诗歌，陈荣昌《长歌行赠别方瞿仙》便作于此时，时年陈荣昌已75岁高龄，其文称："吾友方瞿仙，本为滇产，知爱滇。生世六十年，一心表襮乡先贤，摭拾诗文作珍玩，网罗书画挥金钱。经营越十稔，采访穷三边，送归宏文馆，裒辑成丛编。六诏零珠碎玉都搜尽，或者犹有麟毛凤羽，飘零散落天地间。……待子归来解装出瑰宝，定有文章光焰辉星躔。"①

7.《温泉对联》

对联云："在山自清，居士本来无垢；于水何取，圣人以此洗心。"②这副温泉对联是陈荣昌于民国五年（1916）所作，因逯乡（卿）先生屡索其词翰刻温泉之上。但不知逯乡（卿）先生为何人、刻于何处温泉。

（四）陈荣昌题额的拓本文献

题额即碑刻碑额文字的题写，碑的上方称碑额或碑首、碑头，书以篆书或隶书。《碑版广例·碑额碑文合为章法例》谓："碑额乃一篇之主，文其条件，额其纲领也。"③"篆字谓之篆额，隶字谓之题额。"④云南省图书馆藏陈荣昌题额的碑刻有《清诰封翼都尉蓝翎都司衔尽先补用守备腾越镇中营千总蔚然李府君神道碑》。

蔚然李府君即李大茂（1856—1917），字锡藩，一字蔚然。十四以乡兵从都司龙玉珠，得六品军功。清季云南多傲扰，数用兵，李大茂转战积功至蓝翎督司衔，初补腾越镇中营把总，稍迁至千总管带及右营操兵。同治十二年（1873），从副将李珍国册封缅甸。缅为英有，画界议起，天马、汉龙两关沦失不知，其深入阻隘，按得其地，

---

①陈荣昌撰并书：《长歌行赠别方瞿仙》，云南省图书馆历史文献部藏拓本。
②陈荣昌撰并书：《温泉对联》，云南省图书馆历史文献部藏拓本。
③王芑孙：《碑版广例》卷五《碑额碑文合为文章法例》，光绪刻本。
④王芑孙：《碑版广例》卷六《碑题括例》，清光绪刻本。

佐证甚众，奉图上总督王文韶，请力争，文韶不能用。光绪末裁缺归里，民国六年（1917）卒，葬于城西大佛寺。其子李根源，字印泉、雪生，曾受业于陈荣昌，后清政日乱，李大茂遣李根源留学日本，入日本士官学校、早稻田大学。回国后历任云南陆军讲武堂监督、云南军政总长、参议院议长、陆军第二师师长、陕西省省长等。李大茂逝世，其神道碑由赵藩撰并书、陈荣昌题额。

二、云南省图书馆藏陈荣昌拓本文献价值

云南省图书馆藏陈荣昌拓本文献最早为光绪二十九年（1903）的《皇清诰授荣禄大夫花翎二品顶戴候选道虹溪王君墓表》，最晚为民国二十三年（1934）的《长歌行赠别方矖仙》，时间跨度达41年之久，且具有较好的连续性。因而，这批馆藏拓本具有丰富的文献价值。

（一）是研究云南地方史、家族史的重要文献

云南省图书馆藏陈荣昌拓本文献如《云南会城护国门碑记》《云南按察使贵阳陈公建设经正书院纪念碑》《云南私立求实小学记》《第九届全国教育会联合会记》反映了当时云南的政治、教育情况，而《重修孙南村先生墓记》《清忠义石屏张竹轩先生衣冠墓》《皇清诰授荣禄大夫花翎二品顶戴候选道虹溪王君墓表》《皇清诰封奉政大夫翰林院庶吉士李府君墓志铭》《清诰封翼都尉蓝翎都司衔尽先补用守备腾越镇中营千总蔚然李府君神道碑》等墓志文献则记载了云南多个家族的迁移发展变化，这些拓本文献是研究清末民国时期云南地方政治、经济及家族历史的重要文献。

（二）是研究陈荣昌书法艺术的重要文献

陈荣昌是云南历史上著名的教育家、诗人和书法家。关于陈荣昌的书法，袁嘉谷称："隶、楷、章、草、钟、王、欧、米、黄、赵、董，无一不学，无一不精，尤以钱南园为宗，颜鲁公之后，南园一人而已，南园之后，公一人而已。间临秦篆、魏碑，皆非寻常蹊径，

一缣一宝，天下早有定论。"①秦光玉称："不独书法遒劲，诗文朴茂，荣昌与南园有共同之点也。"②《云南文化艺术词典》称："陈荣昌篆隶碑榜、真行草书，无不见精，而以颜真卿、钱南园为宗。他学书经三正（结体稳整）、三乱（笔势险绝）变易笔调而成自家笔法。古拙浑茂，跌宕脱俗，名重一时。"③《中国书法篆刻大辞典》引《滇贤像传初集》称："荣昌工书法，自始即摹颜真卿、钱沣，晚更变而学米。学《龙门十九品》。其仿颜书纣《明庙占柏行》、草书飞动，号为杰作。"④今云南省图书馆藏陈荣昌拓本多为其撰文并书丹或是书丹文献，并且拓本文献从清末光绪二十九年（1903）至民国二十三年（1934），时段囊括了陈荣昌的大半生，这些文献是研究其书法发展演变的重要资料。

（三）研究陈荣昌生平的重要文献

每一拓本文献往往不是一个人独立完成的，而是合众人之力，集众人之长，云南省图书馆藏陈荣昌拓本文献亦是如此。如：《云南按察使贵阳陈公建设经正书院纪念碑》由学部编译图书局局长袁嘉谷撰文，御署贵州提学使司陈荣昌书丹，吏部主事陈度篆额，翰林院庶吉士吴琨、广东补用道李湛阳、浙江瑞安县知县张学智、四川补用知县袁嘉瑞、吏部拣选知县钱用中、秦光玉同捐资立石；《清诰封翼都尉蓝翎都司衔尽先补用守备腾越镇中营千总蔚然李府君神道碑》由剑川赵藩撰并书、陈荣昌题额。同时，陈荣昌作为这些拓本文献的主要责任者之一，与其他责任者或受托之人有着一定的关系，如《皇清诰封奉政大夫翰林院庶吉士李府君墓志铭》为陈荣昌书丹，墓主李锦堂之子李坤为经正书院高材生，而陈荣昌曾为

---

①袁嘉谷撰：《山东提学使小圃陈文贞公神道碑铭》，方树梅撰辑《滇南碑传集》卷二十五《文苑二》，学山楼丛书未刊稿。
②秦光玉撰：《陈小圃先生传》，江燕、文明元、王珏点校《新纂云南通志八》，云南人民出版社2007年版，第358页。
③郭九思等主编：《云南文化艺术词典》，云南人民出版社1997年版，第1119页。
④李国钧主编：《中华书法篆刻大辞典》，湖南教育出版社1990年版，第416页。

经正书院山长，两人既有师生之谊，又同任过翰林院编修。云南省图书馆藏陈荣昌拓本文献一定程度上反映了其的人际交流、社会活动，是研究陈荣昌生平事迹的重要文献。

三、结语

拓本是对原物1∶1的复制，是石刻文献实现保护与传承的重要方式之一。过去刻于木、石之上的文献，受风雨剥蚀、兵燹摧残、世事变迁、樵夫牧童沦毁等自然与社会因素影响，愈久而愈亡，如今存于云南省图书馆的《云南会城护国门碑记》拓本，其原石刻早已损毁湮没。今存陈荣昌所题、所书、所撰的实物文献亦多毁无存。"小圃先生书法作品流传昆明颇多，即以解放前市内商店招牌而论，大半出自先生手笔，惜今已不多见。风景名胜寺观题书亦多，现除西山华亭寺及大观楼等处尚有部分匾联悬挂外，其他地方多已湮没。"[1]云南省图书馆藏陈荣昌拓本文献17件27张，内容丰富，具有重要价值，应得到相关学者的关注。文章仅对云南省图书馆所藏陈荣昌拓本文献及价值做一简要介绍，以抛砖引玉。

（王先安，历史文献学硕士，北京美斯齐文化科技有限公司古籍数字化负责人，研究方向为云南地方文献）

---

[1] 云南省文史研究馆编：《云南文史论记》，云南民族出版社1994年版，第337页。